台湾地区国学丛书

刘 东 主 编

仪礼服饰考辨（插图本）

王关仕 —— 著

九 州 出 版 社
JIUZHOUPRESS | 全国百佳图书出版单位

图书在版编目（CIP）数据

仪礼服饰考辨 / 王关仕著. -- 北京 ： 九州出版社，
2023.3
（台湾地区国学丛书 / 刘东主编）
ISBN 978-7-5225-1689-9

Ⅰ．①仪… Ⅱ．①王… Ⅲ．①《仪礼》－服饰文化－
文化史－研究 Ⅳ．①B222.25②TS941.12-092

中国国家版本馆CIP数据核字(2023)第042809号

仪礼服饰考辨

作　者	王关仕　著
责任编辑	黄瑞丽
出版发行	九州出版社
地　址	北京市西城区阜外大街甲 35 号 (100037)
发行电话	(010)68992190/3/5/6
网　址	www.jiuzhoupress.com
印　刷	北京盛通印刷股份有限公司
开　本	710 毫米 ×1000 毫米　16 开
印　张	20.5
字　数	235 千字
版　次	2024 年 5 月第 1 版
印　次	2024 年 5 月第 1 次印刷
书　号	ISBN 978-7-5225-1689-9
定　价	88.00 元（精装）

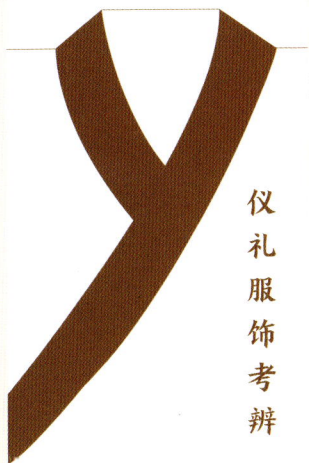

仪礼服饰考辨

聂崇义

《三礼图》（一）

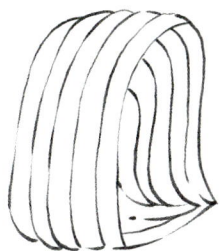

缁布冠

太古缩缝者

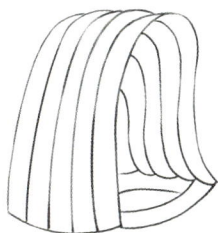

缁布冠

周制横缝者

缁布冠

三制

太古冠
新增一

太古冠
新增二

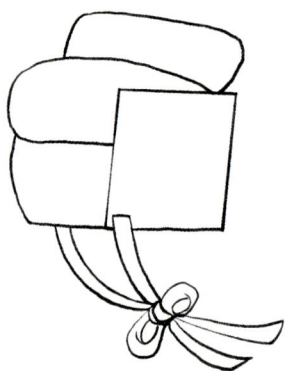

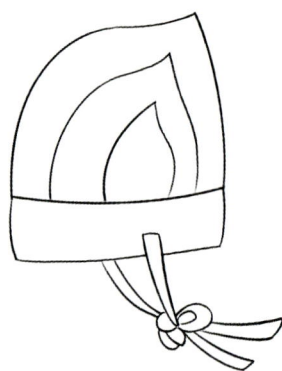

委貒
张镒图制

委貒
如进贤冠

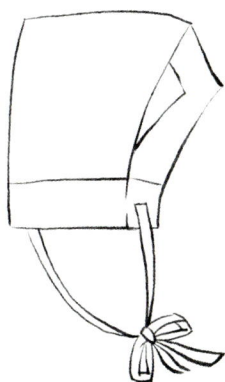

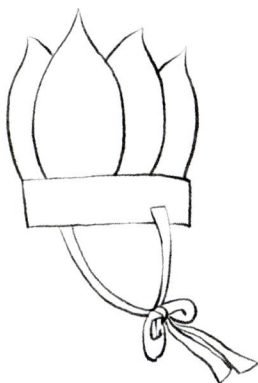

委貒
梁正法

委貒
如皮弁者

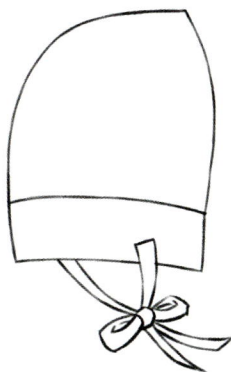

毋追

章甫

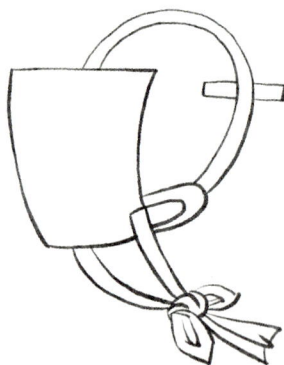

皮弁

爵弁

周弁

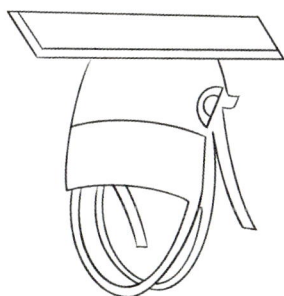

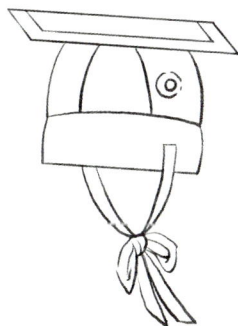

颀项

笄

青组缨

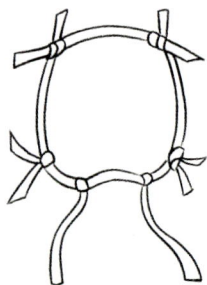

绷

纮

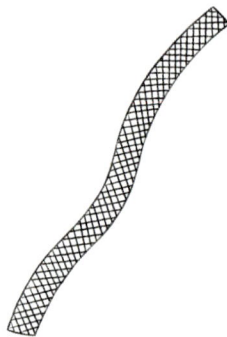

舃

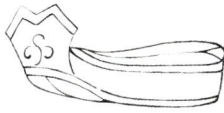

大带

韍

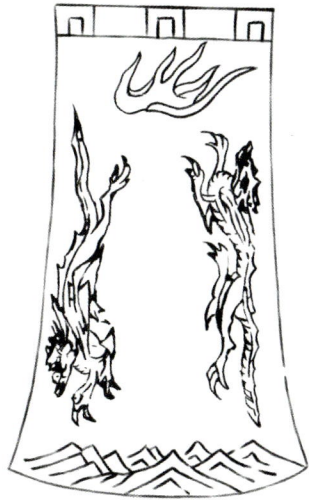

袞冕

鷩冕

毳冕

絺冕

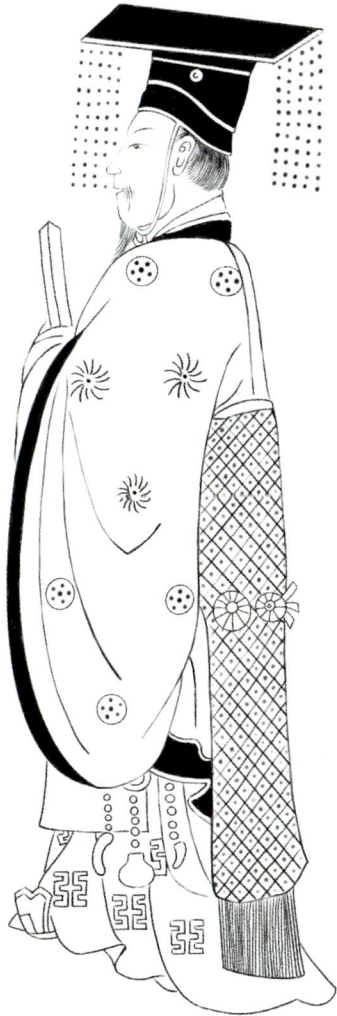

玄冕

玄端

皮弁

韦弁

聂崇义

《三礼图》（二）

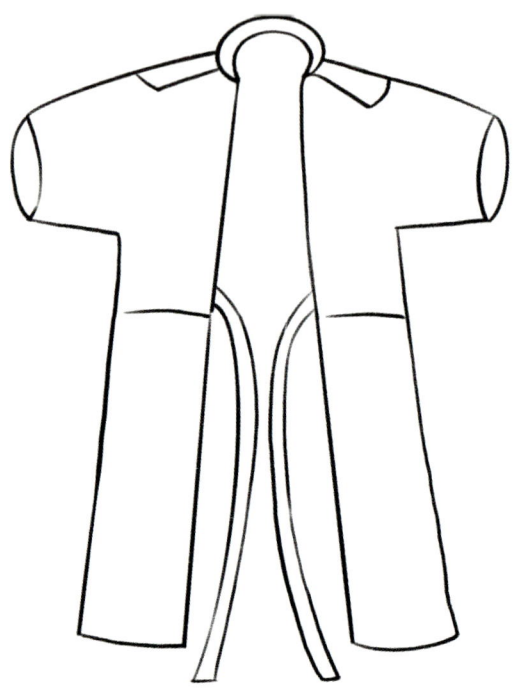

斩衰衣

斩衰衣裳

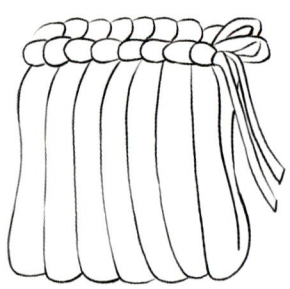

斩衰

至虞卒哭其衰六升后裪长三尺三寸

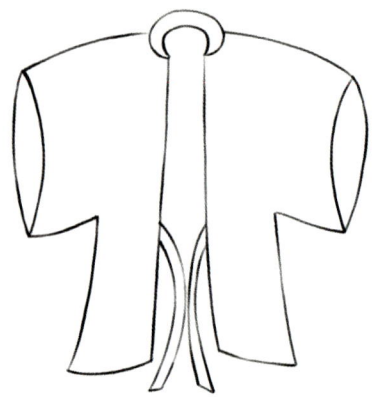

斩衰冠

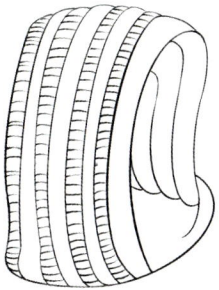

冠绳缨

苴绖
九寸

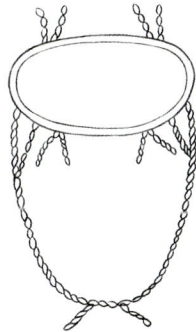

绞带

腰绖

斩衰衽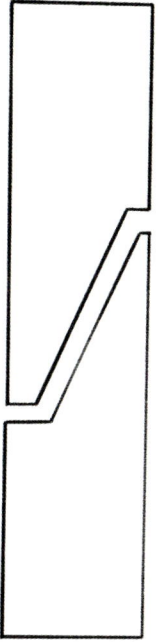

苴杖

削杖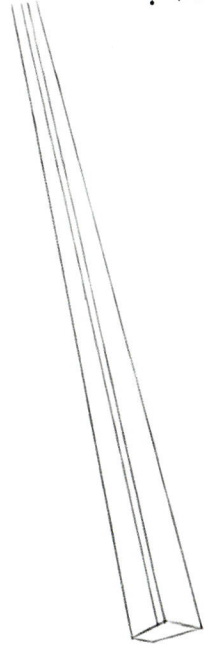

菅屦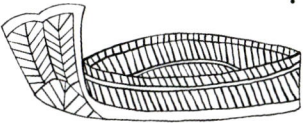

疏屦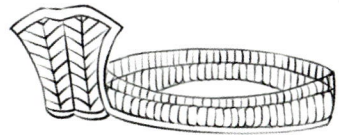

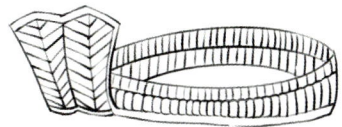

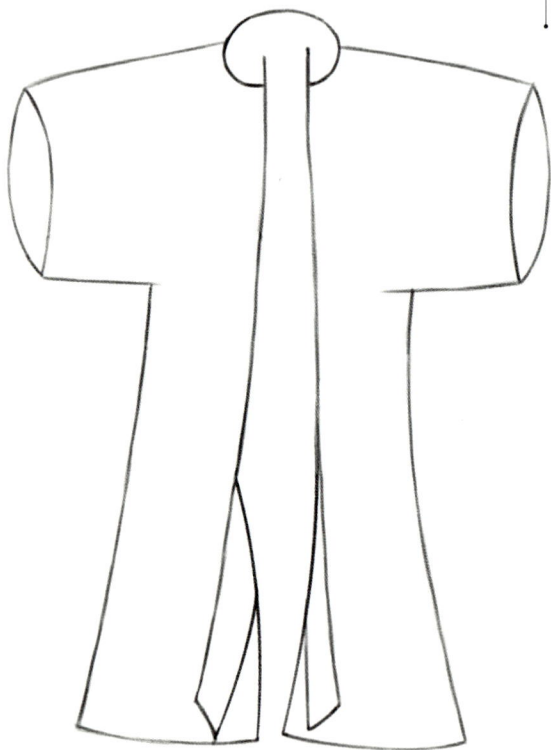

齐衰衣

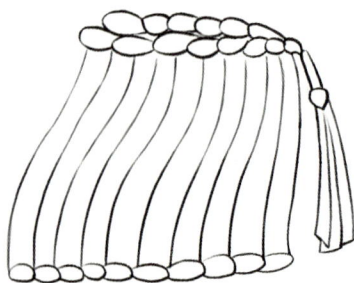

齐衰裳

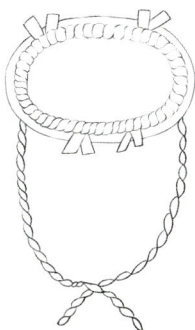

牡麻绖

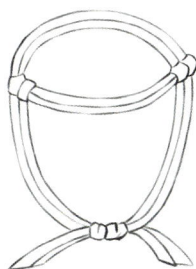

冠布缨

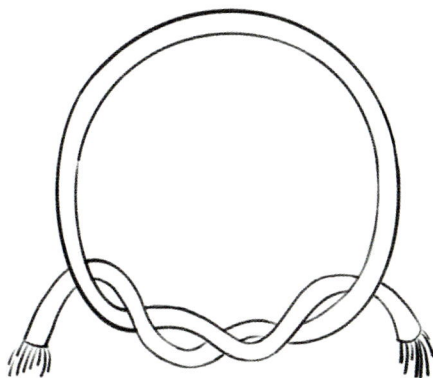

布带
上亦有腰绖象大带

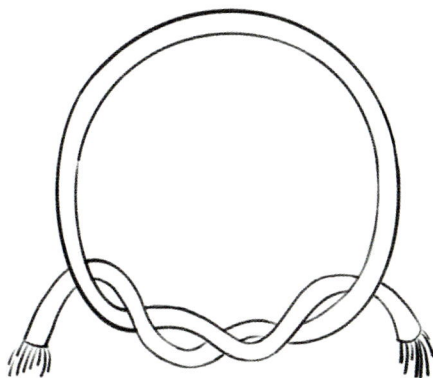

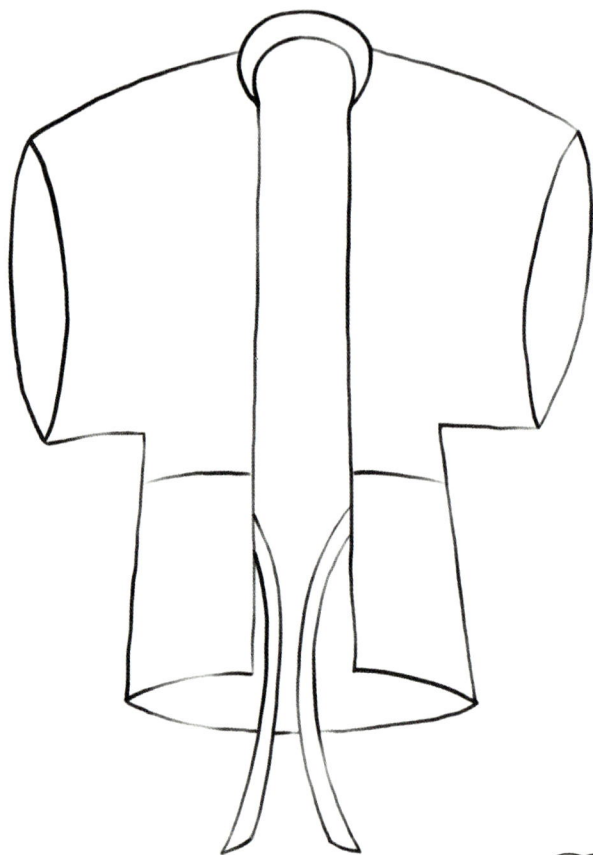

大功布衰

大功布裳

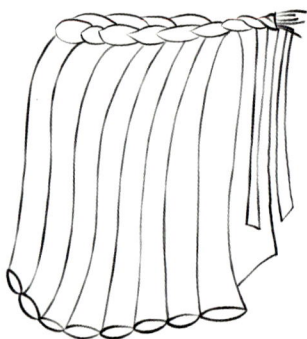

大功牡麻絰
中殤降在小功者絰無纓

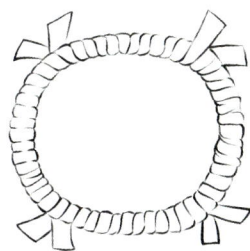

大功牡麻絰纓
長殤正服同

殇小功

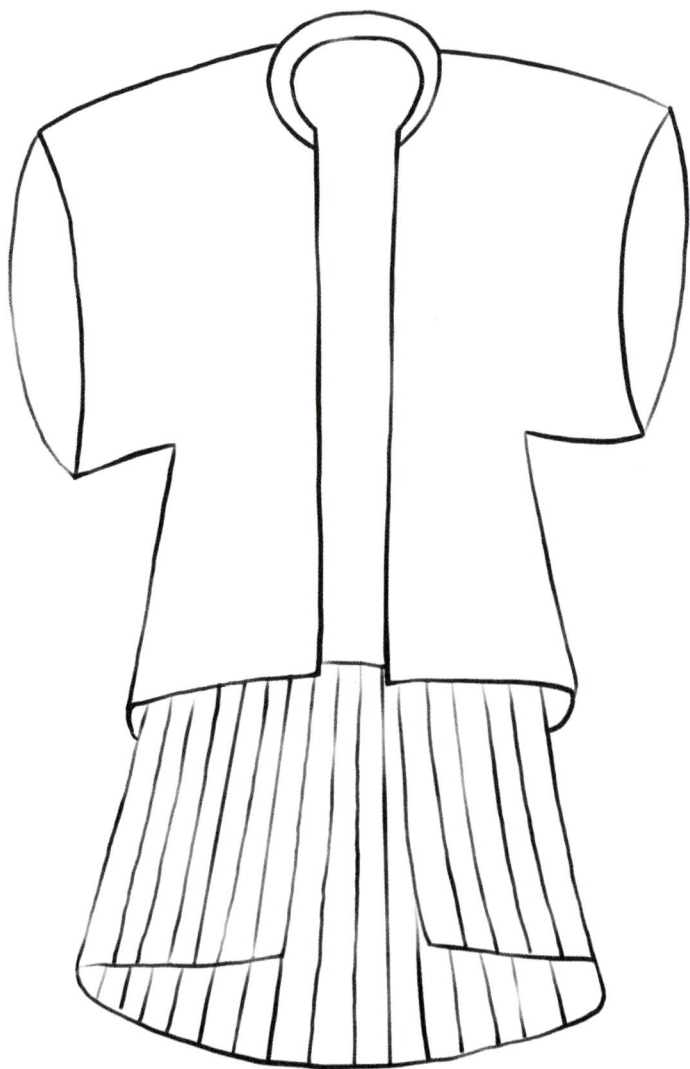

腰绖

小功葛带

上亦有腰绖象革带

小功葛绖

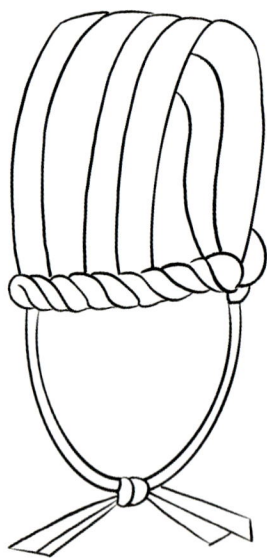

緦冠澡纓

小功緦冠左縫不灰治纓則灰治

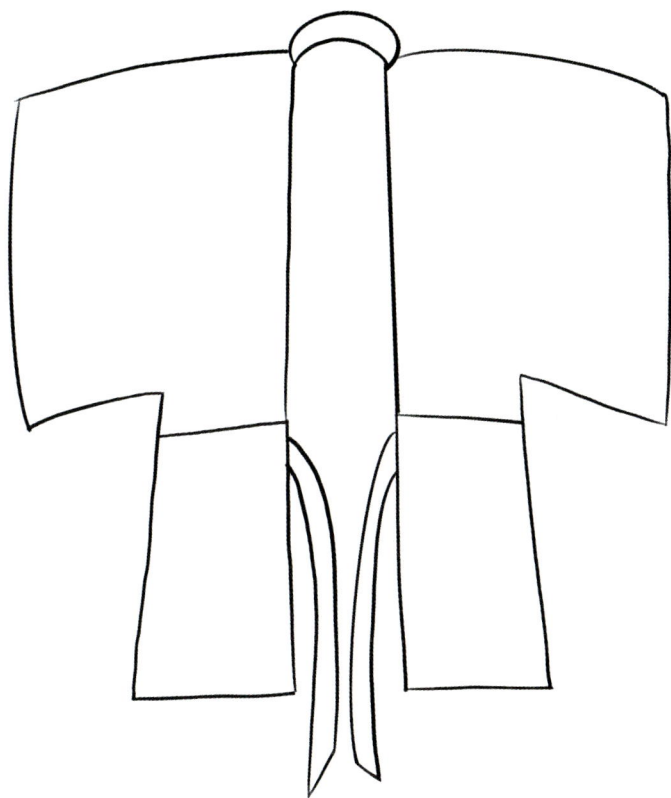

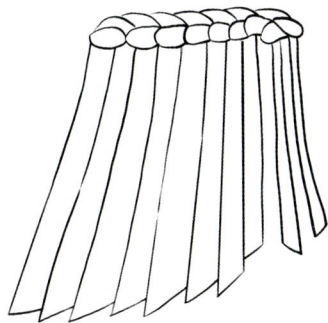

缌衰裳

褖衣

宵衣

聶崇義
《三礼图》（三）

童子服

纯衣
纁袡

天子衮服

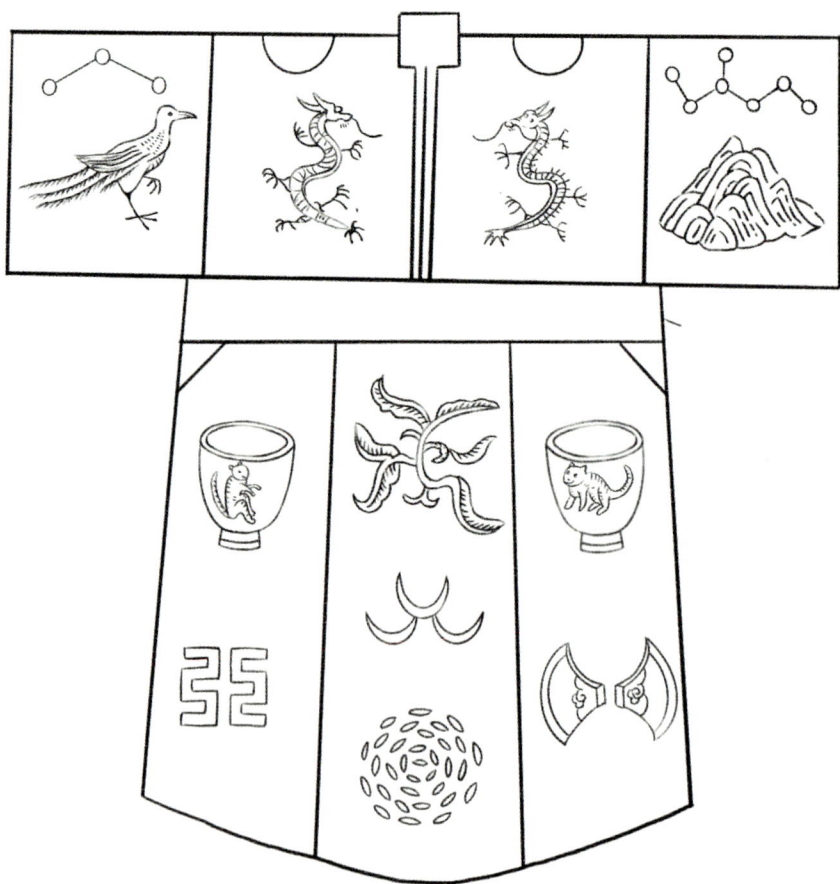

《礼书通故·名物图》（二）

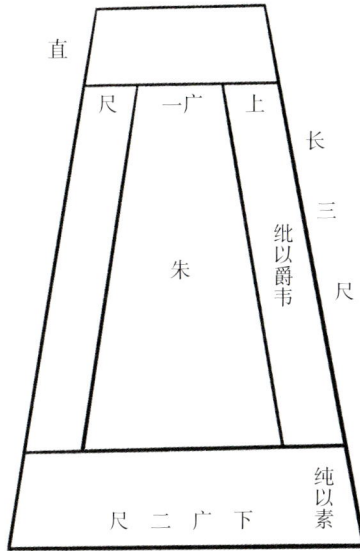

韠

天子直

直

尺 一广 上

朱

纰以爵韦

长 三 尺

纯以素

尺 二 广 下

大夫前方后挫角

诸侯前后方

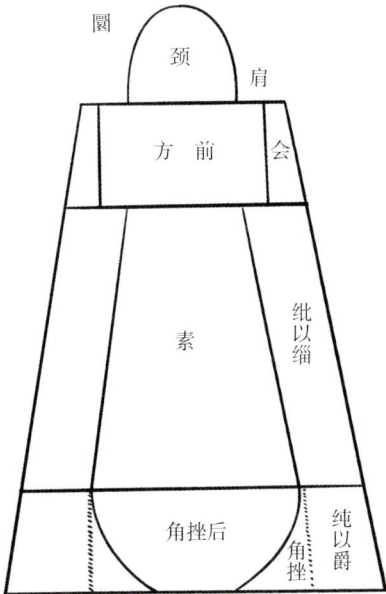

圜

颈

肩

方 前

会

素

纰以缁

角挫后

纯以爵

角挫

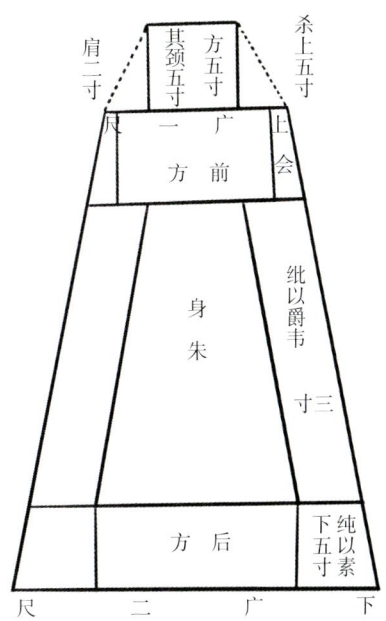

杀上五寸

方五寸

其颈五寸

肩二寸

尺 一广 上

方 前

会

纰以爵韦

身朱

寸 三

方 后

纯以素

下五寸

尺 二 广 下

张末元 《汉朝服装图样资料》

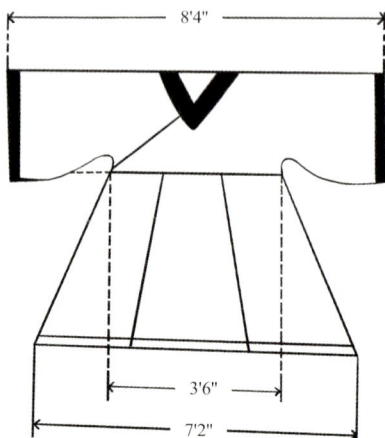

禅衣（一）

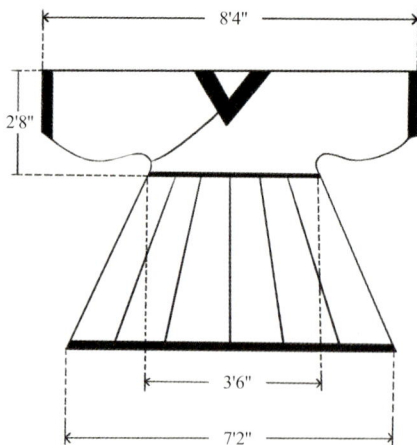

中衣（二）

　　上衣，长二尺二寸。下属于裳。衣袖，长过手，约四尺二寸。袖口，宽一尺二寸。下裳，长及足，约三尺。上属于衣。裳下齐，宽七尺二寸，用十二幅制成（展开为十四尺四寸）。衣裳连属一起。祭服的中衣，缘赤色边。朝服的中衣，缘黑色边。

　　按：汉代尺度，比今日的尺度小。据矩斋《古尺考》记载：汉尺每尺等于今 0.233 米，比较周代尺度长 0.2 米相差无几。此图所记的尺寸，是按照周制"深衣"尺寸。汉代的"禅衣"和"中衣"，比周代"深衣"尺寸上或有出入。此图所记，仅是供作参考。

带卡

朝鲜大同江第九号汉墓出土

玉笄

骨笄

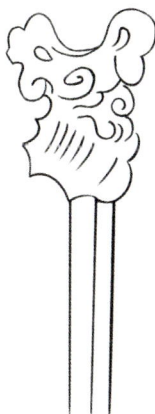

前 衣

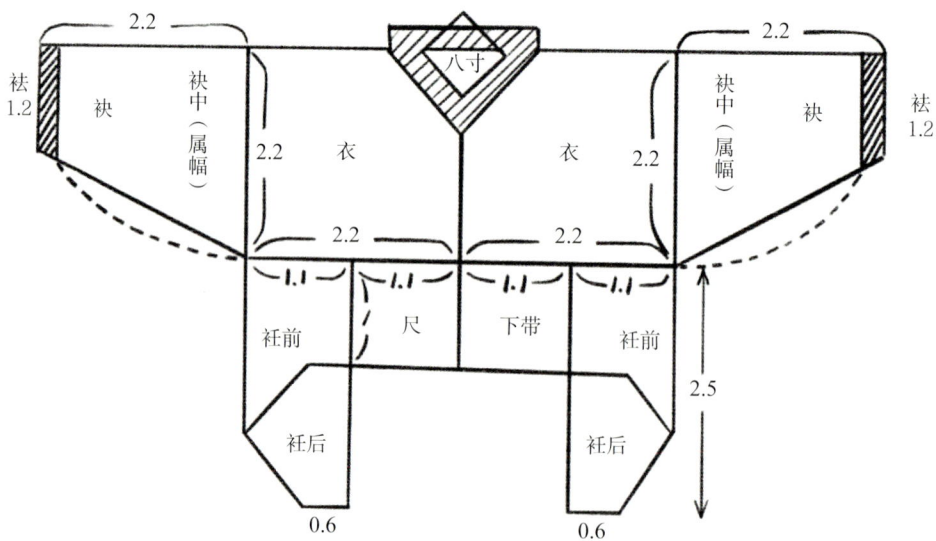

后 衣

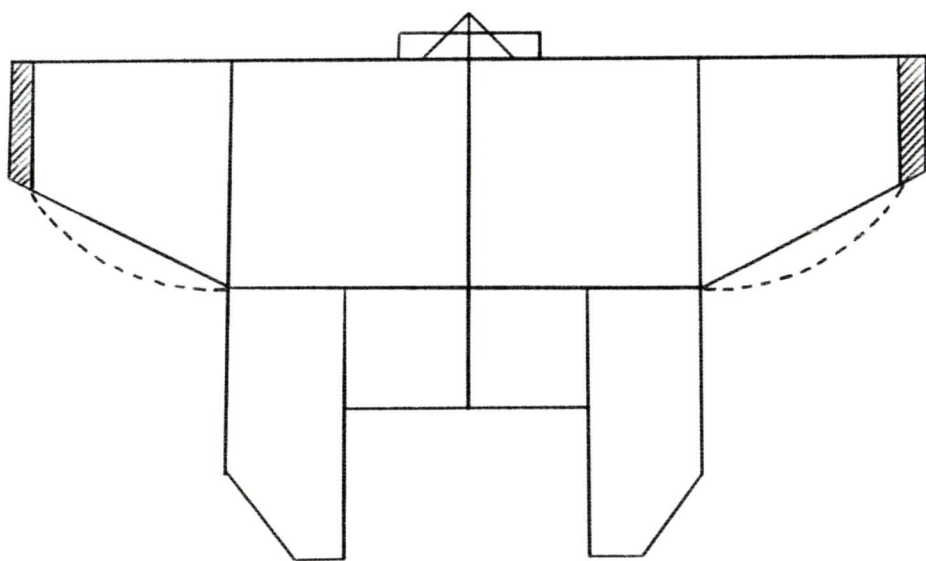

深衣

前

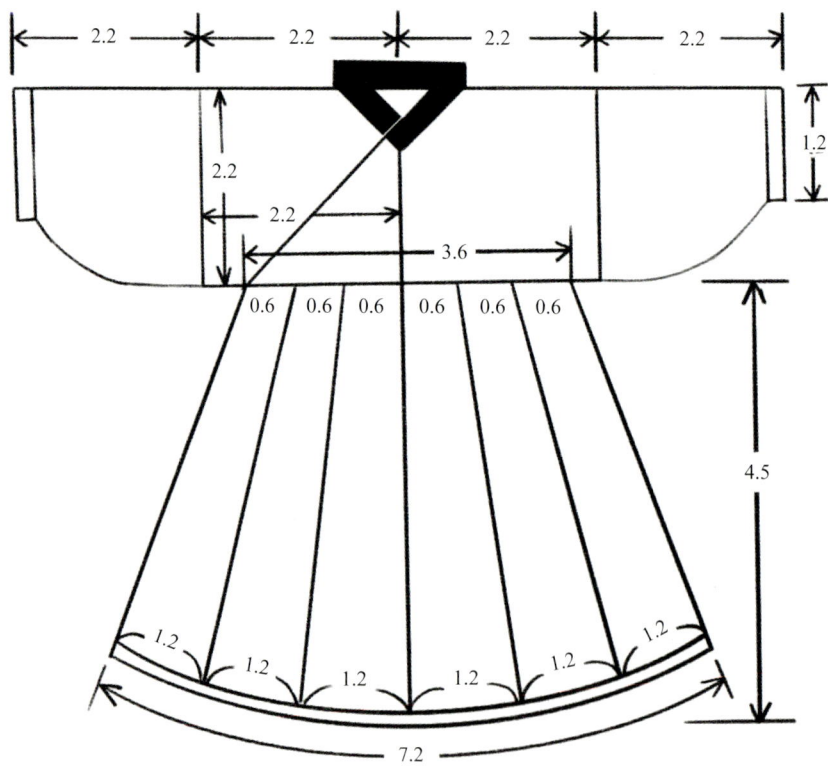

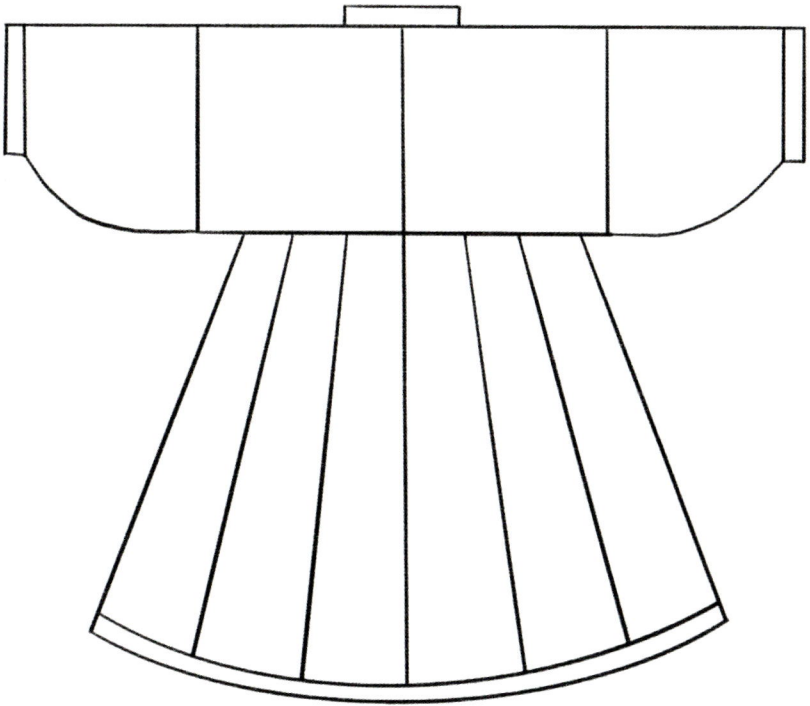

玄冠

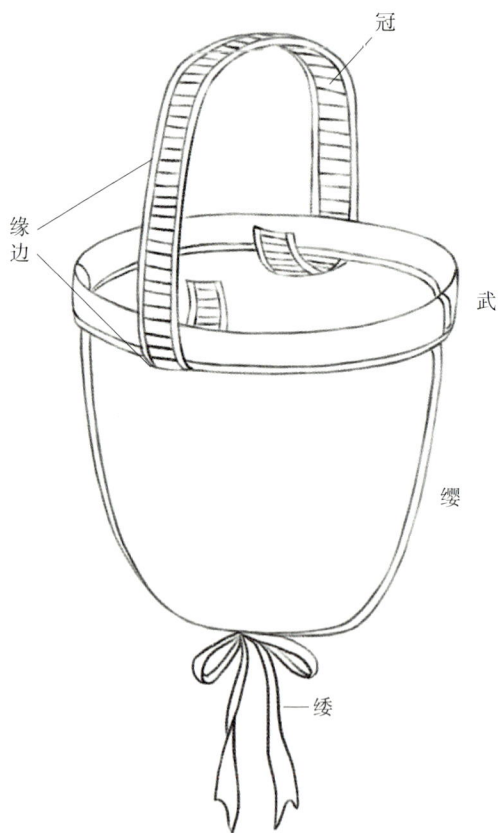

冠

缘边

武

缨

缕

陈瑞庚

《士昏礼服饰考》（二）

战国铜人像

燕下都遗址出土

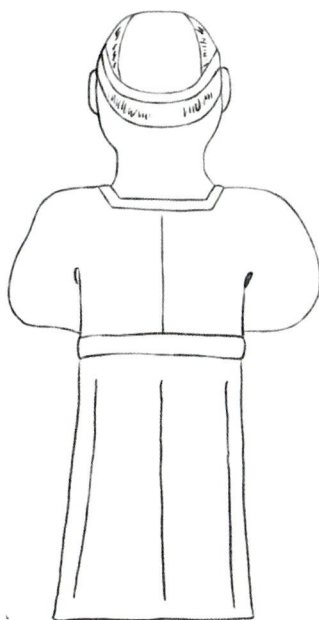

《仪礼服饰考辨》图一

王关仕

拟冠冕图

韦弁图

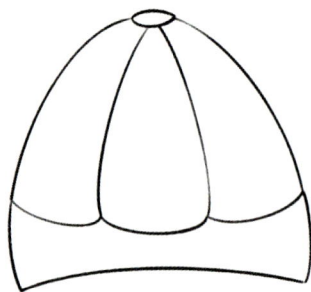

玄冠图

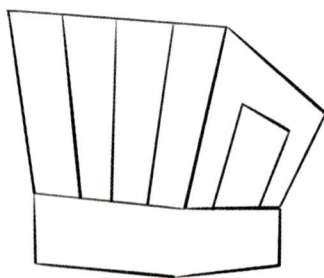

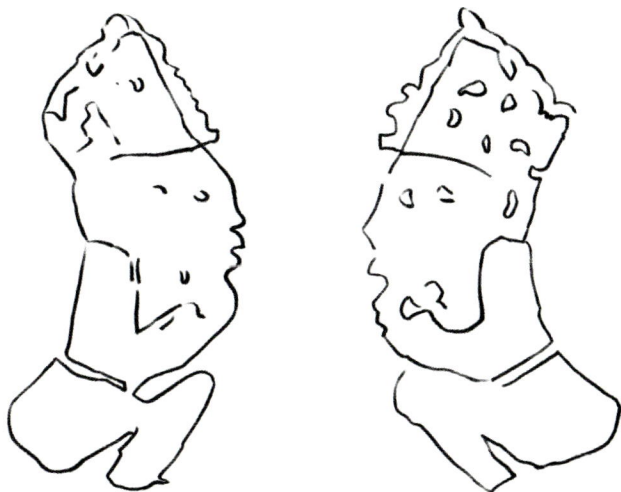

殷小屯跪葬图

天子冕图

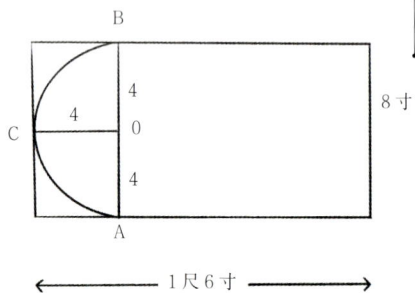

冕延图

8寸

1尺6寸

天子冕旒十二图

缨

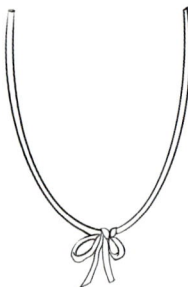

緌

缁布冠

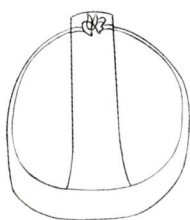

缁布冠
正面

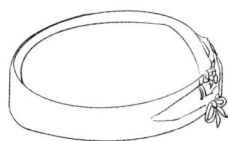

缁布冠
侧面

缺项图

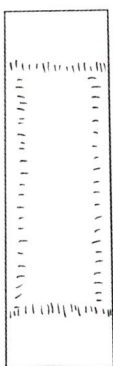

丧冠

2 冠绳缨

1 冠绳缨

王关仕

《仪礼服饰考辨》图二

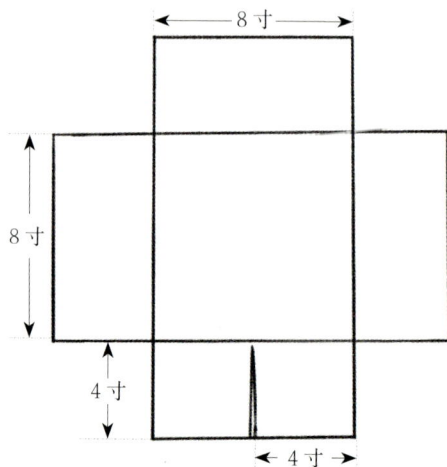

方领图

8寸

8寸

4寸

4寸

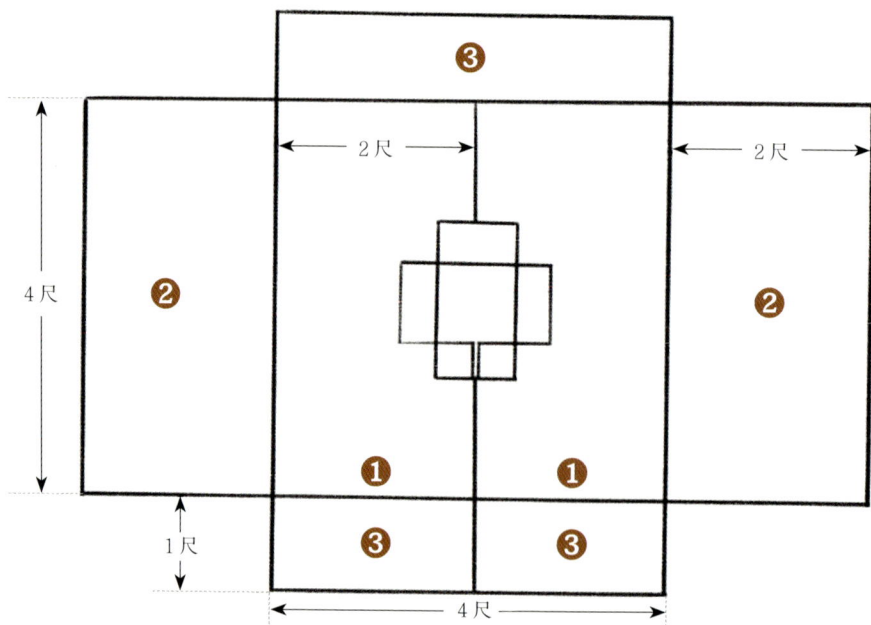

端衣制缝图

❸

2尺

2尺

❷

❷

4尺

❶

❶

❸

❸

1尺

4尺

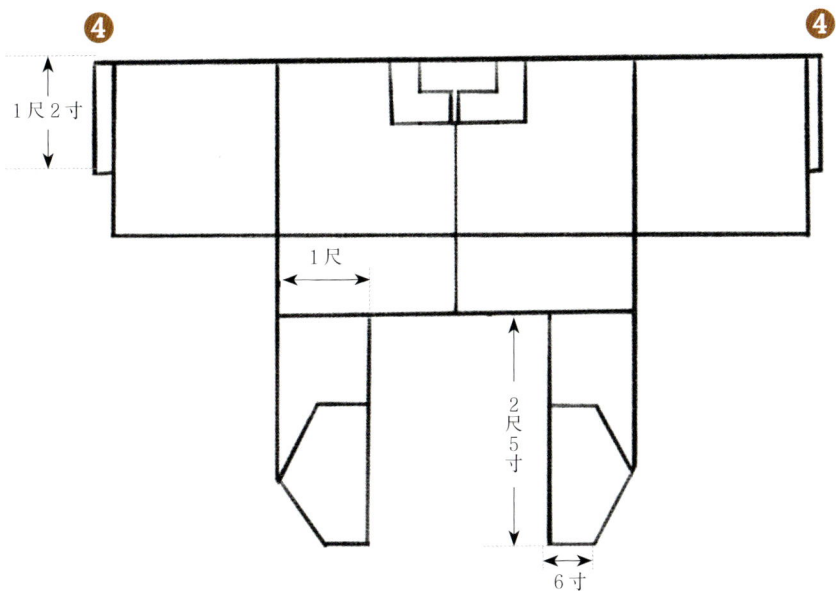

端衣正面图

1尺2寸

1尺

2尺5寸

6寸

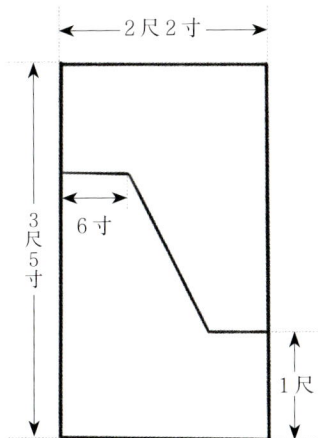

裁衽图

2尺2寸

3尺5寸

6寸

1尺

❶ 身长二幅，幅长四尺四寸，宽二尺二寸，去边，长四尺，宽两幅亦四尺。

❷ 袂长四尺四寸，宽二尺二寸，去边，长四尺，宽二尺。

❸ 腰，去边后，长一尺，宽同身。

❹ 祛，去边后，长一尺二寸。

深衣正面图

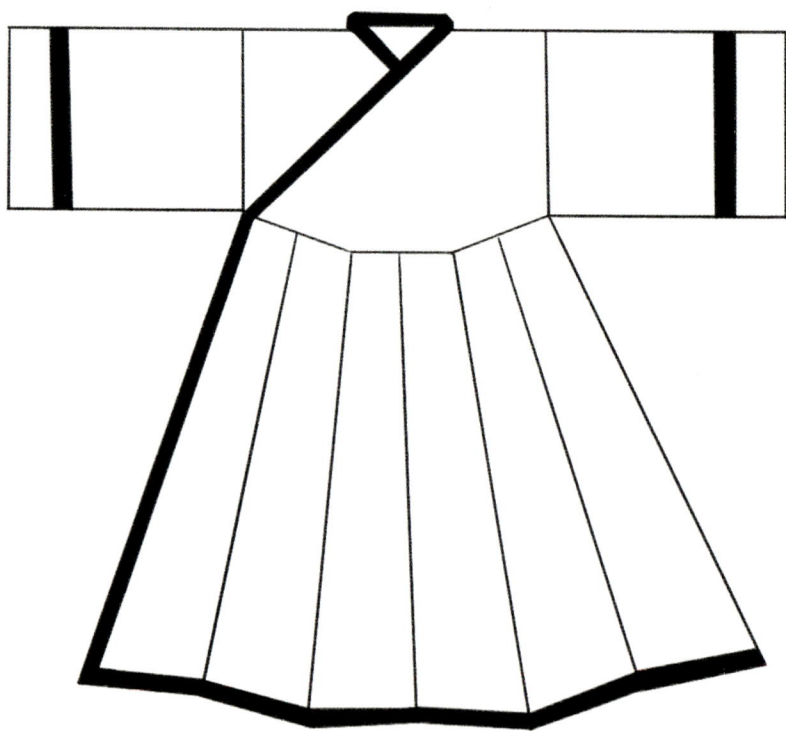

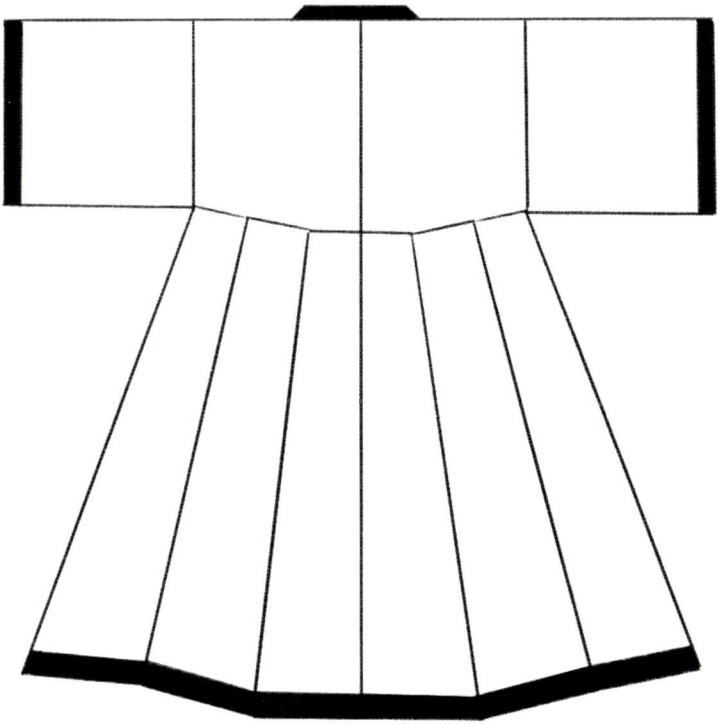

端衣裳前三幅图

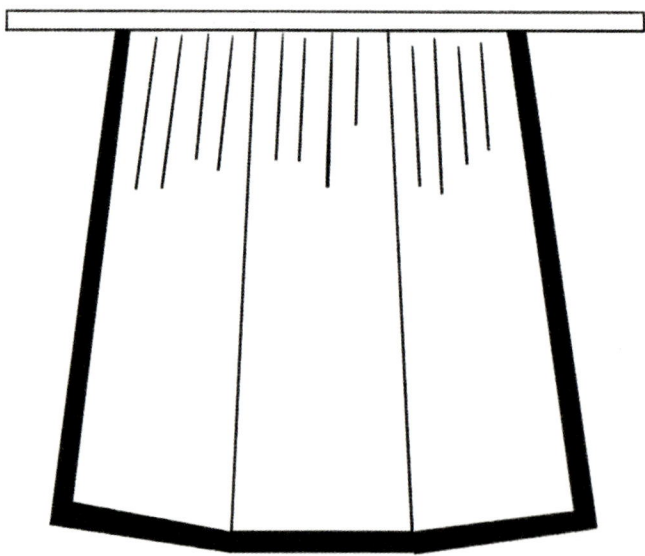

端衣裳后四幅图

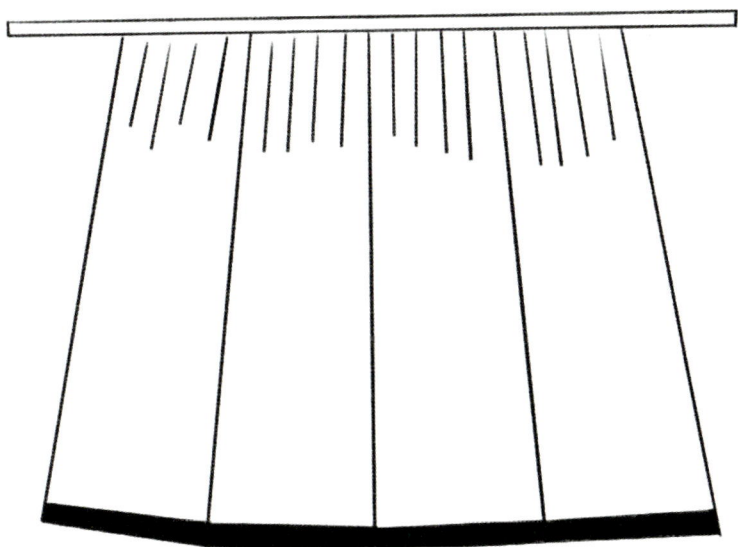

王关仕

《仪礼服饰考辨》 图三

拟天子衮冕九章图

拟
天
子
、
诸
侯
韍
（
韠
）
图

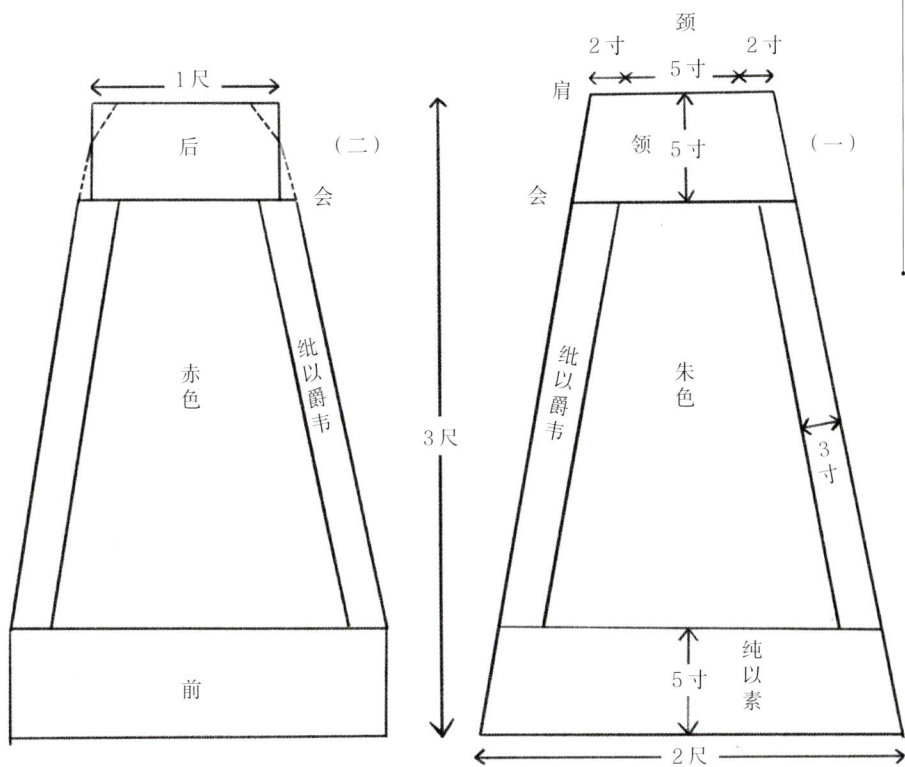

（一）拟天子韍（韠）图

士制同色异，无纰。

领五寸，纰以爵韦。

前纯以素五寸。

施纰于会。

颈五寸，肩各二寸。

（二）拟诸侯韍（韠）图

君，杀四角使方。

会缝施纰。

大夫韠，前方后挫角（虚线）。

诸侯之士，制同诸侯，色异，无纰。

夫一代有一代之服饰，

安可以今而易古？

一人有一人之服饰，

安可张冠而李戴？

服饰之事虽微，

然为历代礼仪典制之所系，

考核亦不可不精也。

《台湾地区国学丛书》总序

在我看来，不管多变的时局到底怎么演变，以及两岸历史的舞台场景如何转换，都不会妨碍海峡对岸的国学研究，总要构成中国的"传统学术文化"的有机组成部分。

事实上，无论是就其时间上的起源而言，还是就其空间上的分布而言，这个幅员如此辽阔的文明，都既曾呈现出"满天星斗"似的散落，也曾表现出"多元一体"式的聚集，这既表征着发展步调与观念传播上的落差，也表征着从地理到政治、从风俗到方言上的区隔。也正因为这样，越是到了晚近这段时间，无论从国际还是国内学界来看，也都越发重视起儒学乃至国学的地域性问题。

可无论如何，既然"国学"正如我给出的定义那样，乃属于中国"传统学术文化"的总称，那么在这样的总称之下，任何地域性的儒学流派乃至国学分支，毕竟都并非只属于某种"地方性文化"。也就是说，一旦换从另一方面来看，尤其是换从全球性的宏观对比来看，那么，无论是何种地域的国学流派，都显然在共享着同一批来自先秦的典籍，乃至负载着这些典籍的同一书写系统，以及隐含在这些典籍中的同一价值系统。

更不要说，受这种价值系统的点化与浸润，无论你来到哪个特殊的地域，都不难从更深层的意义上发现，那里在共享着同一个"生活世界"。甚至可以这么说，这些林林总总、五光十色的地域文化，反而提供了非常难得的生活实验室，来落实那种价值的各种可能性。正因为这样，无论来到中华世界的哪一方水土，也无论是从它的田间还是市井，你都可能发出"似曾相识"的感慨。——这种感慨，当然也能概括我对台北街市的感受，正因为那表现形态是独具特色的，它对我本人才显得有点"出乎意料"，可说到底它毕竟还是中国式的，于是在细思之下又仍不出"情理之中"。

在这个意义上，当然所有的"多样性"都是可贵的。而进一步说，至少在我这个嗜书如命的人看来，台湾地区的国学研究就尤其可贵，尤其是由那些桴海迁移的前辈们所做出的研究。

正是因此，我才更加感佩那些前辈的薪火相传。虽说余生也晚，无缘向其中的大多数人当面请益，然而我从他们留下的那些书页中，还是不仅能读出他们潜在的情思，更油然感受到自己肩上的责任，正如自己曾就此动情而写的："这些前辈终究会表现为'最后的玫瑰'么？他们当年的学术努力，终究会被斩断为无本之木么？——读着这些几乎是'一生磨一剑'的学术成果，虽然余生也晚，而跟这些前辈学人缘悭一面，仍然情不自禁地怀想到，他们当年这般花果飘零，虽然这般奋笔疾书，以图思绪能有所寄托，但在其内心世界里，还是有说不出的凄苦犹疑。"

终于，趁着大陆这边的国学振兴，我们可以更成规模地引进那些老先生的相关著作了。由此便不在话下，这种更加系统的、按部就班的引进，首先就出于一种亲切的"传承意识"。实际上，即使我们现在所获得的进展，乃至由此而催生出的国学高涨，也并非没有台湾地区国学的影响在。早在改革开放、边门乍开的初期，那些从海峡对岸得到的繁体著作，就跟从大洋彼岸得到的英文著作一样，都使得我们从中获得过新鲜感。正因此，如果任何一种学术史的内在线索，都必然表现为承前启后的"接着讲"，那么也完全可以说，我们也正是在接着台湾地区国学的线索来讲的。

与此同时，现在借着这种集成式的编辑，而对于台湾地区国学的总体回顾，当然也包含了另一种活跃的"对话意识"。学术研究，作为一种有机增长的话语，其生命力从来都在于不断的创新，而如此不断创新的内生动力，又从来都来自"后生"向着"前贤"的反复切磋。也是惟其如此，这些如今静躺在台湾地区图书馆中的著作——它们眼下基本上已不再被对岸再版了——才不会只表现为某种历史的遗迹，而得以加入到整个国学复兴的"大合唱"中；此外，同样不在话下的是，我们还希望这次集中的重印，又不失为一种相应的和及时的提醒，那就是在这种"多元一体"的"大合唱"中，仍需仔细聆听来自宝岛的那个特殊声部。

最后要说的是，在一方面，我们既已不再相信任何形式的"历史目的论"，那么自然也就可以理解，今后的进程也总会开放向任何"偶然性"，无法再去想象黑格尔式的、必然的螺旋上升；可在另一方面，又正如我在新近完成的著作中所讲的："尽管我们的确属于'有限的、会死亡的、偶然存在的'人类，他们也的确属于'有限的、会死亡的、偶然存在的'人类，可话说回来，构成了彼此'主观间性'的那种'人心所向'，却并不是同样有限和偶然的，相反倒是递相授受、薪火相传、永世长存的，由此也便显出了不可抹煞的'必然性'。"在这个意义上，我们就总还有理由去畅想：由作为中国"传统学术文化"总称的国学——当然也包括台湾地区国学——所造成的"人心所向"和"主观间性",也总还不失为一种历史的推动力量吧?

刘东

2020 年 6 月 24 日于浙江大学中西书院

高　序

　　余友戏剧家姚君莘农尝语余曰："今之为历史剧者搬演周、秦、汉、唐故事，而人物服饰皆用明、清，真可使人发噱也。"余闻之，颇有所感。夫一代有一代之服饰，安可以今而易古？一人有一人之服饰，安可张冠而李戴？服饰之事虽微，然为历代礼仪典制之所系，考核亦不可不精也。放眼斯世，其能言古今服饰之异同者，唯余友王君宇清，著《中国服装史纲》及《冕服服章之研究》二书，为能得其体要；其专言一代之服饰者，亦唯见张君末元之《汉朝服装图样资料》一书而已，而考证未详。可见此学之在今日，寂寞寥落，尚有待于发皇光大也。

　　余弟子中能传礼学者，始则有李君云光，次则有周君一田，又其次则为王君关仕。李君以著《三礼郑氏学发凡》，周君以著《春秋吉礼考辨》，均得博士学位。王君从余游较晚，笃好礼学。初余得陈君梦家所考释之《武威汉简》，以其出于武威汉墓，简文全属《仪礼》，较今所见汉末蔡邕所书《熹平石经》本为尤早，实为今世所传《仪礼》最早之本，因即以付之，使其阅读，并命陈其心得。遽知王君即据是撰成《仪礼汉简本考证》一文，得硕士学位。其所考证多为陈君之所不及见，而匡正陈君之谬失者亦颇多。此文既刊载于《台湾师范大学国文研究所集刊》第十一号中，海内外治汉学者纷纷来索阅，抽印本竟至不敷分送，可见其为世所属目，王君亦以是而声名鹊起。于是更致力于《仪礼》之研究，而着眼于《仪礼》中所载之名物，拟为《仪礼名物考辨》。余以为《仪礼》中名物至多，一时考之不能尽，不若先自服饰着手。余尝见日、韩人之参与盛典，必着其本国之传统服饰，其中且有自唐、明二代传入者，礼失而求诸野，尤足使人增叹也！然则从事于我先民服饰之研究，于我民族精神之发扬，倘亦有所裨益乎？《仪礼》中之服饰，即周代之服饰。有周一代，郁郁乎文，我民族传统文化之所自出也。取其时服饰而研究之，则后此之流变不难探索而知，因属王君先为《仪礼服饰考辨》。王君亦以为然，因即从事于此，自搜集资料，至撰成论文，凡三年而蒇事，旋即以此论文，获得博士学位。

此文凡分六章：第一章《叙论》，总言服饰之由来、服名之所因、采色之意义、文饰之作用及形制之尺升，大抵本前贤之说，而自有所折中。第二章《名义》，于首服则有缁布冠、缺项、玄冠、冕、爵弁、皮弁、韦弁、缨、緌、纚、笄、紒、总、次、被锡、髦、髺发、髻、鬠、免、丧冠、练冠、缭冠、绖诸名，而绖又有苴绖、牡麻绖、澡麻绖、麻、葛绖、绖缨诸名；于衣裳则有采衣、玄端、玄裳、黄裳、杂裳、皮弁服、素积、韦弁服、爵弁服、纯衣、纁裳、衮冕、裨冕、裼、朱襦、薰襦、（女）纯衣、玄衣、宵衣、襮黼、景、长衣、斩衰裳、疏衰裳、大功布衰裳、小功布衰裳、缌衰裳、緆、麻衣、锡衰、负、适、衰诸名；于带韠则有缁带、革带、素韠、爵韠、缁韠、韎韐、绞带、绳带、布带、苴绖、此指在腰者，与前言在首者名同而用异。澡麻带、葛葛绖带诸名；于屦则有葛屦、皮屦、二者各有黑、白、纁三色之别。菅屦、绳屦、疏屦、麻屦、缥屦诸名；于佩、杖则有缨、

此女子许嫁之缨,与前述男士之冠缨不同。衿、帨、鬠、杖诸名,而杖又有
苴杖、削杖之异名;皆列举其出处,而详释其意义。第三章《采色》,
则有赤、黑、青、白之别;其中赤而带黄者为韎,则茅蒐之所染也;
若以染之深浅而言,则一入谓之縓,再入谓之赪,三入谓之纁,四
入谓之朱,皆赤绛之色也;其三入赤而二入黑者为爵,三入赤而三
入黑者为玄,以纁入黑者为绀,以绀入黑者为緅,以玄入黑者为缁,
而黑则烟囱中之灰色也;青则以蓝草染者,秦以后始与黑混,苍则
青而微黑,蓝则稍浅于青,以苍与青较,苍淡而青浓;黄乃中原之
土色,古人以为正色;白如冰启用之色,亦称素色;凡此诸色,为
周时服饰所用者,王君皆考而辨之,颇能正秦汉人之误说。第四章
《文饰》,首述服章之数序,凡列《尚书·皋陶谟》《尚书·益稷》《左
传》《礼记·郊特牲》《礼记·礼运》《尸子》,欧阳生、大小夏侯、刘
苍、卫宏、王充、马融、郑玄、王肃、杜预、孔传、顾氏、孔颖达、
郝敬、雷鐏、黄世发、王闿运二十二说,分别辨其得失,更综为一
表,以资比较;次述服章之图象,有日、月、星辰、山、龙、华虫、
火、宗彝、藻、粉、米、黼、黻诸类;又次述服章之色饰,则因上
述各图象而分别言其色采,又总其饰法为衣绘裳绣、衣裳皆画、衣
绣并绣三种;又次述服章之排列,亦以图象之不同而各异,大抵有
上下、左右、内外、对背诸端,总以匀称美观为准;末则专言觐礼
之冕服,以各级诸侯觐见于王,其冕服之文饰最易有别也。第五章
《形制》,则就冠、冕、弁、绖、发饰、衣裳、带、韠韨、屦、佩、
杖各类而分别考之,有取于经、传、注、疏及古今论礼之典籍,亦
有取于聂崇义《三礼图》、江永《乡党图考》、张惠言《仪礼图》等
考释名物之图绘,而后世出土之先秦实物亦往往取以验证,更取《后
汉书·舆服志》之言服饰者以为参稽,于是周时服饰之形制的然可

知。第六章《余论》，计有三篇，一为《尚书·皋陶》"予欲观古人之象日月星辰山龙华虫作绘，藻火粉米黼黻刺绣"臆解，二为《左传》"韨韦之跗注"臆解，三为《论语》"绘事后素"郑、朱异训辨，则所以辨古书中言服饰之疑义者，以其书非《仪礼》，而与《仪礼》中言服饰者有关，故列为余论。文前附《仪礼服饰图》五种，以备参考。综观全文，分析则秩然有条理，考证则确然有根据，而论断则谨慎平实，不作非常可怪之言。王君之成就如此，深可喜也！

今王君以此文付诸剞劂，而问序于余。余以此书之问世，博物馆可据以制周代之服饰，使览者可以知我先民衣着之文化，从而激发我固有之民族精神；而搬演周代之故事者，无论电影、电视或舞台剧，亦均可据以制作其服饰，而不致贻笑于方家；考古之士，固可据以参稽先民之生活；而好学之人，亦可资之以博闻。其于斯世，亦未可谓其毫无裨益也。因述其所知所感者，以为之序。

高邮高明撰

一九七六年八月六日

自 序

　　《仪礼》为吾国记录周代礼俗名物制度最早之典籍，相传以为周公居摄时所作。《礼记·明堂位》曰："周公践天子之位，以治天下。六年，朝诸侯于明堂，制礼作乐。颁度量，而天下大服。"孔颖达《礼记正义序》云："周公摄政六年，制礼作乐，颁度量于天下，但所制之礼，则《周官》《仪礼》也。"《乡饮酒礼》郑玄注："昔周之兴也，周公制礼作乐，采时世之诗以为乐歌，所以通情相风切也。其有此篇明矣。"贾公彦《仪礼疏序》云："至于《周礼》《仪礼》……并是周公摄政太平之书。"然观其全编，可必其非一时一手所成者。崔述《丰镐考信录》云："此书乃春秋战国间学者所记。""周公制礼云者，亦止制其大纲而已。"可从。其中之传、记出孔子后，固无论矣，即经文亦非西周初貌也。《乡饮酒》："乃合乐《周南·关雎、葛覃、卷耳》；《召南·鹊巢、采蘩、采蘋》。"《召南》诗不早于宣王时。《乡射》《燕礼》，皆然。虽然，礼以相约成俗，积渐为习，商沿乎夏，周袭于殷是也。若玄酒不废，盖祭礼行乎夏禹矣；谅暗不言，盖丧礼行于殷高矣；郑公子忽娶陈女，而陈铖子讥先配后祖，与《仪礼·士昏礼》合。其陈犹存有虞之婚礼与？至周，因革损益，郁郁乎文，若静段铭曰："王令静司射学宫。"趩曹鼎曰："恭王在周新宫，射于射庐。"是射礼行于西周矣。小盂鼎有"昧爽，多君入；明，王格周庙。盂即中庭，北向"之文；趩鼎有"王格于大庙""命汝……赐女赤市、幽亢、縊旂"之辞，皆极类《仪礼·觐礼》之仪节。师遽彝有"王在周康寝，飨醴"之文，噩侯鼎曰："王休宴，乃射。"则颇类于燕礼之仪。《诗·大雅·大明》："文定厥祥，亲迎于渭。"盖士昏礼之所本也。洎乎平王东迁，史存阙文，礼散在野，周礼在鲁，而子入大庙，犹每事问，复稽诸老子；其游列国，亦非徒干诸侯耳，兼罗文献，以资整理《诗》《书》，考订《礼》《乐》也。孔子以六艺教人，传、记多出自孔门，所以补经文之未备者，故篇有成于孔了时，《礼记·杂记》曰："哀公使孺悲之孔子，学士丧礼，《士丧礼》于是乎书。"或七十子后者。《丧服》："慈母如母。传曰：'慈母者，何也？传曰：妾之无子者，妾子之无母者，父命妾曰，女以为子；命子曰，女以为母。若是，则生养之……'"传复引传，此是篇之成在七十子后。旧题《丧服》子夏传者不确，《武威汉简》不题子夏传。梁启超《古书真伪及其年代》云："这五六篇《丧礼》是孔子手定或儒家写定的。"儒家笔之成篇是也，然其仪节礼制，固已施于孔子时矣。《论语·季氏》篇曰："不学《礼》，无以立，鲤退而学《礼》。"与《诗》并举，可知已有教材也。《论语·卫灵公》篇曰："颜渊问为邦。子曰：行夏之时，乘殷之辂，服周之冕。"《八佾》篇曰："子曰：周监于二代，郁郁乎文哉，吾从周。""文"即"礼"也。是欲考《仪礼》之服饰制度，当以春秋时物视之也。

夫《仪礼》乃以事仪为经、人物为纬而成篇，故其服饰随文散见，治之者，代不乏人，而以郑氏为宗。后之学者，或囿于纸面，或昧于时代，或失于一偏，多不足以观其会通，得其真是。近年春秋、战国、秦、汉文物相继出土，有可资《仪礼》服饰之佐证者，乃思取以与典籍所载相稽验，期得近其实象，此《仪礼服饰考辨》之所由作也。爰谨承高师仲华，及林师景伊之指导，寒暑三易，撰就兹编，计六章，首章考叙服饰之源流、形制之标准、文饰之意义；二章为名义之考辨；三章为色度之考辨；四章为服章之考辨；五章为形制之考辨；六章据服饰以考辨经义；都十五万余言、表八、图五种。

　　夫周礼诚战国末年之理想制度本梁启超《古书真伪及其年代》，以其去《仪礼》未远，而《礼记》固有与《仪礼》相为统属者，乃取以为主，辅以郑注，斟酌贾、孔二疏，旁稽历代载籍及治先秦典籍文物者所说，参验台北故宫及近年出土实物，以推考其服饰之色彩、纹饰、形制，而统计、分析、类别、比次之，于是《仪礼》之服饰得以成完整之体系，并辨镜历来说《仪礼》服饰者之是非，而彰其得失焉。如以几何学推算冕前延之尺寸，证成郑说；考五服经之差降，辨明贾误；拟华虫之象即凤，黻为绚文之状，觊礼王服当为九章。予《左传》"秫韦之跗注"以新解，辨《论语》"绘事后素"郑、朱之异训，自谓一得之愚，而未敢必也。不幸值此稿初成之日，竟先父溘然逝世之时，重检兹编，略事修订，居丧读礼，情何以堪！乃岁月如流，服制已说，而亲恩无报之期矣。际兹印行，谨以是书呈献吾父在天之灵；而于指导教授先生之督教，谨申谢意。复祈他日春秋服饰实物面世，或得证此考辨之得与失，诚学术文化与愚之大幸，尤望达人博学，有以教正焉。

王关仕于台北
一九七六年夏

目　录

第一章　服饰

第一节　服饰之由来

《礼记·礼运》："昔者先王未有宫室……食鸟兽之肉，饮其血，茹其毛；未有丝麻，衣其羽皮。后圣有作……然后修火，范金合土，治其丝麻，以为布帛，以养生送死，以事上帝。"《史记·五帝本纪》："高辛，其服也士。""帝尧……黄收纯衣。"是帝喾时，去初未远，衣制不判，帝尧始别。盖黄帝法天地之玄黄，制为衣裳，为有服饰之始。近年考古新获之中原文物，出土新石器时代仰韶文化遗物，有纺绩及缝纫工具，如纺轮、骨针；陶器上曾有布纹之痕迹。可见衣服之制作甚早。

《易·系辞传》："黄帝尧舜，垂衣裳而天下治，盖取诸乾坤。"孔疏："以前衣皮，其制短小；今衣丝麻、布帛所作，其制长大，故云垂衣裳也。"天大地广，圣人法之，衣制长大。

《后汉书·舆服志》："上古穴居而野处，衣毛而冒皮，未有制度；后世圣人易之以丝麻，观翚翟之文，荣华之色，乃染帛以效之，始作五采，成以为服；见鸟兽有冠角顅胡之制，遂作冠冕缨蕤，以为首饰，凡十二章。"是首服之制，盖肇于黄帝，法鸟兽之形象，写花翎之采光，首服以成，色饰以章，是服有文饰之始。

及乎虞舜，观象三才，以表有德，服饰之美，粲然大备。是以左氏有火龙黼黻之昭文，孔子有郁郁从周之赞语。《书》曰："车服以庸。"《诗》云:"玄衮及黼。"此养生劳徕者也。《易》曰:"朱黻方来。"《记》言:"被衮象天。"此敬事鬼神上帝者也。《荀子·正论》:"天子者……尊无上矣,衣被则服五采,杂间色,重文绣,加饰之以珠玉。"此听政以治民者也。

《易·系辞传》:"古之葬者,厚衣之以薪,葬之中野,不封不树,丧期无数。后世圣人,易之以棺椁。"寖假而丧之以礼,衣衾必多,文绣必繁,珠玉比身,纶组藏圹,踵事增华,变本加厉,墨子乃兴节葬之议。《丧服记》注:"大古冠布,先知为上,外杀其幅以便体,后知为下,内杀其幅稍有饰;后世圣人易之,以为丧服。"贾疏:"凶服所以表哀。哀有浅深,故布有精粗。"此送死、事死者也。近年出土战国楚墓、西汉墓,葬物之盛,可证墨子言非虚也。俑偶成列,且棺椁多达数重,或有金缕玉衣,陪葬衣服数十领,明器光可鉴人。

三代损益,政制在官,器服在礼。夏葛冬裘,外事内则,亲亲之杀,尊贤之等,服之为义大矣。《学记》曰:"不学杂服,不能安礼。"诚哉斯言。

第二节　服名之所因

《说文》曰："名，自命也。冥不相见，故以口自名。"面目莫辨，以声为别，乃以自明。黄帝以降，制作大兴，品物庶类，缘情立名，名定实辨，志通道行，百事乃成。《礼记·祭法》："黄帝正名百物，以明民共财。"孔疏："黄帝为物作名，正名其体也。'以明民'者，谓垂衣裳使贵贱分明，得其所也。"及乎后王，时异世迁，或新旧异说，或名同实殊，或异域方言，或隔代转语，甚至郑声乱雅，恶紫夺朱，故当辨其同异，如许嫁缨与事父母之缨，当为二物，前人合之为一。通其训诂，如孔安国以缁布冠说麻冕，乃自麻冕之质色言，冠冕本可通称，江永竟指为误。孔子曰"必也正名乎"，此之谓也。《荀子·正名》篇："爵名从周，文名从《礼》。"杨倞注："'文名'谓节文威仪，'礼'即周之《仪礼》也。"王先谦《集解》引郝懿行曰："其说是也，古无'礼仪'之名，直谓之'礼'。"

《仪礼》所见，有以采色名之者，玄冠是也；以质材为名者，大功布衰裳是也；以色质制名者，靺韐是也；以形制名者，长衣是也；以色质形制名者，素积是也。以冠命之者，爵弁服是也。以用为名，总、景是也。以饰为名者，颡韣是也。以义为名者，绖、负是也。有以音义名之者，衰是也。乃一一说其所因，区其名实，举其异文，列其异称。兹归纳得其例者四：凡以色彩文饰名者多吉服，凡以质料名者多次之；凡以裁制名者多凶服，凡兼者多介焉。

第三节　采色之意义

太古未有服饰，衣鸟兽之羽皮，御寒蔽日，拒螯遮雨。越断发纹身，《左传·哀公七年》："仲雍嗣之，断发纹身。"入水而远害，见《史记·周本纪》应劭注。狩猎以避凶。黄帝之时，乃有衣饰，而麻丝之色，远逊羽皮，其时尚质，盖染制未盛，粗事之而已。是以黄帝玄衣黄裳，虽曰元始，《礼记》有野夫黄衣黄冠，犹存古风。《诗》云台笠缁撮，彼都人士之首饰；《礼》曰始冠缁布，自天子下达之元服；与民同也。后世改号异色，借日、月之光华，撷翠英之采色，文章黼黻，以序上下，依文准质，可知吉凶。是服色之用，非但口体之所需，目游之所适，而复臻于正俗制度，体国经野，其功伟矣。《史记·文帝本纪》："乃下诏曰：盖闻有虞氏之时，画衣冠，异章服以为僇，而民不犯。"

第四节　文饰之作用

《书》载：舜观象为服章，章数十二。说者云，法十二月。象三才而图之，日、月、星辰，天文也；山、龙、华虫、藻、火，地文也；粉、米、黼、黻，人文也。天地尊卑，人以事天，故天象首之，地象次之，人文为下。初或有《左传·宣三年》"铸鼎象物，百物而为之备，使民知神奸，故民入川泽山林，不逢不若，螭魅罔两，莫能逢之"之义。要之，皆人类所仰赖以生存者也，安得不尊而图之乎？后乃以章数之增，表爵禄之阶等，章序之易次，示异代之改命。兼明祀鬼神差降，彰婚冠之威仪也。

第五节　形制之尺升

古今度量不一，尺寸之名目虽同，其实有异。服饰之形制或类，麻缕之粗细有间，质料非一。王国维氏《中国历代之尺度》《学衡》五十七期："刘歆铜斛尺……九英寸又十二分之一合今英尺……荀志谓周尺，后汉建武铜尺，晋泰始十年，荀勖律尺，并与此尺同。"杨宽《中国历代尺度考》："希尔特氏书，据《金石索》以算周尺，约合二三公分。""寿县出土铜尺……长〇点二二五公分。"要之，周尺二十三公分也。

江永《乡党图考》《冕考》："孔又谓绩麻三十升布为之，亦非也。古布幅阔二尺二寸，当今尺一尺三寸七分半，若容三十升布之缕二千四百，则今尺一分之地，几容十八缕，此必不能为者也。孔意盖谓古者朝服十五升，冠当倍于衣。不知冠升倍衣，唯丧服斩衰三升，冠六升，则然；自齐衰以下，则非倍半之数。礼无冠倍于衣之例。孔误释耳。冕之布亦不过十五升。"

俞正燮《癸巳类稿》升数："三十升之说，是也。升即稯，《说文》，稯，云布之八十缕为稯。《史记·孝景纪》云，令徒隶衣七稯布，即稯字，是五百六十缕为粗恶也。《晏子春秋》云，十总之布，一豆之食，亦即稯字，是八百缕为粗恶也。缌布冠当有二千四百缕，缕细布密，若抽其半，则似今之纱矣。吴仁杰《两汉刊误补遗》言宋时织箴，用六成至十五成，成四十齿，两缕共一齿，是八十缕为成，即升，即稯也。宋时十五成，为常麻布，则三十升之缌布，惟周时冕用之。孔安国以纯丝易成，本谓麻三十升难成也。不必疑。”

江氏之言是也。俞氏言宋时有三十升麻布，然宋尺非周尺，宋布一幅，是否即周布一幅之宽？江氏据实际而言，若今约五十公分之长，容二千四百缕，即一公分须纳四十八缕左右，殊不可致。疑“三十升”乃“二十升”之误。

卫湜《礼记集说》卷一百四十四：“横渠张氏曰，古者纺绩，其布当有吉凶二种。若三四升之粗，及缌缯之细，或去缕之半，或不事其布，或不事其缕，不容吉凶二用者皆是，特为有丧者设。所谓成布，盖事缕事布，供世俗常用；成功之布，但未加灰练尔，其功尤粗略者为大功，差细为小功，以靥灰经练，然后谓之练。如此解，则练与成布，义且两安。”张说是也。小功已上之缕曰升，缌麻以下之缕亦曰升，然吉缕非凶缕。夫吉缕如丝，凶缕犹绳。若斩衰六升之冠，即缌麻减四升半者，不待既练，其冠已磨散矣；且若此细缕，何衰之有？又冠诸首亦若无也。三升之衰，寝苦枕块，即敝不能衣，何无补之言？是吉凶缕之纤野，不可以升同而同之也。

吉服之布缕如丝，丧服斩衰、疏衰之布缕如绳，或类今之麻袋布，故用“斩”，固以表衰，实亦不易“斸”也。至大功，乃治之耳。是小功以上之布粗厚，缌麻以下薄而细也。按近年长沙五里牌第五号楚墓出土一方麻织物，经鉴定云：“密度为经纱每十厘米二百八十根，纬纱每十厘米二百四十根，略高于现在的龙头棉布。”则与二尺二寸之幅，容十五升，即四十七公分容一千二百缕之数极为接近，可见郑注之可信也。

第二章　名义

第一节　首服

缁布冠

《士冠》："爵弁、皮弁、缁布冠各一匴。"

《士冠记》："始冠，缁布之冠也。大古冠布，齐则缁之。"

《礼记·郊特牲》："冠义，始冠之，缁布之冠也。"《玉藻》："始冠，缁布之冠。"《杂记》："大白冠，缁布冠皆不緌。"缁，言其色；布，言其质；是以色、质而命名。

缁布冠亦称"缁撮"。《诗·小雅·彼都人士》："彼都人士，台笠缁撮。"传："缁撮，缁布冠也。"笺："缁布为冠。"孔疏："缁布为冠，以撮持其发。""言撮，是小撮持其髻而已。"《士冠记》贾疏："用缁布冠笼持其发。"吴延华《仪礼章句》《士冠》："此即缁撮也。"是以色、用而名。

《左传·昭九年》："岂如弁髦，而因以敝之。"杜注："童子垂髦，始冠必三加，成礼而弃其始冠，故言弁髦因以敝之。"孔疏："弁谓缁布冠，髦谓童子垂髦。凡加冠之礼，先用缁布之冠敛括垂髦；三加之后，去缁布之冠，不复更用，故云因以敝之。""刘炫以为弁、髦二物，以童子垂髦为髣彼两髦。又云因以敝之者，谓亲没不髦。案：礼，加冠以后，亲没以前，身既成人，犹自垂髦，何得云童子垂髦？髦既亲没乃弃，杜注何以不言亲没也？若三加之后，弃弁缁布冠不弃髦，杜注何得云弃其始冠？故言弁髦因以敝之。既连髦而言，明非亲没之髦也。"孔辨甚确。雷镈《古经服纬》："弁髦者，缁布冠也，一曰缁撮。"同吴氏。

《周礼·司服》："凡甸，冠弁服。"注："冠弁，委貌。"疏："襄十四年夏四月《左传》云：卫献公戒孙文子、甯惠子食……而射鸿于囿，二子从之，公不释皮冠。"是弁、冠可通称。《释名·释首饰》："弁，冠也。"《既夕》："主人脱髦。"注："儿生三月，翦发为髻，男角女羁，否则男左女右，长大犹为之饰。"则冠后不敝之也，是弁髦之髦，非脱髦之髦，孔氏辨之是也。《小尔雅·广服》："在首谓之元服。弁髦，大古布冠，冠而敝之者也。"是"弁""髦"者，以体用而名也。"髦"连"弁"而言耳，非弃之者也。

张末元《汉朝服装图样资料》："以黑色麻布所制的冠叫缁布冠；小缁布冠仅束发髻，叫缁撮。"乃以汉进贤冠为古缁布冠之遗象，又因《诗》孔疏"撮持其髻"之文，而误析之为大小二冠，其实《后汉书·舆服志》所云缁布冠，指玄冠。《后汉书·礼仪志》："（顺帝）永建四年……乘舆，初缁布进贤，次爵弁，次武弁，次通天。……王公以下，初加进贤而已。"是其证。进贤冠即玄冠遗制。

《晋书·舆服志》："缁布冠，蔡邕云即是委貌冠也。大古冠布，齐则缁之；缁布冠，始冠之冠也。"此说不知何据。《独断》："进贤冠、长冠、缁布冠、委貌冠、皮弁、惠文冠，古者天子冠所加者，其次在汉礼。"缁布冠、委貌冠并举，明非一物。后之以缁布冠初加者即玄冠委貌，皆沿《晋志》之误，今为此证，可洗蔡中郎千载之诬矣。卫湜《礼记集解》："严陵方氏曰，委貌、章甫、毋追，即初加之缁布冠。"类此多，不备举。兹辨之如下：

一、孔子云初加之缁布冠，冠而敝之可也；玄冠委貌乃朝服之冠，何可敝之？且又为玄端服之冠，乃所常着者。

二、缁布冠有缺项，无武，玄冠有武而无缺项。

三、《内则》："子事父母……冠、缕……"玄冠有缕，而缁布冠无缕。

四、缁布冠类丧冠，玄冠有缕武相连，二者制异。

缺 项

《士冠》："缁布冠缺项。"注："缺，读如'有頍者弁'之'頍'。缁布冠无笄者，着頍围发际。"

《诗·小雅·頍弁》："有頍者弁。"传："頍，弁貌。"孔疏："王肃云，兴有德者，则戴頍然之弁。"《说文》："頍，举头也。"段注："如郑说，则頍所以支冠，举头义之引申也。"贾谊《新书》《过秦》："包举宇内。"卷、举、括义类，是举头宜训卷头、围头。王念孙《广雅疏证》："卷、暑、纊并通，卷与頍一声之转也。"頍项当以制名，其体为布带，端分岐为四缀，故名为頍项，参见第四章第一节《缺项》。是以制名。《士冠》："青组缨属于缺。"亦单言"缺"。敖继公《仪礼集说》："缺项者，盖别以缁布一条围冠，而后不合，故名之曰缺项，谓其当冠项之处则缺也。"义亦可通，亦以制名也。

《士冠》："缁布冠缺项。"注："滕薛名蔮为頍。"《释名·释首饰》："蔮，恢也。恢廓覆发上也。鲁人曰頍。頍、倾也，着之倾近前也。齐人曰幌，饰形貌也。"桂馥《说文义证》："蔮，筐当也者，筐当匚，所以容发也。椢或作篃，鲁人曰颊，齐人曰帨，《续汉书·舆服志》："夫人绀缯篃，又或作椢。《玉篇》：帼，帨也，覆发上也。"胡培翚《仪礼正义》："盖郑氏注《礼》时多用三家诗，三家诗或释'颊'为'篃'也。"刘台拱《经传小记》："案'篃'，各本误作'蒝'，《释文》亦误。……字从竹，亦从巾作帼。滕薛在汉为鲁之南境，刘熙始以为鲁语，与郑合。"汉隶从"竹"从"艸"之字每不分。是以名"篃"，义亦围匡发也。

缺顶，张末元《汉朝服装图样资料》："未冠的童子，帻无顶，称作卷帻……所以也称作缺顶。蓝田吕氏说：'以布为卷帻，以约四垂短发，而露其髻；《冠礼》谓之缺顶，冠者必先用此缺顶，而后加冠。'"

以缺项为缺顶，始于吕氏之误。士冠加缁布冠之前，仅见栉、缅之文，未见先用"缺顶"之文，此其一证；宾加冠于冠者之首，由赞者卒，郑注卒为设缺项结缨，缨先于陈服时，即属于缺。是先加缁布冠，乃以缺项固之，此其证二；缺项仅为缁布冠设之，他冠爵弁、皮弁毋需用也，此其证三也。《隋书·礼仪志》："后齐皇帝加元服，以玉帛告圆丘方泽，以币告庙……皇帝着空顶介帻以出，太尉盥讫，升，脱空顶帻，以黑介帻奉加。"乃后世缁布冠已与缺项合为一，又有帻制以代缅。非《士冠礼》之缺项也。

玄 冠

《士冠》："主人笄，玄冠、朝服。"疏："此云玄冠，见其色。"

玄冠亦单言"玄"。《特牲》："主人冠端玄。"注："玄冠，玄端。下言玄者，玄冠有不玄端者。"《文王世子》："世子亲齐，玄而养。"

注："玄，玄冠、玄端也。兼二事。"《杂记》："委武、玄、缟而后蕤绫。"注："玄，玄冠也；缟，缟冠也。"

玄冠一名"委貌"。《士冠》："主人筮，玄冠、朝服。"注："玄冠，委貌也。"《后汉书·舆服志》注引《石渠论》："玄冠朝服，戴圣曰：玄冠，委貌也。"《通典》卷八十四引射慈曰："夫为妻去吉冠，大夫以上素弁，士素委貌，衣十五升白布深衣。"素委貌即制同玄冠而色异者，是玄冠即委貌。

委貌亦单言"委"，《左传·昭十年》："晏平仲端委立于虎门之外。"注："端委，朝服。"孔疏："其朝服：玄冠，缁布衣，素积以为裳也。"《国语·周语》："晋侯端委以入。"韦昭注："说云，衣玄端，冠委貌。"《晋语》："端委韠带以随宰人。"注："委，委皃也。"《谷梁传·僖三年》："阳谷之会，桓公委端搢笏而朝诸侯。"范甯注："委，委貌之冠也；端，玄端之衣也。"《文选》左思《吴都赋》："盖端委之所彰。"李善注："刘渊林曰，《左氏传》曰，太伯端委以治。端委，礼衣、委貌。此委貌当为名词，下文仲雍嗣之，断发文身。即对端衣、委貌而言也。《左传·昭元年》："吾与子弁冕端委以治民、临诸侯。"注："端委，礼衣也。"孔疏："服虔云：礼衣端正无杀，故曰端；文德之衣尚褒长，故曰委。案《论语·乡党》，非帷裳必杀之。郑康成云：帷裳谓朝祭之服……《礼记·深衣制》，短不见肤，长不被土；然则朝祭之服当曳地，服言是也。"孔沿服误。经言端委者，犹《论语·先进》之"端章甫"，《礼记·乐记》之"吾端冕而听古乐"，句法同。出此二证，服孔误明。《士冠疏》："下记云委貌，彼云委貌，见其安正容体；此云玄冠，见其色；实一物也。"《士冠记》："委貌，周道也……"注："委犹安也，言所以安正容貌。"班固《白虎通·绋冕》："委皃者，何谓也？周朝廷理政事，行道德之冠名……委貌者，委曲有貌也。"《释名·释首饰》："委貌，冠形委曲之貌，上小下大也。"王与之《周礼订义》："以形言曰委貌。"任大椿《弁服释例》："案：委貌之委，有卑下之义。《荀子·仲尼》篇：“委然成文以示天下。”注：“委然，俯就之貌。”班氏以形释之，刘熙、王与之、任大椿等从之；郑氏以用释之，郑义是也。试辨之如下：《士冠记》：“委貌，周道也；章甫，殷道也；毋追，夏后氏之道也。”“周道”之“道”字，作“言”字、“名”字解。《荀子·劝学》：“不闻先王之遗言。”《大戴礼》记《劝学》作“道”。班氏释曰：“周统十一月为正，万物萌小，故为冠饰最小，故曰委貌。……殷统十二月为正，其饰微大，故曰章甫；章甫者，尚未与极其木相当也。夏统十三月为正，其饰最大，故曰毋追，毋追者，言其追大也。”然《通典》说其制云：“夏后氏牟追冠，长七寸，高四寸，广五寸，后广二寸，制如覆杯，前高广，后卑锐。”又：“殷制，章甫冠，高四寸半，后广四寸，前栌首。”是殷制反大于夏。是班氏之说欠妥。

《说文》：“皃，重文作𩑋、貌，从豹省声。颂仪也。从人，白象人面形。”奚世榦《说文校案》，“案：象人面形，当专指日形，□象人面，中画则指其眉目也，而又增一小直于日上者，则当冠形，盖即委貌。”解未必是。上一小直画，当象成束之发也，有别于被发，是乃有容仪，故曰皃。造字之初，未必悉为男设；且此直竖，若是其小，与冠、冒等所见之“冖”，相去远甚，曷足以现其委貌耶？

宋绵初《释服》：“今考玄冠与委貌自别。玄冠，齐冠；委貌用之于朝。”然《士冠》：“主人玄冠、朝服。”《特牲记》：“其服皆朝服、玄冠。”既衣朝服，则玄冠当用之于朝。委貌，殷曰章甫，戴德《丧服变除》马国翰《玉函山房辑佚书》：“始有父之丧……服白布深衣十五升，素章甫冠，白麻屦无绚。”是无别也。

金鹗《求古录礼说》：“朝服，大夫以上其冠皆委貌，委貌为弁制，所谓冠弁也……弁有笄，《国语》所谓委笄也。惟士玄冠。……故《少牢馈食礼》朝服不言玄冠；《士冠礼》朝服必言玄冠。郑以委貌为玄冠，非也。玄端，则自天子至士皆玄冠。是朝服、玄端之冠异矣。"然《少牢馈食礼》主人朝服，固未言为玄冠，亦未言为委貌，何由而知其必为"委貌"_{金氏分之为二。}也？且《少牢馈食礼》云："史朝服。"史乃大夫之家臣，非大夫也，其朝服不言玄冠，是金氏士"朝服必言玄冠"之说未周延。《七国考》："《墨子》，楚庄王鲜冠组缨，绛衣博袍以治其国。"此朝服，大夫以上言冠之例，且有缨，与《仪礼》冠制不违，何得云大夫以上朝服非玄冠，而为所谓"委貌"？委笄者，委貌即玄冠，无笄，然有安发之短笄，相当《士丧》"用桑"者，而因凶、吉质材有异。是金氏之说不确。安发之笄，见下辨所举证。

黄以周《礼书通故》："冠弁者_{《周礼·司服》}，冠而如弁，其法延板而大委武，同玄冠；其设笄施纮又同皮弁，故经谓之冠弁，《记》谓之委貌，《左传》亦称其服谓之端委，《谷梁》谓之委端，《国语》亦称其笄谓之委笄。……其无笄、纮者谓之玄冠，玄冠无笄，亦与委貌异，则《小戴》委貌即玄冠之说，尔木之核矣。"黄氏亦蹈金氏之覆辙，上文已逐条驳之。兹复辨之：《周礼·司服》："凡甸，冠弁服。"注："甸，田猎也。冠弁，委貌，其服缁布衣，亦积素以为裳，诸侯以为视朝之服。《诗·国风》曰，缁衣之宜兮，谓王服此以田；王卒食而居，则玄端。"郑氏以冠弁乃王之玄冠，亦诸侯及其臣之朝冠，即委貌。孙诒让《周礼正义》："窃疑《晋语》_{范文子退朝，武子击之以杖，折委笄。}之委，当如《杂记》'委武'之委。郑注云：委武，冠卷也。笄当为固发之笄；盖范武子以杖击文子之玄冠，折其冠卷，并及卷内之笄，非固冠之笄也。"辨之成理。

安发有笄，见于《士冠礼》："再加皮弁，即筵坐，栉，设笄。宾盥，正缅，如初；降二等，受皮弁，右执项，左执前，进，祝，加之如初；复位。赞者卒纮。"是栉发即设者，非安发者而何？加皮弁而将发、内笄全罩之，然后赞者将皮弁之笄长者贯，而属纮也。

刘师培《礼经旧说补遗》："据《说文》冖部'冠'字注云，絭也，所以絭发，弁冕之总名也。是析言则三者有别，浑言则冠为通名。又依汉制及《白虎通义》诸书，则爵弁之制，与冕为类；玄冠之制，与皮弁为类，则爵弁虽以弁名，不为合手状，故皮弁得通称皮冠。如《孟子·万章》篇赵注，以皮冠为弁……《司服》于玄冠一服，亦云冠弁也。此义既明，则爵弁亦有上延，玄冠亦有固冠之笄。"刘氏以爵弁为冕制，冠、弁可通称，是也。以玄冠有固冠之笄，则非。《内则》："子事父母……栉、縰、笄、总，拂髦、冠，緌缨，端、韠、绅、搢笏。"大略以先后为序，是玄冠无固冠之笄之旁证也，亦有安发之笄之证也。

冕

《觐礼》："天子衮冕负斧依。"注："衮衣者，裨之上也。……衣此衣，冠冕。"又："侯氏裨冕，释币于祢。"注同。

《白虎通·绋冕》："前俛而后仰，故谓之冕也。"《释名·释首饰》："祭服曰冕，冕犹俛也；俛，平直貌也，亦言文也，玄上纁下，前后垂珠，有文饰也。"《周礼·弁师》注："冕服有六。"疏："冕则俛也，以低为号。"《士冠》："爵弁服。"注："爵弁，冕之次者。"疏："名冕者，俛也，低前一寸二分，故得冕称。"此以形名。

《论语·子罕》："麻冕，礼也。"何晏《集解》："孔安国曰：冕，缁布冠也。"此以色、质言之。非初加之缁布冠。

《士冠记》："周弁、殷冔、夏收。"《诗·大雅·文王》："常服黼冔。"传:"周曰冕。"蔡邕《独断》:"冕,冠,周曰爵弁,殷曰冔,夏曰收。"此三代异名也,蔡氏以爵弁当之,以爵弁亦冕之次也。

《说文》:"冕,大夫以上冠也,邃延垂瑬紞纊,从曰,免声。"《左传·桓二年》:"衮冕黻珽。"杜注:"冕,冠也。"孔疏:"冠者,首服之大名;冕者,冠中之别号,故云冕,冠也。《世本》云,黄帝作冕。宋仲子云,冕,冠之有旒者。"是以形制名。

《论语·卫灵公》:"服周之冕。"《集解》引包咸曰:"冕,礼冠也。"《礼记·明堂位》:"冕而舞《大武》。"注:"冕,冠名也。"《国语·周语》:"弃衮冕而南冠。"韦注:"冕,大冠也。"皆通其训诂。

王安石《周官新义》卷九:"以其与万物相见名之也。"王与之《周礼订义》卷三十六:"郑锷曰,当俛以致恭。"皆意为之。

爵 弁

《士冠》:"爵弁服。"注:"爵弁者,冕之次,其色赤而微黑,如爵头然,或谓之緅。"疏:"名冕者,俛也,低前一寸二分,故得冕称;其爵弁则前后平,故不得冕名。"

爵弁以色名。《白虎通·绋冕》:"爵,何以知指谓其色? 又乍言爵弁,乍但言弁,周之冠色,所以爵何为? 周尚赤,所以不纯赤,但如爵头何? 以本制冠者法天,天色玄者,不失其质,故周加赤,殷加白,夏之冠色纯玄。何以知殷加白也? 周加赤,知殷加白也。"

《杂记》:"大夫冕而祭于公,弁而祭于己;士弁而祭于公,冠而祭于己。"注:"弁,爵弁也。"郑注弁为爵弁,但指士而言。《丧服记》:"朋友麻。"注:"弁绖者,如爵弁而素,加环绖也。"是爵弁亦单言弁。《士冠记》:"周弁,殷冔,夏收。"疏:"弁是古冠之大号,非直含六

21

冕，亦兼爵弁于其中。"是也。

《晋书·舆服志》："爵弁一名广冕，高八寸，长二寸，如爵形，前小后大，缯其上，似爵头色，有收持笄。"此有误，当为一名冕，广八寸，长尺二寸，缯其上。此盖引董巴《舆服志》，而有颠倒错乱脱讹。是以爵弁之形如爵。此说亦可。今见台北故宫博物院及台湾历史博物馆所陈殷周酒器之爵，大抵与冕制相似，其口鎏及尾，约似爵弁之冕延，腹如爵弁之冕体。此盖以形名。

《释名·释首饰》："弁如两手相合抃时也。以爵韦为之，谓之爵弁。"《尚书·顾命》："二人雀弁，执惠立于毕门之内。"孔传："士卫殡，与在庙同，故雀韦弁。"孔疏："阮谌《三礼图》云，雀弁，以三十升布为之。此传言雀韦弁者，《礼·司服》云：凡兵事，韦弁服，此人执兵，宜以革为之。异于祭服，故言雀韦弁。"阮氏图云布爵弁，是也，伪孔传取刘熙之误，以解《尚书》耳。既云"士卫殡，与在庙同"，则庙服也，亦丧死之礼，非主为戎。如果刘所言，则不云雀弁，而言韎弁矣。刘氏惑于雀弁称弁，韦、皮二弁皆皮制，故合而同之，贻误非浅。孔颖达笃信《书》孔传，如《论语》孔氏注者，故随文解之；乃不知其伪耳。而任大椿《弁服释例》亦误从之。

《古今图书集成》冠礼部："延平周氏曰：爵弁，天子戎事之韦弁也。……韦弁之色赤，赤则天道下降于南方之色，而喻其将出与物酬酢也。……先王欲重其礼，虽士之贱，亦不嫌于与天子同服，故始冠而用爵弁。"此有二误：合爵弁与韦弁为一物，混爵色与赤色而同之。指鹿为马，以紫夺朱，必也正名乎。周氏既云"与物酬酢"，戎事可云酬酢乎？戎事之韦弁，何用于宗庙？爵弁以亲迎，《礼记》哀公问孔子，冕而亲迎，不已重乎？孔子答以合二姓之好，继先圣之后，故爵弁亲迎。若为韦弁，岂非抢婚耶？安得合二姓之好？若非庙服,安得继先圣之后?

《格致镜原》:"《群书考索》或曰,《周礼》有韦弁,无爵弁;《书》与《冠礼》《礼记》有爵弁,无韦弁。士之服止于爵弁,而荀卿曰士韦弁,则爵弁即韦弁。"此亦误。《周礼·司服》有弁绖,郑云弁为如爵弁者,《冠礼》所陈乃加冠者,不用韦弁,故不陈。以冠礼乃嘉礼,否则兵礼矣。

孔广林《吉凶服名用篇》:"陈用之云《周礼》有韦弁,无爵弁;《书》二人雀弁,《仪礼》《礼记》有爵弁,士之服止于爵弁,而荀卿曰士韦弁,孔安国《伪孔传》曰,雀韦弁也,则爵弁即韦弁耳。古文'弁'象形,则其制上锐,如合手然,非如冕也;韦,其质也;爵,其色也。……《广林》谓,陈说得之。"陈祥道此说之误,与上数人同,辨已见上。其云士之服止于爵弁,则非。陈氏等皆以士之服,应悉出现于冠礼,何其谬也。果如陈言,则婚礼女之服止此一袭,冠礼童子之服仅采衣一袭乎?冠礼非戎事,故陈其当礼者耳。《荀子·大略》:"天子山冕,诸侯玄冠,大夫裨冕,士韦弁,礼也。"则亦可云诸侯止玄冠乎?戴震亦许爵弁为韦弁,并误。《东原集·记冕弁冠》。宋绵初《释服》:"爵弁韦弁盖因事而异其名。以为祭服,则谓之爵弁,以为文事则谓之韦弁。"并非。参见第五章第二节"爵弁"条。

皮 弁

《士冠》:"皮弁服,素积。"注:"皮弁者,以白鹿皮为冠,象上古也。"疏:"案《礼图》仍以白鹿皮为冠。"

《白虎通·绋冕》:"上古之时质,先加服皮,以鹿皮者,取其文章也。"《释名·释首饰》:"以鹿皮为之,谓之皮弁。"《晋书·舆服志》：“皮弁以鹿皮浅毛黄白色者为之。”是以质为名。《古今图书集成》引延平周氏曰：“皮弁之色白，白则喻其自洁而有所受。”

皮弁亦称綦弁。孔广林《吉凶服名用篇》：“《书·顾命》四人綦弁。孔传云：綦文鹿子皮弁。《诗·鸤鸠》其弁伊骐。毛传云：骐，骐文也；弁，皮弁也。笺云，骐当作璂，以玉为之。《旧图》云，以鹿皮浅毛黄白者为之。广林谓：《弁师》云王之皮弁会五采玉璂，璂与璂本一字。綦亦为结，义固得通。《书》云綦弁，即《弁师》之璂，以有璂饰，得綦弁名。骐则声之误耳。据毛传则青黑文，据孔传则苍艾色，弁皆无此色也。皮弁色白，《旧图》谓以黄白皮为之，亦误。《礼》注《诗》笺，斯为得之。郑君注《顾命》亦云，青黑曰骐，引《诗》我马维骐，不破字者，徒以四人执戈皆士，士皮弁无饰，不得云綦弁耳。不知王之上士三命，中士再命，下士一命，皆有饰，自可称綦弁矣。”又云：“公侯伯之中士、下士及男之士，并无饰。”是皮弁可名为綦弁，綦弁乃皮弁之有饰者。孔氏说可从；其以《旧图》云黄白色非，必用纯白，则未可必也。纯白之鹿不易得，鹿大体黄白色者，腹腋处其毛黄白，于白差近，或取焉。《新石器时代仰韶文化遗址》一文云：“狩猎对象，从所见兽骨观之，以斑鹿、水鹿及竹鼠为多。”是皮弁以鹿皮象上古之说可信。

韦　弁

《聘礼》：“卿韦弁归饔饩。”注：“韦弁，韎韦之弁，兵服也。”疏：“韎即赤色，以赤韦为弁也。”《周礼·司服》：“凡兵事，韦弁服。”注：“以韎韦为弁。”“韎”之为训“赤”，犹“冕”之训“冠”，举其大号耳。参见第三章。韦弁即胄内之冠，先着之以承胄，免胄则见韦弁，以此为礼。

雷氏《服纬》："爵弁以韦为之，故又曰韦弁。""弁有爵弁、𫄸弁、素弁，皆柔皮为之，故通曰皮弁，亦曰韦弁。""《荀子》曰大夫裨冕，士韦弁。爵弁既又称皮，韦弁是其制，以熟皮为之，不用布矣。""𫄸弁即《周礼·司服》之韦弁，弁与衣裳皆用𫄸韦为之，故此或专得韦弁之名。"其误有三：一从陈祥道合爵弁、韦弁为一；二皮弁、韦弁不分；三自创"𫄸弁"新词。其误之一，辨见上文。皮弁有毛，韦弁无毛，二者色异。皮弁以鹿皮，取其文章，若亦曰韦弁，则他皮可也。《聘礼》："卿韦弁归饔饩。"注："皮、韦同类，取相近耳。"疏："有毛则曰皮，去毛熟治则曰韦，本是一物皆皮也，有毛无毛为异，故云取相近耳。"《觐礼》下文云："宾皮弁迎。"对文如此，必有所别，岂可一之？《周礼·弁师》云："诸侯孤卿大夫之冕，韦弁、皮弁、弁绖，各以其等为之。"若韦弁亦皮弁，则《弁师》文赘矣。《弁师》之文，韦弁、皮弁之尊卑分矣。主国尊宾，其使虽卿，亦尊之，故主国之卿韦弁示敬，宾迎以皮弁。此皆足以别二弁者，雷氏此说之非，明矣。

缨

《士冠》："青组缨属于缺。"注："无笄者，缨而结其条。"《丧服》："冠绳缨""冠布缨"。

其言青组缨者，是吉服言其采，以色名也；丧服以质名之。《说文》："缨，冠系也。从糸，婴声。"《士冠礼疏》："以二条组，两相属于颐，属讫则所垂条于颐下结之。"陆氏《释文》："缨，从上而下者。"《释名·释首饰》："缨，颈也，自上系于颈也。"则以用名之。

绥

《士冠记》："始冠，缁布之冠也，大古冠布，齐则缁之；其绥也，孔子曰：吾未之闻也；冠而敝之可也。"注："绥，缨饰。未之闻，大古质，盖亦无饰。"

《礼记·内则》："冠绥缨。"注："绥，缨之饰。"《玉藻》："缁布冠，缋绥。"注："绥或为蕤。"《檀弓》："丧冠不绥。"陆氏《释文》："绥本作缕。"

《说文》："绥，系冠缨垂者，从糸，委声。"段注："古字或作蕤，或假绥为之。"《内则》孔疏："结缨颔下以固冠，结之余者，散之下垂，谓之绥。"《白虎通·五行》："绥者，下也。"《释名·释兵》："绥，有虞氏之旌也。注旌竿首，其形綦綦然也。"又："绥，夏后氏之旌也，其形衰衰也。"绥、绥当同义，为旌旗上之饰，下垂柔弱之散旌也。是以形名。

缡

《士冠》："缁缡"注："缡，今之帻梁也。"《士昏》："姆缡"注："缡，韬发。"《特牲》："主妇缡、笄，宵衣。"注："缡，首服。"一作"缬"。

《礼记·内则》："栉、缬、笄、总。"注："缬，韬发者也。"孔疏："以缬韬发作髻。"又作"斯"，《问丧》："亲始死，鸡、斯、徒跣。"注："'鸡''斯'，当为'笄''缬'，声之误也。"《说文》："纚，冠织也。从糸，丽声，谓以缁帛韬发。"《释名·释首饰》："纚，以韬发者也，以纚为之，因以为名。”从“麗”之字，似多有黑义；“鹿”则有疏义，盖以色、质名。

凌曙《礼说》：“陈祥道《礼书》……云鸡斯为哭声。郑氏之说盖本于《大戴》。按《丧服变除》：‘斩衰三年之服，始有父之丧，笄纚徒跣。’可见《礼记》经师所见之本，本作‘笄纚’也。又云：‘父为长子不笄纚，不徒跣。妻为夫，妾为君，笄纚，不徒跣……’戴氏言之凿凿，并不作啼声然也。”凌氏所正甚是。

笄

《士冠》：“皮弁笄，爵弁笄。”注：“笄，今时簪也。”《士昏》注同。《丧服记》：“传曰，折笄首者，折吉笄之首也。吉笄者，象笄也。”疏：“天子诸侯笄皆玉也。”《丧服》：“布总，箭笄。”注：“箭笄，篠竹也。”《丧服传》：“恶笄者，栉笄也。”注：“栉笄者，以栉之木为笄，或曰榛笄。”

《释名·释首饰》：“簪，兓也，以兓连冠于发也。又：枝也，因形名之也。”是以礼别之者，名吉笄、恶笄；以冠名之者，如皮弁笄、爵弁笄；以质言之者，如箭笄、栉榛笄。《士冠》：“栉，设笄。”单言之者，以形名。《说文》：“笄，先也，从竹，开声。”形声兼会意也。

纷

《士冠》：“将冠者采衣、纷。”注：“《玉藻》曰，童子之节也，缁布衣，锦缘，锦绅并纽，锦束发，皆朱锦也。纷，结发。古文‘纷’

为‘结’。”又：“主人纺而迎宾。”

钮树玉《说文新附考》：“髻，总发也，从髟，吉声。古通用结。”《文选·运命论》：“椎纺而守敖庾海陵之仓。”李注：“张揖《上林赋注》曰：纺，鬓后垂也。纺即髻字也。”盖以形用名也。

徐养原《仪礼今古文异同疏证》：“髻、纺、髻、结，总属一字。结发，簪结，总属一义。《玉篇》：髻，居济切，发结也；髻同上。”洪颐煊《读书丛录》：“《尔雅》：髻，簪结也。案，《广雅·释诂》：髻，结也。曹宪《音义》：案《说文》即籀文髻字也。《说文》本有髻字，其籀文作髻。……《仪礼·士冠礼》：将冠者采衣纺。郑注：纺，结发，今文纺为结。纺即髻字，结即髻字。”徐、洪所证甚碻。疑“髻”为本字，从髟、结，结省声。

总

《丧服》：“布总、箭笄。”注：“总，束发。谓之总者，既束其本，又总其末。”《内则》：“栉、縰、笄、总。”注：“总，束发，垂后为饰。”

《说文》：“总，聚束也。”段注：“谓聚而缚之也。”《释名·释首饰》：“总，束发也。总而束之也。”是以用而名之也。

次　被锡

《士昏》：“女次、纯衣、纁袇。”注：“次，首饰也。今时髲也。《周礼·追师》掌为副、编、次。”《少牢》：“主妇被锡，衣侈袂。”注：“被锡，读为髲鬄。古者或剔贱者、刑者之发，以被妇人之纺为饰，因名髲鬄焉。此《周礼》所谓次也。"疏："次，次第发之长短为之，所谓髲鬄也。"

《释名·释首饰》："发髲之误，被也，发少者得以被助其发也。髢，疑为‘髲’之误。剔也，剔刑人之发为之也。"

《曲礼》："敛发毋髢。"注："髢，髲也，毋垂余如髲也。"《说文》：次，古文作𨒅。段注："盖象相次形。""次"之古文，当即象髲鬄之形，由人后望之，其发披于首。𦫫似羊首者，盖簪笄步摇之属。是推其名之所命，"次"者以形名之；"髲鬄"亦然。

敖继公《仪礼集说》："被，如‘被袗衣’之‘被’，谓衣之也。‘锡’皆当作‘缘’，字之误也。‘缘’‘褖’通，《内司服》曰‘缘衣素沙’是也。内子祭服缘衣，而又侈其袂焉。"敖氏改字释经，其误当辨：（一）《特牲馈食》与《少牢馈食礼》同，唯士、大夫之异，二篇可比照观之。《特牲》："主妇𬘬、笄、宵衣，立于房中，南面。"《少牢》："主妇被锡，衣侈袂，荐自东房。"𬘬笄为士妻之首服；被锡为大夫妻之首服；宵衣为士妻之衣，衣而侈袂者，大夫妻之衣；两两相对，文例可证也。若缘衣，则无首服，乃隔篇推之士妻而言亦𬘬笄，其牵强也甚明。（二）《武威汉简》本作："主妇被锡衣侈袂。""锡"字不误为古文，则自校勘言，亦可证敖改字之非也。

髦

《既夕》："既殡，主人说髦。"注："儿生三月，翦发为鬌，男角女羁，否则男左女右，长大犹为之饰存之，谓之髦，所以顺父母幼小之心……髦之形象未闻。"

《诗·鄘风·柏舟》："髧彼两髦。"传："髦者，发至眉，子事父母之饰。"《说文》:"髳,发至眉也。"《丧大记》:"主人袒,说髦。"孔疏:"髦,幼时翦发为之,至年长则垂着两边,明子事亲,恒有孺子之义。若父死,说左髦,母死,说右髦,二亲并死,则并说之,亲没不髦是也。"《说文》段注:"盖以发两绺,下垂至眉,像婴儿夹囟之角发下垂。"是以质名之也。

髻 发

《士丧》:"主人髻发,袒。"注:"髻发者,去笄、纚而紒。"疏:"此即《丧服小记》云斩衰髻发以麻。"又:"主人免于房。"注:"《丧服小记》曰:斩衰括发以麻。"注:"古人'髻'作'括'。"

《说文》:"髻,絜发也,从髟,昏声,古活切。"段注:"去纚,为露髻也。……《内则》丧服之总,《深衣》之束发,《士丧礼》之髻,同为一事,'髻'即'髻'字之异者。'髻'非丧服之专称也;故《士丧礼》之用组,以组束发也;《深衣》之用锦,以锦束发也;《丧服小记》之始死括发以麻,以麻束发也;《丧服》之布总,以布束发也;其他缟总、素总,以缟、素束发也,是皆得谓之髻,非凶礼之专辞也。"

段氏所见则是,所言则未当。髻发唯用于凶,髻用于葬,礼所以道名分,故以生死吉凶男女而别其名,不可混也。且所用以为此饰之物,大小、质材皆有别也。是以用为名。

附:髻

《士丧》:"髻用组,乃笄。"注:"用组,组束发也。古文'髻'

为'括'。"疏:"髻纚,乃可设明衣以敝体,是其次也。"又:"髻笄
用桑,长四寸,纋中。"疏:"以'髻'为'髻',义取以发会聚之意。"
《既夕记》:"其母之丧,髻无笄。"

此葬饰也,以形、用名。

胡承珙《仪礼古今文疏义》:"沛国人谓反纚为䯼,浦镗云《弁
师》引《仪礼》'髻'作'檜','檜''栝'字异义同,疑'括'乃
'檜'字之误。……《说文》有'髻'无'髻',疑'髻'乃'髻'
之或体,會声、昏声相近,故此髻用组及下髻发,古文皆假'括'
为之。"

纚即髻,用组束发也;髻亦用组束发,二者之别,纚为正,髻
为反,饰式有异者,所以别生死。吉用组束发为纚,凶用麻束发为
髻发,用物之质异,所以别吉凶也。

髺

《丧服记》:"妇为舅姑,恶笄有首,以髽。"注:"言以髽,则髽
有着笄者明矣。"《檀弓》:"鲁妇人之髽而吊也。"注:"去纚而纚曰
髽。"《丧服》贾疏:"男子阳,多变,斩衰名括发,齐衰以下名免耳,
麻、布之异。妇人阴,少变,故齐、斩妇人同名髽。"《士丧》疏:"《丧
服小记》云,斩衰髻发以麻。为毋髻以麻,免而以布,是为母虽齐
衰,初亦髻发以麻,与斩衰同。"用麻。又:"若妇人,斩衰妇人以麻
为髽,齐衰妇人以布为髽。"

男子以麻者曰括发,以布者曰免;妇人以麻、布皆曰髽,是以
男女为别而异名。《文选》张衡《西京赋》注引服虔《通俗文》:"露
髻曰䰂,以杂麻为髻,如今撮也。"余萧客《古经解钩沉》引《外

传》：“髽者，拆开散之名也。”是与纷略有大小之别。

免

《士丧》：“众主人免于房。”注：“齐衰将袒，以免代冠；免之制未闻。……旧说以为如冠状，广一寸。《丧服小记》曰，斩衰髽发以麻，免而以布，此用麻布为之，状如今之幓头矣。自项中而前，交于额上，却绕纷也。……今文'免'皆作'绕'。”

免于髽发形制有别。

《格致镜原》引《逸雅》：“绡头，绡，钞也，钞发使上从也。或曰陌头，言其从后横陌而前。齐人谓之帗，言帗敛发，使上从也。”扬雄《方言》：“络头，帞头也，纱缬髻带，鬏带，帑、帗、幒头也，自关以西秦晋之郊曰络头，南楚江湘之间曰帞头，自河以北赵魏之间曰幒头，或谓帑，或谓之帗，其遍者谓之髻带，或谓之鬏带，覆结谓之帻巾，或谓承露，或谓之覆鬏。”绡头当即郑注之幓头欤？

《问丧》：“冠至尊也，不居肉袒之体也，故为之免以代之也。”是以用名者也。

丧　冠

《丧服》：“斩衰裳……冠绳缨。”《杂记》：“丧冠条属，以别吉凶。”《既夕记》：“冠六升，外绠；缨条属；厌。”注：“厌，伏也。”疏：“厌，伏也者，以其冠在武下过，乡上，反缝着冠，冠在武下，故云厌也。五服之冠皆厌。”

《礼记·曲礼》：“厌冠不入公门。”注：“厌犹伏也，丧冠厌伏。”

《周礼·大司马》：“若师不功，则厌而奉主车。”注：“郑司农云，厌冠丧服也。玄谓厌，伏冠也。”是丧冠者，以事名；厌冠者，以制名。

练 冠

《聘礼》：“主人长衣、练冠以受。”《丧服记》：“公子为其母练冠，麻，麻衣缥缘。为其妻缥冠，葛绖，麻衣，缥缘。”注：“练冠而麻衣缥缘，三年练之受饰也。”疏：“以练布为冠。”

《礼记·檀弓》：“练，练衣黄里缥缘。”注：“小祥，练冠，练中衣，以黄为内。”孔疏：“练，小祥也，小祥而着练冠，练中衣，故曰练也。”《左传·昭三十一年》：“季孙练冠，麻衣，跣行。”孔疏：“练冠，盖如《丧服》斩衰既练之后，布冠也。”是以练布为冠，以质名也。

《诗·桧风·素冠》：“庶见素冠兮。”传：“素冠，练冠也。”笺：“既祥大祥而缟冠素纰。”毛以为小祥练冠，郑以为素冠非练冠，乃大祥后之缟冠素纰者。孔疏：“素，白也，此冠练布使熟，其色益白，是以谓之素焉……练后常服此冠，所以谓之练冠。”孔从毛义，以素为色；郑以素为质。要《仪礼》之练冠以涷熟之布为之，则同也。

缥

《丧服记》：“公子……为其妻，缥冠，葛绖，麻衣缥缘。”疏：“为其妻缥冠者，以布为缥色为冠。”缥者一入赤汁之色，是以色名。盖以服轻衰杀也。

绖

苴绖

《丧服》："斩衰裳……苴绖、杖。"注："麻在首，在要，皆曰绖。绖之言实也，明孝子有忠实之心，故为制此服焉。"《丧服传疏》："案《问丧》云，斩衰貌若苴，齐衰貌若枲之等，皆是内心苴恶，貌亦苴貌，服亦苴恶，是服以象貌，貌以象心，是孝子有忠实之心。"《丧服传》："苴绖者，麻之有蕡者也。"疏："《尔雅·释草》孙氏注云，以色言谓之苴。"

胡培翚《仪礼正义》："《礼记》孔疏云：苴是黧黑色。又云：苴者，黯也。"是苴为恶色，以色名之。与斩衰近。

牡麻绖

《丧服》："牡麻绖。"传曰："牡麻者，枲麻也。"疏："枲是好色。""枲是雄麻。"

对苴麻，枲是好色，然齐衰哀亦重，故以质名。

澡麻绖

《丧服》："小功布衰裳，澡麻带，绖。"注："澡者，治去莩垢。"疏："以枲麻又治去莩垢，使之滑净。"

《丧服小记》："下殇小功带澡麻。"注："其绖带澡率治麻为之。"孔疏："谓戛率其麻，使之洁白也。"澡治戛率而白，不以白名，其重在功，故以质名。

麻

《丧服记》："公子为其母练冠，麻。"注："麻者，缌麻之绖带也。"又："朋友麻。"注："相为服缌之绖带。"《丧服》："缌麻三月者。"传曰："缌者，十五升抽其半，有事其缕，无事其布曰缌。"注："缌者，治其缕细如丝也。"《丧服经》注："缌麻，布衰裳而麻绖带。"疏："案上《殇小功章》云，澡麻绖带，况缌服轻，明亦澡麻可知。"《丧服记》："朋友麻。"注："朋友虽无亲，有同道之恩，相为服缌之绖带。《檀弓》曰：群居则绖，出则否。其服吊服。"

《礼记》缌服于五服最轻，故出麻体，是以质名。《武威汉简》本甲、乙、丙三本皆无"朋友麻"三字，今本或为后人所增，然亦当在郑玄之前。《檀弓》文承"孔子之丧"下云："孔子之丧，二三子皆绖而出，群居则绖，出则否。"记人意似云弟子群居于师舍，如庐墓，则为师服绖；出离师门，则释绖也。郑氏乃以《檀弓》文，分属二事而注之，疑非记者之本旨。后人以弟子为师麻，推之朋友相为亦然。《礼记·学记》："师无当于五服，五服弗得不亲。"孔疏："师于弟子，不当五服之一也，而弟子之家，若无师教诲，则五服之情，不相和亲也，故云弗得不亲。是师情有在三年之义，故云与亲为类。"《学记》之意，即师不在五服之中，与《汉简》本合。后人以师恩重，且五服之义，因师而明，乃主为师服麻，推而及于朋友，故附入《丧服记》。

葛　绖

《丧服记》："公子为其妻缞冠，葛绖带。"

公子为妻轻，犹绖带之以麻名者，是出其所用，故以质名。

（绖）缨

《丧服》："其长殇皆缨绖，其中殇不缨绖。"注："绖有缨者，为其重也。自大功以上，绖有缨，以一条绳为之；小功已下，绖无缨。"

经缨与冠缨之用同，皆以系于颈，而固绖、冠，则此缨，于文义虽为动词，即系属绖以缨，而其实为一绳也。不以绳名而曰缨者，用为缨也，是以用名。

第二节　衣裳

采　衣

《士冠》："童子采衣纷。"注："未冠者所服。《玉藻》曰：童子之节也，缁布衣，锦缘，锦绅并纽，锦束发，皆朱锦也。"

锦有文采，而以之饰童子之缁布衣之边缘，故以采衣名之，是兼有色、质二义。

玄　端

《士冠》："主人玄冠、朝服。"注："朝服者，十五升布衣而素裳也。衣不言色者，衣与冠同。"又："玄端，玄裳、黄裳、杂裳可也。"注："玄端即朝服之衣，易其裳耳。"

《玉藻》："朝玄端。"又："诸侯朝服以日视朝于内朝。"注："朝服，玄端、素裳也。"《王制》："周人玄衣而养老。"注："玄衣、素裳，天子之燕服。"《玉藻》又云："玄端而居。"注："天子服玄端燕居。"是玄端为天子之燕服，诸侯及其臣之朝衣，名之玄者，取其色；

名之端者，取其制。

玄端亦单言端。《论语·先进》："端章甫。"注："端，玄端。"《左传·昭元年》："吾与子弁冕端委，以治民临诸侯。"杜注："端委，礼衣。"孔疏："《周礼·司服》于士服之下云，其齐服有玄端、素端。郑玄云，谓之端者，取其正也。谓士之衣，袂皆二尺二寸而属幅，是广袤等也。"《乐记》："端冕而听古乐。"注："端，玄衣也。"《内则》："子事父母……端、韠、绅。"注："端，玄端，士服也。"《表记》："端冕则有敬色。"皆举其制幅正方而名之。

盖"玄端"之"端"有二义，上古有布帛之始，衣初制裁，形式简陋，易于缝纫，后世乃有深衣，故名原始裁制之对襟者曰端衣。端者，始也。以之为祭服、兵服之形制，犹重古也；如祭必有玄酒（水），冠必先缁布，其义一也。而正幅最易裁缝，是又有端正之义。

玄端又单言玄。《士冠》："兄弟毕袗玄。"注："玄者，玄衣玄裳也。"《士昏》："主人爵弁，纁裳缁袘；从者毕玄端。"《墨子·非儒》："取妻亲迎，袀褍为仆。"《说文》："褍，衣正幅。从衣，耑声。"是玄端者，以色、制名。

玄端亦名缁衣。《诗·郑风·缁衣》："缁衣之宜兮。"传："缁，黑色，卿士听朝之正服也。"笺："缁衣者，居私朝之服也。天子之朝服、皮弁服也。"孔疏："此缁衣即原作'卿'，从阮元校改。《士冠礼》所云，主人玄冠，朝服，缁带，素韠是也。"郑氏《士冠注》云："衣不言色者，衣与冠同也。"疏："玄为六入，缁为七入，深浅不同，而郑以衣与冠同，以缁与玄同色者，大同小异，皆是黑色，故云同也。"玄、缁皆黑之深者，仅一入之差，参见第三章。是以郑、孔云，缁衣即玄衣，亦即玄端。

沈彤《仪礼小疏》《士冠礼》："兄弟毕袗玄。案《玉藻》云，无君者不贰采。谓凡未仕及去位者不贰采，谓上下同色。……郑注无可议。敖继公《集说》谓裧乃被服之别称，而以毕裧玄属为尽服玄端。则何以不言毕玄端？如《昏礼》之述从者乎？"沈氏此辨甚是，毕裧玄，非朝服也。

玄端又名乡服。《乡饮酒》："宾服以拜赐。"注："乡服，昨日与乡大夫饮酒之朝服。不言朝服，未服以朝也。"是用之于乡饮酒之礼，乃称乡服，是以用为名。

玄裳　黄裳　杂裳

《士冠》："玄端，玄裳、黄裳、杂裳可也。"注："此莫夕于朝之服。玄端即朝服之衣，易其裳耳；上士玄裳，中士黄裳，下士杂裳。杂裳者，前玄后黄。"此文之"黄裳杂裳可也"六字，盖汉人或为《士冠记》之窜入经文者，郑氏不察，乃为之分上、中、下三等士之裳。士之兄弟毕裧玄，有未仕者在内矣，何必上士无黄、杂；而中、下士独有黄、杂也。有司如主人服，则主人之吏有玄裳也，郑注欠妥。

玄裳、黄裳、杂裳，皆以色名。"杂"即前玄后黄二色。

皮弁服

《士冠》："皮弁服，素积。"注："白鹿皮为冠……皮弁之衣，用布亦十五升，其色象焉。"疏："谓象皮弁之色；用白布。"《士丧》："皮弁服"注："其服白布衣，素裳。"《士冠》："主人玄冠朝服。"注："衣不言色者，衣与冠同。"疏："礼之通例，衣与冠同色。"《士冠》："爵弁服纁裳。"注："冠弁不与衣陈，而言于上，以冠名服耳。"

皮弁之衣，乃白布为之；以冠名者，从通例也。

宋绵初《释服》《皮弁服》："皮弁之服，天子以素锦为衣。《诗》曰：君子至止，锦衣狐裘。传云，锦衣，采衣也。狐裘，朝廷之服。疏谓诸侯在天子之朝服此服。锦衣即皮弁之正服，大夫士以素缯为衣。《论语》谓之素衣，《礼记》谓之缟衣，亦皮弁服也。"然《玉藻》："君衣狐白裘，锦衣以裼之。"则是裼衣，非"正"服。《诗·秦风·终南》："终南何有，有条有梅，君子至止，锦衣狐裘。"笺云："受命服于天子而来也。诸侯锦衣狐裘以裼之。"孔疏："锦者，杂采为文，故云采衣。"则锦虽色素，仍有采纹，故需绚衣以掩之。皮弁乃"正"服，准玄端、爵弁服等皆单色无文，则白布衣是也。宋说似不可从。敖继公《仪礼集说》："盖亦丝衣。"已有此疑，宋氏乃为详说之也。

素　积

《士冠》："皮弁服，素积。"注："积犹辟也。以素为裳，辟蹙其要中。"疏："经典云素者有三义，若以衣裳言素者，谓白缯也，即此文之等是也。画缋言素者，谓白色，即《论语》缋事后素之等是也。器物无饰亦曰素，则《檀弓》云奠之以素器之等是也。"

素兼质、色；积兼形制。

《士冠》："主人玄冠朝服。"注："十五升布衣而素裳也。"疏："裳亦积白素绢为之。"是一名素裳。

韦弁服

《聘礼》："上介韦弁以受，如宾礼。"又："君使卿韦弁归饔饩五牢。"注:"韦弁,秣韦之弁,兵服也;而服之者,皮、韦同类,取相近耳。其服盖秣布以为衣,而素裳。"

此以冠名服者。其衣,郑有二说。参见皮弁服及第五章。

爵弁服 纯衣

《士冠》:"爵弁服,缥裳,纯衣。"注:"纯衣,丝衣也,余衣皆用布,唯冕与爵弁服用丝耳。先裳后衣者,欲令下近缁,明衣与带同色。……冠、弁者,不与衣陈,而言于上,以冠名服耳。"

《礼记·檀弓》:"天子之哭诸侯也,爵弁、绖,郑云'绖'字衍。紑衣。"注:"服士之祭服以哭之,明变也。"孔疏:"紑衣,丝衣。"是以冠名服,又自其质言之,则名丝衣、紑衣。

洪颐煊《读书丛录》:"案《白虎通·崩薨礼》篇:《檀弓》曰:'天子哭诸侯,爵弁、纯衣。'无'绖'字。"是爵弁服之衣,亦曰纯衣。'屯'字篆文作屯;才作才。盂鼎才作十,父戊爵作屯。而'屯'字秦公簋作屯,师望鼎作屯,不娶簋作屯,二文形近,《仪礼》为本字,《记》则误'屯'为'才',遂作'紑',而班氏不误,仍以本字写之。《士丧礼》:"爵弁服,纯衣。"注:"古者以冠名服。"是以冠名曰爵弁服,以衣之质名曰纯衣;'紑衣'即'纯衣'之讹也。《士冠疏》:"'紑帛'之'紑'则多误为'纯'。"未必。纯衣亦取缘边之义,参见下文纯衣。

缥 裳

《士冠》:"爵弁服,缥裳、纯衣、缁带、秣韐。"注:"缥裳,浅绛裳。……今文纁皆作熏。"是以色名。纁为赤色,参见第三章。

衮 冕

《觐礼》:"天子衮冕负斧依。"注:"衮衣者,裨之上也。缋之绣之为九章。其龙,天子有升龙,有降龙。衣此衣而冠冕。"疏:"郑注《司服》云,冕服九章,登龙于山,登火于宗彝,尊其神明也。九章,初一曰龙……"

《诗·小雅·采菽》:"又何予之,玄衮及黼。"传:"玄衮,卷龙也。"笺:"玄衮,玄衣而画以卷龙也。"孔疏:"然则以龙首卷然,谓之衮龙,衮是龙之状也。"《司服》:"享先王则衮冕。"注:"郑司农云……衮,卷龙衣也。"《说文》:"衮,天子享先王,卷龙绣于下常,幅一龙蟠阿上乡。"《释名·释首饰》:"衮,卷也,画卷龙于衣也。"《王制》:"三公一命卷。"注:"卷,俗读也,其通则曰衮。"《礼器》:"龙卷以祭。"《释文》:"本又作衮。"《荀子·富国》:"天子袾裷衣冕。"杨倞注:"裷与衮同。"是以章首为名。"卷""裷"皆"衮"之异文。

裨 冕

《觐礼》:"侯氏裨冕,释币于祢。"注:"裨冕者,衣裨衣而冠冕。裨之为言埤也。天子六服,大裘为上,其余为裨,以事尊卑服之,而诸侯亦服焉。"疏:"诸侯唯不得大裘,上公则衮冕以下。"

裨冕当以制名,见焦氏义。

焦循《礼记补疏》缟冠素纰:"郑注:纰,缘边也;纰,读如'埤益'之'埤'。而'素带终辟'注:辟,读如'裨冕'之'裨','裨'

谓以缋采饰其侧。循案：《觐礼》'侯氏裨冕'注云，'裨'之为言'埤'也。此读'辟'为'裨'，读'纰'为'埤'，与《觐礼》注互相发明。于衣上益以缘边，故取义于'益埤'之'埤'。"焦氏此疏，殊为不刊之证。

凌廷堪《礼经释例》《觐礼·裨冕》："郑司农特以'鷩'为'裨'，拘矣。考《觐礼》经文，既云衮冕，又云裨冕，则衮冕而上谓之衮冕，鷩冕而下谓之裨冕明矣。"凌氏亦拘，当从焦义。

宋绵初《释服》《冕》："绵初案：裨者，陪也。凡诸侯及卿大夫当助祭，明觐天子之时，皆以陪侍于天子，故章服非一，总以裨括之。当云，天子衮冕为上，其余为裨。"非经旨也。

孔广森《礼学卮言》《仪礼杂义》："《觐礼》，侯氏裨冕，先郑以鷩为裨衣，后郑以裨为上服之次，皆非也。《曾子问》曰：太宰太宗太祝皆裨冕；《荀子》曰：大夫裨冕，士韦弁。据《周礼》大夫之服，自玄冕而下，则裨冕者，玄冕也。裨之言卑也，冕服之最卑者，《荀子·礼论》又作卑冕。侯氏乘墨车，大夫之车也，其服亦大夫之服也，称也。《大行人》言诸侯朝觐，各服其服，乘其辂，从其贰车；而经云墨车裨冕，偏驾不入王门，异者，此觐礼盖世子始嗣侯者入觐之礼也。以未有王命，故从大夫之车服；下文天子赐侯氏以车服，加命书于其上，乃初命之为诸侯矣。"孔氏此论亦未必是，然士亦墨车。又天子赐服，未必于初命。侯位相继，乃定制，自有法服，不待王赐乃有。《玉藻》："君未有命，不敢即乘服。"君者总五等言之，是于其国依王所制而可自制其服。王之弁师乃掌其"禁令"而已，示不可僭逾也，见《司服》郑注。当尊礼堂说。

裼（衣）

《聘礼》："公侧授宰玉，裼，降立。"注："裼者，免上衣，见裼衣。……《玉藻》曰，裘之裼也，见美也。"疏："案《玉藻》云：君衣狐白裘，锦衣以裼之。注……以素锦为衣覆之，使可裼也。……凡裼衣象裘色也。假令冬有裘，傃身裤衫，又有襦裤，襦裤之上有裘，裘上有裼衣，裼衣之上又有上服皮弁、祭服之等。……言见裼衣者，谓袒衿前上服见裼衣也。"

《礼记·玉藻》："锦衣以裼之。"注："袒而有衣曰裼。"是以义名。

朱襦　薰襦

《大射》："公袒朱襦。"《燕礼记》："君与射……袒朱襦。"《乡射记》："君袒朱襦以射。"又："大夫与与士射，则袒薰襦。"

"薰"为"纁"之今文。是君襦以朱，大夫襦以纁，朱深于纁参见下章，二者并以色名服。

《说文》："襦，短衣也。从衣，需声。一曰䙿衣。"段注："方言，襦，西南蜀汉之间谓之曲领，或谓之襦。《释名》有反闭襦，有单襦，有要襦。颜注《急就篇》曰，短衣曰襦，自膝以上。按：襦，若今袄之短者；袍，若今袄之长者。"《释名·释衣服》："襦，爰也，言温爰也。"又："单襦，如襦而无絮也。"则襦有絮也。《广韵》：襦，人朱切；䙿，女闲切，暖状。日、娘古并泥纽。是以义名。

（女）纯衣

《士昏》："女次，纯衣纁袡。"注："纯衣，丝衣。女从者毕袗玄，则此亦玄矣。"疏："此纯衣即褖衣，是士妻助祭之服。寻常不用纁为袡，今用之，故云盛昏礼，为此服。"《诗·郑风》："衣锦褧衣，裳锦褧裳。"笺云："士妻紂衣纁袡。""紂"即"纯"字。阮元《校勘记》云："《释文》云：紂，侧基反，本或作'纯'，又作'缁'。考《士昏礼》，《释文》本误也，唯本或作'纯'不误。"是也。盖"屯"，秦公簋作 ，师望鼎、虢吊钟同，而"才"之金文与"屯"似。如"才"，僕父鼎作"中"。

《周礼·司服》："褖衣。"注："《杂记》曰，夫人服税衣揄狄。又《丧大记》曰，士妻以褖衣。言褖衣者甚众，字或作'税'。此'褖衣'者，实作'褖衣'也。褖衣，御于王之服，亦以燕居。男子之褖衣黑，则是亦黑也。"疏："《士丧礼》陈袭事于房，亦云爵弁服、皮弁服、褖衣。褖衣当玄端之处，变言之者，冠时玄端衣裳别；及死袭时，玄端连衣裳，与妇人褖衣同，故虽男子之玄端，亦名褖衣。"女纯衣取义与男子同，以质为名。《经义述闻》："纯，当读'黗'。"训黑，不从。

褘冕，总括衮冕以下至玄冕，祭服也，焦循以纰、辟、缘释之，洵为的诂。爵弁亦冕之次，其服当亦有边饰。《士冠》："黑屦，青绚，繶，纯，纯博寸。"注："纯，缘也。"参见第四章第二节"黼黻同形异色"条。是纯衣固以质名，亦兼制义。

（女）玄（衣）

《士昏》："女从者毕袗玄。"注："上下皆玄。"

女服衣与裳连，注云上下皆玄，特出下以别于纯衣。纯衣，纁袡也。是以色名之。

宵　衣

《士昏》："姆纚，笄，宵衣。"注："宵读如'素衣朱绡'之'绡'。《鲁诗》以绡为绮属也。姆亦玄衣，以绡为领，因以为名；且相别耳。"疏："玄绡为领。"《特牲》："主妇纚、笄，宵衣。"注："宵，绮属也。此衣染之以黑，其缯本名曰宵。《诗》有素衣朱宵，《记》有玄宵衣。"《士昏》疏："《特牲》云绡衣者，谓以绡缯为衣。知此绡为领者，以下女从者云被颕黼，据领，明此亦据领也。"

《礼记·玉藻》："君子狐青裘、豹褒、玄绡衣以裼之。"注："君子，大夫士也；绡，绮属也，染之以玄。"疏："熊氏云六冕皆有裘，此云玄，谓六冕及爵弁也。……《论语》注缁衣羔裘，皆祭于君之服。"《士昏·特牲》女服之宵衣，当从郑氏义，即玄衣，而以绡为领。此姆之服，与女从者同玄衣也。《特牲》乃士自祭，服玄端，则士妻亦玄衣，特以绡为领耳。贾氏云《特牲》乃绡缯之衣，与此宵衣别，恐非是。以绡为名，朱熹《仪礼经传通解》："绡衣与纯衣同是缘衣，用绡为领，故因得名绡衣也。"敖继公《仪礼集说》："宵衣次于袡衣矣，亦用布为之。"是以缘饰为名也。

潁黼

《士昏》："女从者毕袗玄，被潁黼。"注："潁，禅也。《诗》云素衣朱襮。《尔雅》云黼领谓之襮。《周礼》曰白与黑谓之黼，天子、诸侯后夫人狄衣，卿大夫之妻刺黼以为领，如今偃领矣。士妻始嫁，施禅黼于领上，假盛饰耳。言被，明非常服。"疏："黼谓刺之在领为黼文，名为襮。……其妇人领虽在衣，亦刺之矣。然此士妻言被禅黼，谓于衣领上，别刺黼文。谓之被，则大夫以下刺之，不别被之矣。"

潁黼为禅领上刺绣黼文，是兼以制、饰名也。

景

《士昏》："姆加景。"注："景之制，盖如明衣，加之以为行道御尘，令衣鲜明也。景亦明也。……今文景作憬。"

江永《群经补义》："按：'景'今文作'憬'，当音俱永切，与《诗》之褧衣、褧裳，《中庸》之尚䌹同。皆妇人始嫁禅縠之衣，为行道御尘之用。《中庸》恶其文之著，断章取义耳。'景'与'憬'皆假借字，'景'不训'明'，'憬'非音'景'。"

《诗·卫风·硕人》："硕人其颀，衣锦褧衣。"传："嫁则锦衣加褧襜。"笺："褧，禅也，国君夫人，翟衣而嫁，今衣锦者，在涂之所服也。尚之以禅衣，为其文之大著。"疏："《玉藻》云，'禅'为'䌹'，故知'褧'为禅衣也。"

《郑风·丰》："衣锦褧衣，裳锦褧裳。"传："衣锦褧裳，嫁者之服。笺云：褧，禅也。盖以禅縠为之，中衣裳用锦，而加禅縠焉。为其文之大著也，庶人之妻嫁服也。士妻缥衣缥袡。"《说文》："襘，枲属，从林，荧省声。《诗》曰衣锦襘衣。"段注："许于此偁襘衣，于衣部偁褧衣，而云褧，襘也，示反古。然则褧衣者以襘所绩为之，盖《士昏礼》所谓景也。今之襘麻，《本草》作苘麻。"《广韵》：褧、襘、苘、颖、绚，同切口迥，是江、段所言是也。

马瑞辰《毛诗传笺通释》《硕人》："《士昏礼》，姆加景，乃驱。'景'即此《诗》衣锦褧衣……'襘'字或作'颖'，又作'蒉'，'褧'又作'绚'，《释文》本又作'绚'。……襘衣，盖织襘以为衣，取其在涂蔽尘则曰褧，褧之言明也，外蔽尘使衣鲜明也。"马氏通其训诂，郑义亦不误。是以用名也。

长　衣

《聘礼》："遭丧，将命于大夫，主人_{郑注：主国君薨、夫人世子死也，}此三者皆大夫摄主人。长衣，练冠以受。"注："长衣，素纯布衣也。"疏："此长衣则与深衣同布，但袖长、素纯为异，故云长衣，素纯布衣也。"

长衣以袖特长，异于他服。是以形名之。

斩衰裳

《丧服》："斩衰裳。"传曰："斩者何，不缉也。"疏："《杂记》：县子云，三年之丧如斩，期之丧如剡，谓衰有深浅，是斩者痛深之义，故云斩也。"《既夕》："衰三升。"注："衣与裳也。"

此衣缕粗布疏，不缉边示哀，无饰之极，是以形制而名之，亦兼义名。

李如圭《仪礼集释》卷十七："丧服以布为衰，缀于衣，因统名此衣为衰。""衰"义见下文。则李氏言衣之名"衰"者，因有衰布附焉，则以服为名。此在斩下，衰重在斩，衰乃"上曰衣"者，与"下曰裳"者相对。李言乃补衣名"衰"之义。

雷𨦷《古经服纬》卷下："斩衰一名苴衰，疏谓衰裳亦用苴麻，未确。三升之数，二百四十缕，若是多子之苴麻，必难纺绩。苴衰之称，当以绖杖绞得名。"

雷氏意"苴衰"即斩衣，其得名之由，乃因斩衰有苴绖、苴杖及苴绞带。似取名"苴衰"者，粗恶色之衰也。以苴杖为竹，故知雷意取色为名。此言不当。《丧服四制》："丧不过三年，苴衰不补。"全篇似言三年丧，则苴衰宜为指苴麻而言。又雷意斩衰亦枲麻为之，其云："古时之布，皆用枲麻可知，其所以分轻重，止是升缕多寡精粗，及锻灰湅治之或有事，或尤事耳。"言亦似是而非。若苴麻二百四十缕，粗而难纺绩，则枲麻亦难也。二者质之粗细，相去当微，仍以质名苴衰为是。

疏衰裳

《丧服》："疏衰裳，齐。"传曰："齐者何，缉也。"注："疏犹粗也。"疏："三升正服斩，不得粗名；三升半成布三升微细，则得粗称，粗衰为君三升半者。为在三升斩内，以斩为正，故没义服之粗；至此四升，始见粗也。""此齐衰稍轻，直见造衣之法。"

贾氏云"直见造衣之法"，则似以制为名。《礼记》及汉人多言

"齐衰",为贾所本。

上文斩衰者,当以制为名;此疏衰齐边,而不以制名者,别于斩衰。斩衰重,布、缕皆不言;疏衰稍轻,言及缕之粗,成布疏,故以质名。参见本章第四节"疏屦"。

孔广林《吉凶服名用篇》:"齐衰,齐,缉也,展衣裳边而缉之;其布粗,故亦曰疏衰。"似以齐衰为正名,盖从《丧服四制》"为母齐衰期者"。

大功布衰裳

《丧服》:"大功布衰裳,牡麻绖。"注:"大功者,其锻治之功粗沽之。"疏:"斩、粗皆不言布与功,以其哀痛极,未可言布体与人功;至此大功轻,可以见之。言大功者,《斩衰》章谓冠六升,不加灰。则此七升言锻治,可以加灰矣;但粗沽而已。若然,言大功者,用功粗大,其沽粗。"

《释名·释丧制》:"其布加粗大之功,不善治练之也。"是以质言。大功以上哀重,故不言其布体;此粗加灰治之功,故曰大功布也。

小功布衰裳

《丧服》:"小功布衰裳。"《大功》章疏:"其言小功者,对大功是用功细小。"

《释名》:"小功,精细之功,小有饰也。"是以质言。亦与大功相对为名。

缌衰裳

《丧服》："缌衰裳。"传曰："缌衰者何以，小功之缌也。"注："治其缕如小功，而成布四升半：细其缕者，以恩轻也；升数少者，以服至尊也。凡布细而疏者谓之缌。"疏："此《丧服》谓之缌，由缌而疏。"

惠士奇《礼说》《缌衰》："《释名》云，缌，惠也，齐人谓凉为惠，言服之轻细凉惠也。以轻凉之服服至尊，盖自周始。"当从郑氏，以质为名。

缌（衰）（裳）

《丧服》："缌、麻三月者。"注："缌、麻，布衰裳而麻绖带也。"疏："以缌如丝者为衰裳。"传曰："缌者十五升抽其半，有事其缕，无事其布曰缌。"注："谓之缌者，治其缕细如丝也。或曰有丝。朝服用布，何衰用丝乎。"疏："缕粗如朝服，数则半之，可谓缌而疏，服最轻故也。"

郑驳或曰甚是，凡丧服所以表哀，若有丝，则与小功以上非类；且朝服之衣布、祭服乃用丝耳。若有丝，则过朝服矣。是以质为麻，缕细也。以质为名。

麻　衣

《丧服记》："公子为其母，练冠、麻、麻衣縓缘。"注："此麻衣者，如小功布深衣，为不制衰裳变也。《诗》云麻衣如雪。"疏："麻衣者，谓白布深衣。"

此以质名。以其哀当轻，故出麻体也。

锡　衰

《丧服记》："大夫吊于命妇，锡衰。"传曰："锡者，何也？麻之有锡者也。锡者，十五升抽其半，无事其缕，有事其布曰锡。"注："谓之锡者，治其布使之滑易也。""《小记》曰：诸侯吊，必皮弁锡衰。《服问》曰：公为卿大夫锡衰以居，出亦如之。"疏："但言麻麻之有锡。者，以麻表布之缕也。""以滑易解锡，使之锡锡然滑易也。"

《释名·释丧制》："锡缞，锡治也，治其麻使滑易也。"是以质名。

负

《丧服记》："负，广出于适寸。"注："负，在背上者也。"疏："以在背上，故得负名。"《深衣》："负绳及踝以应直。"孔疏："负绳，背之缝也。"衣之背曰负，是以衣为名。贾疏又云："荷负其悲哀在背也。"

负为方形之麻布，缀于背，示荷负悲哀之意，则以义名。

适

《丧服记》："适，博四寸，出于衰。"注："适，辟领也。"疏："云适者，以哀戚之情当有指适，缘于父母，不兼念余事。"

孔广林《吉凶服名用篇》："其所辟布向外叠，覆肩下，有外适之象，故曰适。"贾则以义名；孔则以制名。

衰

《丧服记》："衰，长六寸，博四寸。"注："前有衰，后有负板，左右有辟领，孝子哀戚，无所不在。"疏："衰之言摧，孝子有哀摧之志。当心，故云'志'。"

《释名·释丧制》："缞，摧也，言伤摧也。"是以音义为名。

第三节　带韠

缁　带

《士冠》："主人玄冠，朝服，缁带，素韠。"注："缁带，黑缯带也。"《玉藻》郑注："士裨垂之下，外内皆以缁，是谓缁带。"《士冠疏》："士练缯为带体，所裨者用缁，则此言缁，据裨者而言也。"

孔氏《礼学卮言》："《论语》朝服袉绅，然则袉亦绅带之名，缁袉其即缁带欤。"非也，缁袉乃缁边。

《内则》："子事父母……绅……"注："绅，大带。所以自绅约。"《丧服记》："衽二尺有五寸。"疏："绅即大带，绅，重也，屈而重故曰绅。"《杂记》："申加大带于上。"注："重于革带也。"则非自重，而为重加于革带之上。此言缁带，以色为名。

附：革带

《士丧》："设鞈带。"注："鞈带、靺鞈、缁带，不言靺、缁者，省文，亦欲见鞈自有带，鞈带用革。"疏："生时缁带以束衣，革带以佩靬。"

以革为带，是以质名。附此。

素 韠

《士冠》："皮弁服，素积，缁带，素韠。"又："主人玄冠，朝服，缁带，素韠。"注："素韠，白韦韠。"

韠合韦制，而色白，是以色名。

《玉藻》："韠，君朱，大夫素，士爵韦。"注："凡韠，以韦为之，必象裳色。……皮弁服皆素韠。"上注云："韠之言蔽也。"《国语·晋语》："端委韠带。"韦注："韠，韦蔽膝。"《释名·释衣服》："韠，蔽也，所以蔽膝前也。"是"韠"有"蔽"义。

爵 韠

《士冠》："玄端，玄裳、黄裳、杂裳可也，'黄'以下六字，盖记文窜入经文。缁带，爵韠。"注："士皆爵韦为韠……《玉藻》曰，韠，君朱，大夫素，士爵韦。"

言爵韠，以色名也。

缁 韠

《士冠》："主人玄端，爵韠。兄弟毕袗玄。"注："玄衣玄裳也，缁带韠，不爵韠者，降于主人也。"疏："士有缁带，韠亦言缁，实亦玄也。"此以色名。

韎 韐

《士冠》"韎韐"注:"韎韐,缊韨也。士缊韨而幽衡。"《士丧》"韎韐"注:"一命缊韨。"疏:"韎者,据色而言,以韎草染之,取其赤;韐者,合韦为之,故名韎韐也。云'一命缊韨'者,《玉藻》文。但祭服谓之韨,他服谓之韠。"

韎韐即缊韨,士爵弁服助君祭服之蔽膝也。以色、质、制名。

《诗·小雅·采菽》:"赤芾在股。"笺:"芾,大古蔽膝之象也。冕服谓之芾,其他服谓之韠。"《说文》:"韐,士无市,有韐;重文作韨。爵弁服,其色韎,贱不得与裳同。从市,合声。"许、郑义略异。许以祭服,大夫以上名韨,士祭服爵弁服者名曰韎韐,不得韨名。郑据《玉藻》一命缊韨,则士祭服亦可名韨,缊韨即韎韐也。郑义是也。《说文》"韐"之重文作"韨",则二者一义。礼是郑学,此亦一斑。

冯登府《三家诗异文疏证补遗》:"朱绋斯皇。案《白虎通》引'芾'字皆作'绋',《说文》'芾'本作'市',芾,韨也。'韨'通'绂','绂'又通'绋'。"《经义丛钞》:"《诗·缁衣》:苟有衣,必见其敝。郑注:敝,败衣也。颐煊案:'敝'古通作'蔽'字,谓蔽膝也。蔽膝谓之'韨',亦作'绋',《玉藻》一命缊韨黝衡,郑注:韨之言蔽也。《白虎通·绋冕》篇,绋者,蔽也。"朱彬《经传考证》:"陆氏《释文》引庾氏曰:隐蔽也。彬谓庾氏说是。古者先知蔽前,后知蔽后,有衣必见其蔽,举在前者言之。上文'苟有车,必见其轼',轼在车前也。郑注以'敝'为'裂',则时尚有,与上下文不合。""敝"为名词,与"轼"相对,洪、朱说是也。

绞带　绳带

《丧服》："斩衰裳……绞带。"传："绞带者，绳带也。"注："又有绞带象革带。"疏："以绞麻为绳作带，故云绞带也。"

此以形名者也。绞之为绳，亦名绳带。

吉服有革带以系韠、韨、佩玉；丧服有绞带，或布带以当之，去饰佩物。故云象，非言其形制象也。

布　带

《丧服》："公士大夫之众臣为其君；布带，绳屦。"疏："布带者，亦象革带。"又："疏衰裳……布带，疏屦三年者。"

是布带轻于绞带，乃现布体，实即一物，因重轻而制异名别也。是以质、制名。

苴　绖

《丧服》："斩衰裳，苴绖、杖。"注："麻在首在要皆曰绖。"《丧服传》："苴绖大搹，左本在下，去五分一以为带。"

要绖包于首绖；而要绖亦名带。"要绖"名义，参见"首绖"。

澡麻带

《丧服》："小功布衰裳，澡麻带，绖五月者。"注："澡者，治去莩垢,不绝其本也。《小记》曰下殇小功,带澡麻,不绝其本,屈而反,以报之。"疏:"自上以来,皆带在绖下,今此带在绖上者,以大功已上绖、带有本,小功以下断本;此殇小功中有下殇,小功带不绝本,与大功同,故进带于绖上,倒文以见重,故与常例不同也。且上文多直见一绖包二首绖、要绖,此别言带者,欲见带不绝本,与绖不同,故两见之。……又不言布带与冠,文略也。"

此澡麻带,即殇小功五月者之要绖也。以质名者也。

葛

《丧服》:"大功布衰裳,牡麻绖缨,布带,三月受以小功衰,即葛,九月者。"注:"受麻绖以葛绖,《间传》曰,大功之葛,与小功之麻同。"疏:"引《间传》者,证经大功既葬,其麻绖受以小功葛者,以其大功既葬,变麻为葛,五分去一,大小与小功初死同。"又:"小功布衰裳,牡麻绖,即葛五月者。"注:"三月变麻,因故衰以就葛绖带,而五月也。"

此葛,要绖也,以质名。

第四节　屦

葛　屦

黑　屦

《士冠》："屦，夏用葛。玄端黑屦。"注："屦者，顺裳色。玄端黑屦，以玄为正。"疏："礼之通例，衣与冠同色，屦与裳同色，故云顺裳色。"

黑者，玄之大名，犹赤之于缫、纁。是以色名，自质言之，则名葛屦，下同此。

白　屦

《士冠》："素积，白屦，以魁柎之。"疏："以蛤灰涂注于上，使色白也。"《士丧》："夏葛屦，冬白屦。"注："冬皮屦变言白者，明夏时葛亦白也。此皮弁之屦。"

是以色名。

纁 屦

《士冠》："爵弁，纁屦。"疏："上陈服已言纁裳，裳色自显。"爵弁屦与裳同色，是以色为名。

皮 屦

《士丧》："夏葛屦，冬白屦。"注："冬皮屦变言白者，明夏时用葛亦白也；此皮弁之屦。"

此变文互见之例，李云光先生《三礼郑氏学发凡》一八六页："述作之道，有述同类事理，不能详尽于此语，更著其余于他辞者。偏读一节，则意不全，兼考二文，乃称完备。经籍中有之，注家谓之互文。此亦省文之类也。郑氏注《仪礼少牢馈食礼》有云：互文者，省文也。"是夏举其质，冬举其色，互文见义，即夏屦亦言色，冬屦有皮也。

《士冠》："屦，夏用葛。"文总冒黑、白、纁三屦。又："冬，皮屦可也。"文承黑、白、纁三屦之下，是总结而言之也，是皮屦亦兼黑、白、纁三屦。自质而言，葛屦、皮屦是也；自色而言，黑、白、纁屦是也。

礼以别尊卑，故以色名者常也。《燕礼》："卿大夫皆说屦，升就席。"《记》："燕，朝服于寝。"注："诸侯与其臣日视朝之服也。谓玄冠，缁带，素韠，白屦也。……今辟雍行此燕礼，玄冠而衣皮弁服，与礼异。"是亦单称屦，可由其服及礼事而推知其色。

菅 屦

《丧服》："斩衰裳……菅屦。"传曰："菅屦者，菅菲也。"疏："以菅草为屦。""周公时谓之屦，子夏时谓之菲。"《疏衰三年章》疏："《斩衰章》言菅屦，见草体者，以其重，故见草体，举其恶貌。"

《尔雅·释草》："白华、野菅。"郭注："菅，茅属，《诗》曰白华菅兮。"孙疏："舍人云，白华一名野菅。陆玑云，菅似茅而滑泽无毛，根下五寸中有白粉者，柔忍宜为索，沤乃尤善矣，郭云……沤之柔忍，异其名谓之菅；因谓在野未沤者为野菅耳。"《诗·小雅·白华》："白华菅兮，白茅束兮。"传："白华，野菅也，已沤为菅。"笺："白华于野，已沤名之为菅，菅忍柔中用矣。"是以质名。

绳　屦

《丧服》："公士大夫之众臣，为其君布带，绳屦。"传曰："绳屦者，绳菲也。""菲"见上文贾疏。注："绳菲，今时不借也。"疏："汉时谓之不借，此凶荼屦不得从人借，亦不得借人，皆是异时而别名也。"

秦蕙田《五礼通考》："郝氏敬曰，菲扉同，草履也。一名不借，以其恶贱曰菲。"

《释名·释衣服》："不借言贱易有，宜各自蓄之，不假借人也。齐人云搏腊。'搏腊'犹'把鲊'，'搏'当作'搏'，与'把'声同。粗貌也，荆州人曰粗。麻、韦、草皆同名也。粗，措也，所以安措足也。"疑名为不借者，意为不织；其名绳屦，义犹绳带、绞带。《五礼通考》："敖氏继公曰……绞者，纠也。盛世佐曰：绞与绳见其不织而成也。"是以制名。

疏　屦

《丧服》："疏衰裳齐……疏屦三年者。"传曰："疏屦者，藨蒯之菲也。"注："藨是草名。案《玉藻》云：屦蒯席，则蒯亦草类。"疏："'疏'取用草之义，即《尔雅》云'疏不熟'之'疏'。……此言'疏'，以其稍轻，故举草之总称。"

此"疏屦"之"疏"，当从郑训疏衰裳之粗。《释名·释采帛》："纺粗丝织之曰疏。疏，寥也，寥寥然也。"又："疏者，言其经纬疏也。"经以制言，传以质明之。是以郑无注。

麻　屦

《丧服》："衰疏不杖，麻屦。"

疏衰以上用草，此用麻，麻细于草。是以质名。

缲　屦

《士冠》："不屦缲屦。"注："缲屦，丧屦也。缲不灰治曰缲。"疏："《丧服记》云，缲衰四升有半。缲衰既是丧服，明缲屦亦是丧屦，故郑云丧屦也。云缲不灰治曰缲者，斩衰冠六升，传云锻而勿灰，则四升半之缲不灰治可知。言此者，欲见大功末，可以冠子，恐人以冠子，故于屦末因禁之也。"

缲屦之名，本缲衰；以质名也。

第五节　佩杖

缨

　　《士昏》："主人入，亲说妇之缨。"注："妇人十五许嫁，笄而礼之，因着缨，明有系也。盖以五采为之。其制未闻。"疏："案《曲礼》云，女子许嫁缨。……此缨虽用丝为之，当用五采，但无文，故云'盖'以疑之。……《内则》又云，妇事舅姑，子事父母，衿缨綦履。注云，衿犹结也，妇人有缨，示有系属也。""《内则》示有系属之缨，即许嫁之缨，与此说缨一也。"

　　《礼记·内则》妇事舅姑之缨，与《昏礼》说之缨似当有别。女子许嫁，即佩此缨，以示有所属，若与事舅姑之缨无别，则何以别姑嫂？此其一。《士昏礼》特出"亲说妇之缨"为昏礼之一"仪"，必有其特殊意义。盖此缨为壻定亲之物，今妇既合巹，已为己妻，乃说而除之，此其二。若仍佩之以事舅姑，则人何由别其为妇，为壻之姊妹而亦许嫁者，此其三。事舅姑者，用物也；许嫁者，饰物也；二者必大小、色采、质材当皆有异。郑注"五采为之"，是也。而合许嫁缨与事舅姑为一，误矣；贾氏从之亦误。

63

　　俞正燮《癸巳类稿》《衿缨》："《曲礼正义》言妇人缨有二时,一是常佩香缨,二是许嫁时缨,其说非也。香缨,晋人之名,不得以衿缨佩容臭当之。许嫁时即昏礼主人亲脱之缨,此郑已言之。明日夙兴又着也。陈祥道《礼书》云,许嫁之缨,既嫁夫脱之,无所用。其言可骇。《士昏礼》主人脱服于房,亦将无所复用,明日遂裸裎乎?"

　　俞氏此驳陈氏,未免强词夺理。主人脱服于房,乃昏礼既成,脱爵弁服,祭服,昏礼乃服。明日及非助君祭皆不服也。妇人之盛服纯衣纁袡。亦自脱;唯独此缨,由婿脱者,有礼意焉。若明日复服,则常物耳,何须特著此"仪"?此其一。若为事舅姑之缨,婿不敢为脱也,此其二。举此五证,许嫁缨非事舅姑之缨明矣。陈祥道说礼固多失,然此则殊有见地,可谓发前人之所未发,今证成其说矣。

衿

　　《士昏》记:"母施衿结帨。"注:"帨,佩巾。"又:"视诸衿、鞶。"注:"示之以衿、鞶者,皆托戒使识之也;不示之以衣、笄者,尊者妇之父之戒,不嫌忘之。"

　　衿于郑义,乃一物名也。

　　《诗·豳风·东山》:"亲结其缡。"传:"缡,妇人之袆也,母戒女,施衿结帨。"《释文》:"袆,许韦反;衿,系佩带,其鸩反。"陆氏以衿为系佩之带。

　　雷鐏《古经服纬》卷上:"《尔雅》云,衿谓之袸,佩衿谓之褑。郭注云,佩玉之带,上属。即谓系属于鞶带也。《诗·郑风》曰青青子衿,青青子佩,当即谓此。此'衿'字即'施衿''衿缨'之'衿',皆指系属之小带言。"《诗》青衿乃男服,非女事舅姑者,雷说欠妥欤。

沈彤《仪礼小疏》《士昏礼》："施衿结帨，陈用之《礼书》引《尔雅》此文及注，而云缨带曰衿。《士昏礼》之衿，即《内则》衿缨之衿，衿缨以佩容臭者。彤谓此皆近是而未得其实。郭以衿为衣小带，盖即《说文》所谓衣系也。陈乃直以为佩带。按《尔雅》于衿谓之袸，下即又云佩衿谓之褑，是衿与佩衿必非一物，故郭注佩衿亦别云佩玉之带，安得即以衣小带为佩带哉？然则解《士昏礼》之衿，当用佩带，而不当用衣小带明矣。若此帨，及下经之鞶，则皆所佩而结于带者也。盖佩玉佩用之带，皆曰佩衿。"沈辨之是也。

《白虎通·嫁娶》："父曰：诫之敬之，夙夜无违命。女必有端绣衣，若笄之。母施襟结帨，曰勉之敬之，夙夜无违宫事。"是"衿"亦作"襟"。然班氏下文："视衿、鞶。"是二字有异。疑班氏"施襟结帨"之"襟"是假字，今本《仪礼》作"施衿结帨"，乃本字。衿乃妇事舅姑之物，当为佩用之带。

《诗·东山》孔疏："郑注不解衿之形象，《内则》云：妇事舅姑，衿缨，綦屦。注云：'衿'犹'结'也，妇人有衿缨，示有系属也。然则'衿'谓'缨'也，衿先不在身，故言施；帨则先以佩讫，故结之而已。"孔以"衿"为"缨"，似不可从。若衿为缨，则《内则》"缨缨綦屦"重"缨"矣。当从陆氏《释文》。

帨

《士昏》记："母施衿结帨。"注："帨，佩巾。"

《诗·豳风·东山》："亲结其缡。"传："缡，妇人之袆也。母戒女，施衿结帨。"毛意以结帨解结缡。孔疏："《释器》云，妇人之祎谓之缡。缡，緌也。孙炎曰，祎，帨巾也。郭璞曰：即今之香缨也……此女子既嫁之所着，示系属于人。……《士昏礼》文，彼注云帨，佩巾也，不解衿之形象。……《昏礼》言结帨，此言结缡，则缡当是帨，非香缨也。"孔匡郭谬，是也。郭璞且将缨、帨及佩容臭者三物混成一事，其误甚矣。陈英《诗毛氏传疏》："'野有死麕'传：帨，佩巾也。"是毛、郑同也。

雷鐏《古经服纬》："主人亲说妇缨……此妇人所衿者……一名为缡，《诗》曰亲结其缡。"亦从郭璞，而误合缨、衿、帨为一物。

鞶

《士昏》："庶母及门内，施鞶。"注："鞶，鞶囊也。男鞶革，女鞶丝，所以盛帨巾之属。"疏："郑云鞶褰言施，明为箴管线纩有之，是鞶以盛帨巾之属，此物所以供事舅姑。"

《礼记·内则》："施縏褰。"注："縏，小囊也。"疏："熊氏云，褰，刺也，以针刺褰，而为縏囊，故云縏褰也。"则字当从"縏"。

杖

苴 杖

《丧服》："斩衰裳，苴绖、杖。"传曰："苴杖，竹也。"疏："父者子之天，竹圆亦象天。竹又外内有节，象子为父亦有外内之痛。又竹能贯四时而不变，子之为父哀痛，亦经寒温而不改，故用竹也。"

《白虎通·丧服》："以竹何，取其名也，竹者蹙也。"苴仍从苴经，义为恶色，故以色名杖。

削 杖

《丧服》："疏衰裳……削杖。""斩衰裳"传曰："削杖者，桐也。"疏："为母杖桐者，欲取桐之言同，内心同之于父，外无节，象家无二尊。"

《白虎通·丧服》："桐者，痛也，父以竹，母以桐何？竹者阳也，桐者阴也。竹何以为阳，竹断而用之，质，故为阳。桐削而用之，加人功，文，故为阴也。"孔广林《吉凶服名用篇》："削，杀也，母屈于父而杀也。"

《礼记·杂记》："三年之丧如斩，期之丧如刻。"竹断桐削，或类《杂记》之义与经云削杖，是以制名也。其衰略杀于斩衰，故稍言其形制。

第三章　采色

第一节　赤系

甲　韎

《士冠》："爵弁服，纁裳，纯衣，缁带，韎韐。"注："韎韐，缊韨也。士缊韨而幽衡《玉藻》文，合韦为之；士染以茅蒐，因名焉。今齐人名蒨为韎韐。"疏："《尔雅》云，茹藘，茅蒐。孙氏注，一名蒨，今本作今之蒨也。可以染绛。"

《诗·小雅·瞻彼洛矣》："韎韐有奭。"传："韎韐者，茅蒐染韦今本作'草'，《说文》段注引作'革'，此从阮校。也。一入曰韎。韐所以代韠也。"孔疏："《驳五经异义》云，韎，草名，齐鲁之间言韎韐，声如茅蒐，字当作韎。"《郑风·东门之墠》："茹藘在阪。"孔疏引李巡曰："茅蒐一名茜，可以染绛。"

《左传·成十六年》："有韎韦之跗注。"杜注："韎，赤色。"孔疏："韦昭云，茅蒐，今绛草也。急疾呼茅蒐成韎也。……贾逵云，一染曰韎。……一入赤为浅赤也。"

《玉藻》："一命缊韨。"注："缊，赤黄之间色也。"又："缊组绶。"注："缊，赤黄色也。"

71

《聘礼》："君使卿韦弁，归饔饩五牢。"注："韦弁，韎韦之弁……郑又云，今时五伯缇衣，古兵服之遗色，故知用韎韦也。韎即赤色。"《周礼·草人》："赤缇用羊。"注："赤缇，緛也。"《说文》："缇，帛丹黄色。"

《诗·曹风·候人》："三百赤芾。"传："一命缊芾。"陆氏《释文》训赤黄之色，于"韎韐有奭"，则云奭，赤貌。本《采芑》"路车有奭"毛传。《说文》："綪，赤缯也，以茜染，故谓之綪。"王念孙《广雅疏证》："《左传·定四年》：'綪茷旃旌。'杜注，綪茷，大赤，取染草名也。"郝懿行《尔雅义疏》引《蜀本草图经》云："茜，染绯草也。"

是知韎者草染也，以蒨，其色赤黄而浅，相当缊朱染之最浅者。韦一入于蒨汁，其色名韎，布帛一入之曰缇，缊盖三入欤？

"韎韐有奭"笺云：韎韐者，茅蒐染也，孔疏引毛传亦"茅蒐染"断句，则今本毛传"染"下"韦"字当下属，"也"字当在"韦"字上而上属为句，传句为："韎韐，茅蒐染也，韦一入曰韎韐，所以代韠。"《玉篇》："绯，绛练。"《广韵》："绯，绛色。"是亦染布帛。

乙 缊 赪 纁 朱

《既夕》："缊绁镻。"《丧服记》："公子为其母，练冠，麻衣缊缘。"《士冠》："爵弁服，纁裳……纁屦……缁组纮纁边。"《士昏》："女次，纯衣纁衶。"《乡射记》："君袒朱襦以射。"《大射》："公袒朱襦。"《士冠》："将冠者采衣、纷。"注："《玉藻》曰：童子之节也，缁布衣锦缘，锦绅并纽，锦束发，皆朱锦也。"

《尔雅·释器》："一染谓之缊，再染谓之赪，《左传·哀十六年》：其鬎曰：如鱼窥尾。《诗·汝坟》鲂鱼赪尾《广韵》赪、䞓、窥三字同切丑贞。三染谓之纁。"《士冠》："爵弁服纁裳。"注："凡染绛，一入谓之缥，再入谓之赪，三入谓之纁，朱则四入与。"

《既夕》注云："一染谓之缥，今红也。"《丧服记》注："缥，浅绛也。"《说文》："缥，帛赤黄色。"《广雅·释器》："缥谓之红。"葛洪《丧服变除》《玉函山房辑佚书》引："缥者，红之多黄者也。"《檀弓》："练衣黄里缥缘。"《释文》："缥，浅赤色，今之红也。"《尔雅》郭注同郑氏。葛氏云红中多黄为小异。惟《说文》，"红"训帛赤白色，则差远。辨见下。

《士丧》："幎目用缁，方尺二寸，裡里。""裡末，长终幅，广三寸。"注："裡，赤也。"《诗·周南·汝坟》："鲂鱼裡尾。"传："裡，赤也。"《说文》："裡，赤色也。"重文作"赪"。《尔雅·释器》郭注："赪，浅赤。"《诗·王风·大车》："毳衣如璊。"传："璊，赪也。"《说文》："璊，玉赪色也，从王，𦮼声。禾之赤苗谓之稬，言璊，玉色如之。""虋，赤苗，嘉谷也。"段注："《大雅》曰，诞降嘉谷，维虋维芑。《尔雅》、毛传皆曰虋，赤苗；芑，白苗。"《士丧》："冒，缁质，长与手齐，裡杀，掩足。"注："上玄下纁，象天地也。"

毛、郑、许皆以"赤"训"裡"，举其系也；又郑以"纁"释之，亦以类言，二者仅一入之差，犹玄之与缁也。郭璞云浅赤，是正诂，皆不违《尔雅》二入之文。

《周礼·钟氏》："三入为纁。"《染人》："凡染，春暴练，夏纁玄。"注："郑司农云，纁当为纁，纁谓绛也。"蔡邕《女诫》："礼，女始出行，服纁。纁，绛也，上正色也。"《聘礼记》："皆玄纁系，长尺，绚组。"注："上以玄、下以绛为地。"疏："经谓纁，注谓绛者，《尔雅》三入为纁，绛则赤也，故本绛解之。"《尔雅·释器》："三染谓之纁。"孙疏："李巡云：三染其色已成为绛，纁、绛一名也。"则郑、李、孔、贾皆以绛、赤训纁。《士冠》："纁边。"郑云："组侧赤也。"

《说文》："纁，浅绛也。"《尔雅》孙奭疏："三染，其色已近为绛，纁、绛一名也。"许书绡训恶绛，绛训大赤，缁训绛也，与纁连文，其实当无别。纁，石染；绛，草染。二色相当，而色不可全同。

《诗·豳风·七月》："我朱孔阳，为公子裳。"传："朱，深纁也。"《小雅·采芑》："朱芾斯皇。"传："朱芾，黄朱芾也。"孔疏："天子纯朱，诸侯黄朱。"《说文》："絑，纯赤也。"段注："纯同醇，厚也。""凡经传言朱，皆当作絑，朱其假借字也。朱者，赤心木也。"毛以朱深于纁。许、郑并同。孔疏乃《斯干》笺文。

盖自方色而言谓之赤，自染色而言谓之绛。赤者，其色之大名；绛者，其染之总名；先有大火之色，故经传以况染物之色。染绛复因染料之异而色组分焉，先有草染之绛，后有石染之纁，故典籍每以绛况纁。于是或以类释，或以常见者释，或以深浅释，散文则通也，此经传诂训之所由异也。

丙　色度之推拟

子　朱，赤黄之四重色

毛传以朱为深纁，《说文》云纯赤，段氏云：纯，厚也。郑注四入纁一入于赤汁。即是深纁。三说义合，故以朱为准，推拟余色之浅深。

丑　纁，赤黄之三重色

毛传以纁浅于朱。《诗·小雅·斯干》："朱芾斯皇，室家君王。"笺："芾者，天子纯朱，诸侯黄朱。"《白虎通·绂冕》："赤绂金舄，会同有绛。《小雅·车攻》传：诸侯赤芾。又云赤绂在股，皆谓诸侯也；《书》曰黼黻衣，黄朱绂，亦谓诸侯也……谓黄朱，亦赤矣。"《周礼·巾车》："建大白。"注："大白，殷之旗，犹周之大赤，盖象正色。"周尚赤，殷尚白，二者相当，大赤即赤之正色。

《王制》孔疏引《易·系辞》郑注："黄而兼赤故为纁。"《月令》："乘朱路。"孔疏："色浅曰赤，色深曰朱。"朱骏声《说文通训定声》："至三染则成赤，惟较四染之緅稍浅。"孙诒让《周礼正义》："赤者，黄朱也，黄朱非纯赤，纯赤则朱矣。"同段玉裁氏训"厚"与。意赤为黄朱，即所谓纁也。

盖赤为大火之色，火色中明而焰暗，黄与朱相对为明暗色，则黄明朱暗，纁色度当火焰中上处之色欤。

寅 赪，赤黄之二重色

毛、郑、许皆训赤色。鱼尾非染者，故训赤。郑又释頳为纁，举类名也。郭璞云浅赤，详明之言也。少一入于赤汁，故浅于纁。

卯 缊，赤黄之一染色

《说文》："缊，帛赤黄色。"字从原得声。《说文》"池"，段注：凡形声之字多含会意。《说文》："泉，水原也，象水流出成川形。""灥，水泉段注改为'本'也。"重文作"原"。"泉""原"当即一字，乃水始出之义，故有浅意。古代货币名泉者，亦曰钱。黄永武先生《形声多兼会意考》："如戋、浅、残、贱并有小义。"《广韵》钱、泉并仙韵。是以《丧服记》注："缊，浅绛也。"郑又云："今红也。"郭璞同。葛洪云红之多黄，即黄多于红之色。朱本含黄色，一染则淡，黄尤明显也。

《说文》："红，帛赤白色也。"乃因"缊，帛赤黄色也"，欲示有异，其实色度无别，赤白色，即淡赤色，中仍黄明朱暗。段氏云："红按此今人所谓粉红，桃红也。"恐非许旨。如段说，则粉红三入、四入为纯朱之含黄色者耶？参见下辨《释名》条。

韎与缊，色度相当，故郑注韎为赤黄；赤缇兵服色，韦入黄汁。缊也。又：缊训浅绛，皆通其训诂。段氏《说文》"韎"下注谓："一入曰缊。"误合之矣。

《说文》"绛"，段注："大赤者，今俗所谓大红也；上文纯赤者絑，今俗所谓朱红也。朱红浅，大红浓，大红如日出之色，朱红如日中之色。日中贵于日出，故天子朱市，诸侯赤市，赤即绛也。"与汉儒之说适反。云绛为大赤，是也，则段氏当首肯大赤为正赤色，纯赤之朱，当深于大赤矣。于此乃云大红如日出色，深于朱，朱红淡，大红浓，自相抵牾，皆沿于以今日之粉红、桃红释红，而有以致谬。

郝氏《尔雅义疏》："《玉藻》注：缊，赤黄之间色，所谓韎也。《诗·瞻彼洛矣》传：韎韐者，茅蒐染韦也，一入曰韎韐。是缊以茜草染之，故经典'缊'字，《释文》并七绢反，意盖为此。但'缊'从昷声，则音七绢非矣。"然《考工记·钟氏》："染羽以朱湛丹秫。""三入为纁。"《尔雅》同。而次一染谓之缊，再染谓之赪之下，是染以朱，非以茜，郝氏混之，此其误者一；又"缊"从昷声，《说文》小篆当作"縕"，隶省作"缊"。《隶辨》曹全碑"泉福禄长"之"泉"，作"㒭"。刘熊碑、《石门颂》亦然。郝氏欲求其音，以证"缊"与"缊"通。而失检于形，此其误者二也。

王与之《周礼订义》卷第七十五："如纁之赤黄，如赪之赤青，如缊之赤黑，如朱之象正阳。"误以方色释缊赤黑，若缊为赤黑，三入何以致赤黄？四入何以象正阳？

《释名·释采帛》："红，绛也，白色之似绛者也。"《云麓漫钞》《图书集成》引清微子《服饰变古录》云："崔豹《古今注》云，燕支叶似苏，花似蒲，出西方，土人以染名燕支。中国亦有红蓝，以染粉为妇人色，谓之燕支粉，今人以重绛为燕支，非燕支花所染，燕支花自为红蓝耳。旧谓赤白之间为红，即今所谓红蓝也。《西河旧事》云，失我祁连岭，使我六畜不蕃殖，失我焉支山，使我妇女无颜色。北方有燕支山，山多红蓝，北人采其花染绯，取其英鲜者作燕脂。《本草》：红蓝花堪作燕脂，生梁汉及西域，一名黄蓝。"是刘氏据红蓝染者以释绛也。《说文》："红"训帛赤白色，即红蓝之染；与"缥"训帛赤黄色异者在此，色度当同缥也。

黄以周《礼说略》练染法："凡丝帛，一入用草染，再入用木染，三入用石染。丝帛至三入为色之小成，由是而再以草染，木染，石染；更入之至七入为色之大成。缥者，帛之一染，用草，与𫄸之一入同。《尔雅》曰一染谓之缥，《毛传》亦曰一入曰𫄸，知其一染一入者，以其用茅蒐也；红亦帛之一入者，郑注《论语》曰，红，染草。是一入用草之证也。䞓者，帛之再染，用木，《毛诗》作'窥'，《说文》作'䞓'……䞓，棠枣之汁，是二入用木染之证也。纁者，帛之三染，用石，《钟氏》染羽三入曰纁，以朱湛丹秫。朱，石也，俗作'硃'，郑注《染人》引以证染帛，且云纁，石染，是三入用石染之证也。……朱其四入与，其名朱，其染用石可知也。染韦有赤韨、朱韨，亦用石可知也。"

黄氏此说，亦自乱其例。前云一入草汁，二入木汁，三入石汁，如此更入草、入木、入石以至七染。则朱为四入，当以纁入草汁矣，何又改云入石汁为朱？其矛盾也皎然。染韦以草蒨，韨士名𫄸韐，特异之者，盖士染以草，君染以朱。

缥与红，色度相当而染汁有石草之别；𫄸与红，色度相当而有染草种本之异，是许氏分缥、红，郑氏通缥、红也。

第二节 黑系

爵　玄　缁黑

《士冠》："爵弁服。""爵韠。"又："筮于庙门，主人玄冠。""玄端，玄裳。""兄弟毕袗玄。"又："缁布冠。""缁带。""缁縰。""缁绚、繶、纯。"又："玄端，黑屦。""爵弁，纁屦，黑绚，繶，纯。"

《士冠》："爵弁服纁裳，纯衣，缁带，韎韐。"注："凡染绛，一入谓之縓，再入谓之赪，三入谓之纁，朱则四入与。"上文："主人玄冠，朝服，缁带，素韠。"注："凡染黑，五入为緅，七入为缁，玄则六入与。"于"爵弁服纁裳。"复注："爵弁者，冕之次，其色赤而微黑，如爵头然，或谓之緅。"疏："若以纁入黑，则为绀，以绀入黑则为緅，是三入赤，再入黑，故其爵色赤而微黑也。"

《周礼·考工记·钟氏》："三入为纁，五入为緅，七入为缁。"注："郑司农说以《论语》曰，君子不以绀緅饰，又曰缁衣羔裘。《尔雅》曰，一染谓之縓，再染谓之窥，三染谓之纁。《诗》云，缁衣之宜兮。玄谓……凡玄色者，在緅缁之间，其六入者与。"

《诗·郑风·缁衣》："缁衣之宜兮。"传："缁，黑色，卿士听朝

78

之正服也。"则黑系之说，成于先郑。以缥为底色，一入于黑汁为绀，二入于黑汁为緅，三入于黑汁为玄，四入于黑汁为缁。玄，先郑无文，后郑补焉。

黑系之色度

爵

三入赤，二入黑，是赤多黑少也；先入赤，后入黑，故赤而微黑。《周礼·巾车》："豻䙆雀饰。"注："雀，黑多赤少。"误与。《白虎通·绋冕》："爵弁者，何谓也？其色如爵头，周人宗庙士之冠也。"《书·顾命》："二人雀弁。"孔疏引郑玄曰："赤黑曰雀。"皆大抵之言。《说文》："纔，帛雀头色也，一曰㣻黑色如绀。纔，浅也。"段注："依郑则爵、緅、纔三字一也，三字双声……玉裁按，今目验雀头色赤而微黑。"盖类今之深咖啡色。

玄

三入赤，三入黑，于视觉则黑多赤少之色。赤与黑相视，则赤明色，黑暗色，以缥三入黑汁，黑色厚而在外，掩赤色将尽矣。《诗·豳风·七月》："载玄载黄。"传："玄，黑而有赤也。"是以黑多于赤。《何草不黄》："何草不玄。"笺："玄，赤黑色。"乃据三入赤，三入黑言。《书·顾命》："卿士邦君麻冕蚁裳。"孔传："蚁，裳名，色玄。"孔疏："蚁者，蚍蜉虫也，此虫色黑，知蚁裳色玄，以色玄如蚁，故以蚁名之。"《周易·坤卦》："上六，龙战于野，其血玄黄。"目验血凝结后，若黑中有黄之色，与常见之蚁色极类似。《礼记·月令》："孟冬之月……乘玄路，驾铁骊，载玄旂，衣黑衣。"则玄近铁色，铁色黑，而略锈则微有黄赤色。

是玄色，合蚁、血、铁三证求之，则郑氏六入之说可信矣。

缁

《考工记·钟氏》："七入为缁。"是玄复入黑汁为缁，则前三入之赤，尽为黑所掩。《诗·郑风》："缁衣之宜兮。"传："缁，黑色。"《士冠》："缁带"注："黑缯带。"《释名·释采帛》："缁，滓也，泥之黑者曰滓，此色然也。"《说文》："缁，帛黑色也。"

黑

《周礼·牧人》："阴祀用黝牲。"注："郑司农云……黝读为幽。幽，黑也。"《尔雅·释器》："黑谓之黝。"《说文》："黑，北方色也，四字段补。火所熏之色也。从炎，上出囧。"是黑色当从烟囱中之灰，或旧式灶烧柴者之锅底色求之。染布帛之色合此者，缁也。

盖先有火熏之色，后有染布帛之色，二色相当，故缁可训黑。黑者，其色之大号；缁者，染布帛之色称，故《战国策·赵策》："愿补黑衣之数。"即玄衣，缁衣。缁深于玄，亦以二色近而不分。《诗·郑风·缁衣》："缁衣之宜兮。"笺："居私朝之服也。"疏："此缁衣，即《士冠礼》所云'主人玄冠朝服，缁带，素韠'是也。"《士冠》："兄弟毕袗玄。"注："玄衣，玄裳，缁带、韠。"疏："缁亦玄之类，因士有缁带，故韠亦言缁，实亦玄也。"礼之通例，衣与冠同色，带与衣同色，韠与裳同色。此郑以衣裳皆玄，韠带皆缁；贾以缁带玄韠。又："玄端"注："玄端即朝服之衣。"疏："《论语》云端章甫。郑云，端，诸侯视朝之服耳。皆以十五升布为缁色，正幅为之，同当为'因'之形误。名也。"

《论语·乡党》："君子不以绀緅饰。"何晏《集解》引孔安国云：

"一入曰緅。"邢昺疏："孔氏云一入曰緅者，未知出自何书。又云三年练以緅饰衣，则似读緅为缬矣。案《檀弓》云'练衣黄里缬缘'注云：小祥，练冠，练中衣，以黄为内，缬为饰。黄之色卑于缲；缬，缲之类。"所辨是也。

《说文》："绀，帛深青而扬赤色也。"段注："以缲入深青而赤见于表，是为绀。贾氏《考工记》疏云，缲入赤汁则为朱，不入赤汁而入黑汁则为绀。贾说非也。入深青乃为绀，入黑乃为缅矣。"段说欠妥。缲与青相较，缲明青暗，先入浅色，后入深色，为青所蒙，何表之有？

又段氏以四入为缅，则异郑氏五入为缅；玄、缁因之俱降一等，《考工记》之文亦为段所翻。任大椿《弁服释例》："考《说文》'纔'字下云，帛雀头色，一曰微黑色如绀。纔，浅也。盖四入为绀，五入为缅，缅虽黑深于绀，尚与绀相近，故《说文》云如绀。"其辨皭甚。《说文校录》："黗下云缅，古通作纔，详《新附考》。"孙诒让《周礼正义》《考工记》："纔与缅、爵皆双声。"汪中《经义知新记》："纔、缅、爵三字，语之转。"是微黑色如绀，则绀非深青扬赤，而为赤多黑少。爵为五入，不可易也。《说文引经证例》："黔，康成作黗，训浅黑色，与黔同。"《说文》"黗"下段注："《汉书·地理志》，犍为郡黗水作此字，许水部作黔水。"《论语正义》："黗与绀同。"《颜氏家训·书证》："吴人呼绀为禁，故以糸旁作禁，代绀字。"《广韵·盐韵》：黗、黔，同切巨淹，是绀、黗、黔音同义通之证。黔首色黑，则绀非有青也。《论语》"绀缅"连文，《墨子·节用》："古者圣王制为衣服之法，曰冬服绀缅之衣，轻且暖，夏服绤绤之衣，轻且清。"上言色之浅深，下言质之精粗，固未区为黑色异质，是可证绀、缅、玄、缁，由浅入深，一脉无间。段氏之出绀而升缅，误矣。

　　青之混黑，由来已旧，汉人之误，多类《说文》，"绀"训深青而扬赤。《广雅》绀缁同碧䌞青，《字林》缁训帛青色，《释名》土青曰黎，皆然。《礼记·礼器》："或素或青，夏造殷因。"注："变白黑，言素青者，秦二世时，赵高欲作乱，或以青为黑，黑为黄，民言从之，至今犹存。"《淮南子·说林》高诱注："青与赤为黻。注《吕氏春秋·季夏纪》云，黑与赤谓之黻。"岂独两京，今日之言青衣，青丝，余毒未尽；若《淮南子·俶真训》"今以涅染缁，则黑于涅；以蓝染青，则青于蓝"者，恶紫夺朱也。

　　金鹗《求古录礼说》："孔当为贾疏《考工记·钟氏》注，玄色在缁缁之间，其六入者与。三入赤，三入黑，是黑而有赤也。然则赤黑间色亦可以为服矣，不知赤黑为玄，此旧说之大谬。《易》言天玄，《考工记》言天谓之玄，是玄者，天之色也。天之色其有赤乎？且黑中有赤，亦紫之类，既不象天，又为水火相克，下服不可用，况可为冕服之冠衣乎？赤色属阳，非阴幽之义，又何可以为齐服乎？《周礼·司服》齐服有玄端。今案天色实青而兼黑，人所共见，《诗》以天为穹苍，穹言其形，苍言其色也。《庄子》云，天之苍苍，其正色邪。《道书》'天'字作'䨺'，言青气为天，是天之色也。乾位西北，又兼北方之色，故青而微黑也。惟天色黑青，故玄色亦黑青，其证有六：《周官·大宗伯》以苍璧礼天，以青圭礼东方，是天色与东方同。《觐礼》方明者，木也。东方青，南方赤，西方白，北方黑，上玄下黄；又云设六玉，北方璜。贾疏《大宗伯》以玄璜礼北方。知此亦玄璜也。是天又与北方同色。天色与东北方同，则玄之黑而兼青可知矣，一证也。《玉藻》君子狐青裘，豹褎，玄绡衣以裼之。郑注：凡裼衣象裘色。绡绮属，染之以玄，于狐青裘相宜。夫以玄衣髀狐青，则玄之必有青色可知，二证也。《郊特牲》齐之玄也，以阴幽思也。《说文》：玄，幽远也；是玄有幽义。幽与黝通，黝为黑而微青，则玄亦黑而微青可知，三证也。《小雅》'何草不玄'，此言初春之时，草始生而色未青，尚有黑色。《白虎通》所谓十三月之时，万物始达，孚甲而出，皆黑也。十三月，寅月也，草木本青，青而兼黑，故谓之玄。郑笺以玄为赤黑，误与注《礼》同，四证也。"

陈氏《礼书》："冬玄冥有修与熙者，盖冬于方为朔，于色有青黑，故《月令》冬时车旂服物皆用玄，五证也。"

"《曲礼》'前朱鸟而后玄武'者，以玄武为龟，龟之色黑而微青，六证也。玄之为黑青，明矣。"又引《周髀算经》天青黑，地黄赤，其明证也。

金氏以玄为青黑之色，以难毛、许、郑，兹辨之如下：

夫天本无常色，其色朝晖夕阴，昼雨夜星不同，时亦现赤色，或黑中有赤之色，亦人所共见。水火固相克，然《周易·既济》："象曰，水在火上，既济。"是不足恃以诘郑。《王制》孔疏："衣天色玄，礼天牲玉用苍者，以天色昼则苍，夜则玄。衣不用苍，亦以其太质故也。"庄子即以大之苍非正色，故出此问。《考工记》所谓"天时变"是也。《道书》"天"字作"𤴐"，青乃东方之色，则混天色与东方色矣。乾既位西北，则为黑中有白之色，不得云天为青而微黑矣。

一、若天色与东方色同，则不必另谓天玄地黄，直云天青可矣。《觐礼》四方天地六色对举，明六合色别也。既先言"是天色与东方色同"，又云"是天又与北方同色"，岂东方北方色无别乎？又云天色与东北同，然又举乾位西北，则孰为是？果如金言，则乾坤旋转，黑白颠倒矣。

二、郑云褍衣象裻色，乃五色之中，黑与青之色度最近，故郑云"象"非谓"同"，且《玉藻》又云："麛裘，青犴褎，绞衣以裼之。"注："绞，苍黄之色也。"如金氏言玄必有青色，岂青中亦有黄色乎?

三、"玄""幽"义近,可通其训诂,未可据幽有青色,而推玄有青色。

四、既云"草始生而色未青,尚有黑",是青多黑少;又引《白虎通》"万物始达,孚甲而出,皆黑也"为证,则"青多黑少"即"黑"欤?

五、陈祥道《礼书》亦多臆说,未可轻信。所引《月令》冬时车服乃用玄,非用青,不足以证玄含青也。

六、龟甲之色,洗净视之,乃黑中微赤之色,适可证玄色郑氏义,若云目视龟背泥苔,则非龟甲之本色也。

又:《周髀算经》所言天青黑,地赤黄。若如金氏说,玄为天色,为青黑之合,则地合赤黄;天名玄色,地名何色?《周髀算经》云青黑,盖以昼夜言之,昼以晴为常,夜以星为常。地以黄赤二色之土为常见耳,非谓二色之合乃地色之正也。

雷𬭤《古经服纬》:"凡爵弁玄。""爵弁玄者,古之爵色,今曰天青。燕尾,青乾鹊之翼,玄鸟之尾,其色即古之天玄也。"天青即蓝色,古之爵为蓝色乎?燕尾为天青色乎?以目验之,雷说尤谬。

第三节　青

《士冠》："青组缨，属于缺。"又："玄端，黑屦，青绚、繶、纯。"

《觐礼》："方明者，木也。方四尺，设六色，东方青。"

《周礼·考工记·钟氏》："画缋之事，杂五色，东方谓之青。"《职方氏》："正东曰青州。"《地官》："掌染草"注："染草，蓝、蒨、象斗之属。"贾疏："蓝以染青。"《诗·小雅·采绿》："终朝采蓝。"笺："蓝，染草也。"《荀子·劝学》："青，取之于蓝，而青于蓝。"《韩诗外传》卷五："蓝草有青，而丝假之，青十监。"《淮南子·俶真训》："以蓝染青，则青于蓝。"《说文》："青，东方色也，木生火，从生、丹。丹青之信，言必然……〓，古文青。"徐锴《系传》："凡远视之，明莫若丹与青；黑则昧矣。"金氏《求古录礼说》："青本近黑，如今之深蓝。"张末元《汉朝服装图样资料》："青是黑中透蓝的颜色，如今日的藏青色。"

青由蓝草所提取，则其色深于蓝。金氏云如今之深蓝，可信也。张氏云黑中透蓝，似黑多蓝少矣。

附：青与苍

《诗·小雅·采芑》："有玱葱珩。"传："葱，苍也。"《秦风·蒹葭》："蒹葭苍苍，白露为霜。"传："苍苍，盛也。""苍苍"当状其色。《王风·大车》："毳衣如菼。"传："菼，鵻也，芦之初生者也。"笺："菼，薍也。……衣绩而裳绣，皆有五色焉，其青者如鵻。"孔疏："郭璞曰，菼草，色如鵻，在青白之间。"《广雅·释器》："苍，青也。"《素问·阴阳应象大论》："在色为苍。"王冰注："苍谓薄青色，象木色。"《礼记·月令》："天子居青阳，驾仓龙，载青旂，衣青衣，服仓玉。"疏："苍亦青也，远望则苍，旂与衣云青者，欲见人功所为，故以近色言之。"章太炎先生《文始》："《周礼》以苍璧礼天，与青圭殊色，盖亦苍白色也。"

是苍色淡、青色浓，二者对文或少别，散文则每通。《墨子·所染》："染于苍则苍。"《说文》："苍，草色也。"《书·益稷》："至于海隅苍生。"孔传："苍苍然生草木。"与青无别。《广韵》"青"切仓经，"苍"切七冈，"葱"切仓红，三字并清纽，其义犹朱之与赤、缁之与玄也。而苍与葱则无别。《说文》："葱，菜也。"则苍色当自葱色求之，为青白色淡青色无疑矣。

第四节　黄

《士冠》：“黄裳、杂裳可也。”《特牲》：“黄裳、杂裳可也。”

《诗·邶风·绿衣》：“绿衣黄里。”传：“绿，间色；黄，正色。”孔疏：“绿，苍黄之间色；黄，中央之正色。”《左传·昭十二年》：“黄裳元吉，黄，中之色也；裳，下之饰也。”《左传·隐元年》：“不及黄泉。”服注：“天玄地黄，泉注地中，故曰黄泉。”《郊特牲》：“野夫黄冠；黄冠，草服也。”注：“服象其时物之色，季秋而草木黄落。”又：“黄目，郁气之上尊也。黄者，中也，目者，气之清明者也。”注：“黄目，黄彝也。”孔疏：“以黄金镂其外，以为目，因取名也。……故郑注《司尊彝》云：黄目，以黄金为目。是也。”《内司服》：“掌王后之六服，袆衣，揄狄，阙狄，鞠衣，展衣，缘衣，素沙。”注：“郑司农云……鞠衣，黄衣也。……玄谓……鞠衣，黄桑服也，色如鞠尘，象桑叶始生。”《史记·仓公传》：“黄者，土气也。”陆氏《释文》《诗·邶风·绿衣》：“鞠，居六反，言如菊花之色也。又去六反，言如曲尘之色也。”

是黄之为色，当自中原掘地及泉，叶落，黄目尊，桑叶始生之鹅黄，秋菊之黄华等求之。今台北故宫博物院所藏商周彝器中，有饕餮纹之目为黄色，可为黄色度之正也。《韩诗外传》卷五：“地有黄，而丝假之，黄于地。"则衣裳之黄，视土_中原色当更黄，与今日黄色颜料当极为接近矣。

第五节　白素

　　《士冠》：“素积，白屦，以魁柎之。”又：“朝服，缁带，素鞸。”《丧服记》：“麻衣縓缘。”

　　《周礼·大宗伯》：“以白琥礼西方。”《考工记·钟氏》：“画缋之事，西方谓之白。”《说文》：“白，西方色也。”《释名·释采帛》：“白，启也，如冰启时色也。”

　　《士冠》：“缁带，素鞸。”注：“素鞸，白韦鞸。”又：“皮弁服素积，缁带素鞸。”注：“皮弁者，以白鹿皮为冠……以素为裳。”疏：“经典云素者，有三义：若以衣裳言素，谓白缯也，即此文之等是也；画缋言素者，谓白色，即《论语》云缋事后素之等是也。器物无饰亦曰素，则《檀弓》云奠以素器之等是也。”《士冠》：“白屦，以魁柎之。”注：“魁，蜃蛤；柎，注者。”疏：“《周礼·地官·掌蜃》，共白盛之蜃，郑司农云，谓蜃炭，阮氏元《周礼校勘记》改作‘灰’。引此《士冠》白屦以魁柎之。玄谓今东莱用蛤，谓之叉灰云是也。云柎注者，以蛤灰涂注于上，使色白也。”《考工记·慌氏》：“湅帛以栏为灰，渥淳其帛，实诸泽器，淫之以蜃。”注：“郑司农云……白屦以魁柎之，《说文》曰，魁，蛤也。……玄谓淫，薄粉之令帛白；蜃，今海旁有焉。”《左传·成二年》：“宋文公卒，始厚葬，用蜃。”注：“烧蛤为炭。”孔

89

疏:"炭亦灰之类。"《丧服记》:"麻衣缥缘。"注:"《诗》云麻衣始雪……《檀弓》云练衣黄里缥缘。"疏:"《诗》云麻衣始雪者,彼麻衣及《礼记·檀弓》云'子游麻衣',并《间传》云'大祥素缟麻衣',注皆云十五升布深衣。"《诗·曹风·蜉蝣》笺:"麻衣,深衣。"孔疏:"衣裳皆布而色白如雪者,谓深衣为然……以其衣用布,故称麻耳。"

丝帛之白,《染人》及《㡛氏》所云暴练、涑帛使成也。布缕之白,盖如《丧服》注:"大功布者,其锻治之功粗沽之。"疏:"言锻治,可以加灰矣。"素𫐉,白屦,则薄蜃灰以白之也。

附：服色表

料染\次染	一	二	三	四	五	六	七
朱·丹秫	缥 《尔雅》:一染 《说文》:赤黄 郑注:浅绛今红 一入 应劭:红 葛洪:红之多黄 郭璞:今红	赪 《尔雅》:再染 毛传:赤色 《说文》:赤色 郑注:二入 郭璞:浅赤	纁 《尔雅》:三染 《考工记》:三入 先郑:绛 郑笺:黄朱 注:黄而兼赤 蔡邕:绛 李巡:黄朱	朱 毛传:深纁 《说文》:纯赤 郑笺:纯朱 郑注:四入与			

次染＼料染	一	二	三	四	五	六	七
湟				（绀）《说文》：深青而扬赤 贾疏：纁入黑	（緅）爵《考工记》：五入 孔安国：一入 郑注：或谓之緅，五入赤而微黑。孔疏：如爵头色 贾疏：绀入黑	玄 郑注：六入 与取缁之间 毛传：黑而有赤	缁、黑《考工记》：七入《说文》：帛黑色 郑注：七入
蒨	靺（韦昷）毛传：一入《说文》：一染缇，丹黄色以茜染。郑注：赤黄之间色，赤缇，缊也 贾疏：靺即赤		（綪）（绛）《说文》：大赤《本草》：茜染绯草《玉篇》：绯，绛练。高诱：绛，赤也。《说文》：綪，赤缯以茜染 杜预：綪，大赤。《广韵》：绯也				
蓝	青						
		黄					
蜃灰	白						

91

第四章　文饰

第一节　服章之数序

一　《尚书》五章说

《皋陶谟》："天命有德，五服五章哉。"

《大传》："天子衣服，其文华虫，作会，宗彝、璪火、山龙；诸侯作会，宗彝、璪火、山龙；子男宗彝、璪火、山龙；大夫璪火、山龙；士山龙。故《书》曰：天命有德，五服五章哉。山龙，青也；华虫，黄也；作会，黑也；宗彝，白也；璪火，赤也。天子服五，诸侯服四，次国服三，大夫服二，士服一。"伏似以山龙一色，乃为一章，天子五章。

孔传："五服，天子诸侯卿大夫士之服也。尊卑彩章各异，所以命有德。"孔疏："命有贵贱之伦，位有上下之异，不得不立名，以此等之象物以彰之。"

郑注："玄或疑焉。华虫，五色之虫；璪，水草，苍色。"是疑伏生以华虫为黄色，以璪为赤色。

陈寿祺《尚书大传辑校》："肃解《虞书·作服》，与伏生《大传》相合，盖亦用今文家说也。《大传》五服无日月星辰，又无粉米黼黻，故知五服是采色，非章数。"

陈乔枞《今文尚书经说考》："《论衡》《语增》篇，经曰五服五章。五服，五采服也，服五采之服，画日月星辰。案：旧引作弼成五服，此传写者舛讹耳。章，采也，故云五服，五采之服也，今为订正。"

孙星衍《尚书今古文注疏》："《周礼·司服·衮冕》注，郑司农云，衮，卷龙衣也。衮，自天子至士总名之服，故《尔雅》单举之。《广雅》云：山龙，彰也。亦举山龙以该五章，则今文家谓天子至士皆有之说也。《论衡·语增》篇云五服，五采之服也。服五采，画日月星辰。王充以此释弼成五服，盖误。《大传》亦不云画日月星辰也。"金鹗《求古录礼说》："山龙、藻火，皆明是二物，安得混为一物？华虫本五色之鸟，何独以为黄？绘是会五采，《说文》云：绘，会五采绣也。何独以为黑？藻是水草，本青色，《说文》作璪，云玉饰如水藻文，亦未尝言其赤，乃以璪为赤色，何也？……作绘一色，独无其物，乃与四者并列，此何说也。……孙渊如申伏而驳郑，皆牵强之说。""《说文》但言山龙华虫者，举其文之著者而言之也。"所驳是也。

魏源《书古微》："古人断不敢以日月星辰为衣服也。山龙藻火，析二为四，出自后儒，不可转议虞制。……衣已有山龙、华虫、作绘、宗彝、藻火五章，裳则粉米黼黻絺绣而已。"魏氏此说亦不可从。《郊特牲》："王被衮以象天。"若无三辰，何象之有？旂旗"龙章而设日月"，旗可而衣不可乎？伏未言粉米以下，魏氏何以知其为伏义？二物合为一章，则宗庙彝器合为一章乎？若以宗彝为虎彝、蜼彝，然此亦后儒所说，不可转议虞也。

黄以周《礼书通故》《衣服一》："盖夏侯以天子至公侯，皆以九为节，欧阳则以为天子有十二章，是今文家本有两说也。以伏传本文合之，夏侯为近。伏生言天子衣服，其文华虫、作缋、宗彝、藻火、山龙，不言日月星辰，是九章也。不言粉米黼黻，为其在裳也。五服五章，专以衣言……其不言日、月，星辰者，为章服观此象而作也，不关章数。"黄氏所推欧阳、大小夏侯之章数，是也；而云伏生九章，及象日、月、星辰，又不以为章数，则非。伏传为"五服五章"发，未言九章。既不取为章，作言象？

屈翼鹏师《尚书释义》："依尊卑所定五等之衣服也。章，文彩也。五章，五等之服上所绘及绣之五等文彩也。"

伏、孔皆以五服为五等服，郑氏亦然，孙氏注疏："康成曰：五服：十二也，九也，七也，五也，三也。似不数士为异。陈寿祺以五服为五采服，即五色之服。陈乔枞则以五章为采色之服，而不及服章。屈师义同《大传》，五章为五等服之章。

盖此五服五章，乃舜初受命所服，仍尧制也。郑以"十二也，九也，七也，五也，三也"释"五章"，失之。《伏传》：天子服五章，诸侯服四章，次国即子男服三章，大夫服二章，士服一章。"章"之义，似兼"色""图"。天子服黄衣，以华虫为首章；诸侯黑衣，作会为首章；子男白衣，宗彝为首章；大夫赤衣，璪火为首章；士青衣，唯山龙为章。此伏氏义也。《大戴礼记·五帝德》："帝喾帝尧黄黼黻衣。"士有龙章，乃族徽，故自天子至士皆有，至周乃重之，登龙于山，疑受《周易》之影响。此或可证成伏义者。

二 《尚书》十二章说

《皋陶谟》："予欲观古人之象日月星辰山龙华虫作会宗彝藻火粉米黼黻缔绣，以五采彰施于五色，作服，汝明。"伪《古文尚书》分《皋陶谟》为二篇，此属《益稷》。以下列《益稷》，皆从"十三经注疏"本。

《史记·夏本纪》："余欲观古人之象日月星辰作文绣服色，女明之。"史迁实节引此文，略变言之耳。孙氏《尚书今古文注疏》："史迁说为日月星辰文绣，又说缔如本字。"则史迁以"作会"为文，与绣对举，是不以"作会"为章目，即以日月星辰山龙华虫为文也。

《后汉书·明帝纪》："帝及公卿列侯始服冠冕衣裳。"李贤注："董巴《舆服志》曰，显宗初服冕衣裳，以祀天地……乘舆备文日月星辰十二章，三公诸侯用山龙九章，卿已下用华虫七章，皆五色采。"《舆服志》同。《司服》郑注："玄谓《书》曰予欲观古人之象日、月、星辰、山、龙、华虫，作缋，宗彝、藻、火、粉米、黼、黻，缔绣。此古天子冕服十二章。"十二之数同，其序则未必合。

黄以周《礼书通故》："汉明帝更定章服，天子日月星辰十二章，从欧阳氏说；三公用山龙九章云云，从夏侯氏说。盖夏侯以天子至公侯皆以九为节，欧阳则以为天子有十二章，是今文家本有两说也。以伏传本文合之，夏侯为近。伏生言天子衣服，其文华虫、作缋、宗彝、藻火、山龙，不言日月星辰，明是九章也；不言粉米黼黻，为其在裳也。五服五章，专以衣言。""《夏本纪》云'予欲观古人之象日月星辰为文绣'十四字作一句读，其意与伏传同。"

此黄氏误解伏传也。伏传仅为"五服五章"而发，乃解舜初即位之服，仍尧制也。参见上文。《礼记·大传》："圣人南面而治天下……改正朔，易服色，殊徽号。"是以命其臣明之，即所新定服章也，不可混五服五章与十二章为一。又史迁所言服章，数日月易辰，与伏传仅解五章各异。史迁所言乃舜新定，伏言舜始即位之尧制，亦不可云同也。

三 《左传》九章说

《左传·昭二十五年》："为九文、六采、五章，以奉五色。"杜预注："九文谓山、龙、华、虫、藻、火、粉米、黼、黻也。华若草华，藻，水草，火画火，粉米若白米，黼若斧，黻若两己相戾。"孔疏："杜言华若草华，而不言虫，则华虫各为一也；粉米若白米，是粉米共为一也。"孔疏是也，杜于山、龙皆不解，是虫为一章。《桓二年》："火龙黼黻，昭其文也。"是以文即章也。其序无异。若郑义，则序有别。参见下文。

四 《郊特牲》十二章说

《郊特牲》："祭之日，王被衮以象天。"注："谓有日月星辰之象。此鲁礼也。"郑义为自日月星辰至黼黻十二章，此鲁用天子礼，郑注："鲁公之郊，用殷礼也。"则其序当有所异于周。周章次，《司服》郑注："初一曰龙，次二曰山，次三曰华虫，次四曰火，次五曰宗彝……次六曰藻，次七曰粉米，次八曰黼，次九曰黻。"则《郊特牲》衮衣之十二章，序或同虞制。《左传·桓二年》："火龙黼黻，昭其文也。"孔疏："衣之所画龙，先于火，今火先于龙，知其言不以次也。"盖"火龙黼黻"之"火"，或为"山"之形误。甲骨、金文二字极近似也。

五 《礼运》六章说

《礼运》："五色、六章、十二衣，还相为质也。"注："五色六章，画缋事也。《周礼·考工记》曰，土以黄，其象方，天时变，火以圜，山以章，水以龙，鸟兽蛇，杂四时五色之位以章之，谓之巧也。"疏："郑注：古人之象无天地也。为此记者，见时有之耳。云天时变者，画作天，则无定色，是随四时色为之……"则郑以天、地、火、山、水、鸟兽蛇雉也为六章。庾蔚之《礼记略解》："郑注《考工记》以六章为当时行，非古人之象，而引之以会此者，明亦周制。"

六 《尸子》九章说

《太平御览》卷八十引《尸子》曰："人之言君天下者，瑶台九累，而尧白屋；黼衣九种，而尧大布。"孙氏《尚书今古文注疏》："九种即是九章，不数日、月、星辰为十二，此先秦说。"《尸子》仅云九种，孙氏乃以九章释之。

七 欧阳氏十二章说

《后汉书·舆服志》："孝明皇帝永平二年初，诏有司采《周官》《礼记》《尚书·皋陶》篇，乘舆服从欧阳氏说，公卿以下从大小夏侯氏说。"又："显宗遂就大业，初服旒冕衣裳文章……乘舆备文日、月、星辰十二章，三公诸侯用山龙九章，九卿以下用华虫七章，皆备五采。"又："天子备章；公自山以下，侯伯自华虫以下，子男自藻、火以下，卿大夫自粉、米以下，至周而变之。"可见欧阳氏十二章，不数"作缋"及"宗彝"，即日、月、星辰，山、龙、华虫。既云"华虫七章"，则合"侯伯自华虫以下，子男自藻、火以下"之文观之，其序为藻、火、粉、米，合黼、黻成十二章。

八　大小夏侯九章说

见上引《后汉书·舆服志》。

陈乔枞《尚书欧阳夏侯遗说考》："永平初，定冕服，公卿已下从大小夏侯说，乘舆服从欧阳说，日、月、星辰十二章，三公诸侯用山龙九章，卿已下用华虫七章。则是欧阳说冕服章数，仍以十二、九、七为节；大小夏侯说冕服章数，乃自天子至公侯以九为节，卿已下以为节，明矣。"

是欧阳与夏侯之异，在天子服之有无日、月、星辰，余无甚殊也。据《后汉志》"三公诸侯用山龙九章，九卿以下用华虫七章"及"侯伯自华虫以下，子男自藻火以下"之文，其序为：山、龙、华虫、藻、火、粉、米、黼、黻九章；不数"作缋""宗彝"，明矣。

九　刘苍十二章说

范书《东平宪王苍传》："苍以天下化平，宜修礼乐，乃与公卿共议，定南北郊冠冕车服制度。"是永平改服，苍实首倡，且在议中。《舆服志》注引《东观书》曰："永平二年正月，公卿议南北郊。东平王苍议曰……陛下以圣明奉遵以礼……按尊事神祇，絜斋盛服，敬之至也。日、月、星辰、山、龙、华、藻，天王衮冕十有二旒，以则天数……冕冠裳衣，宜如明堂之制。"既以华、藻相次，则舍"作绩""宗彝"不数，是守欧阳说也。

十 卫宏章数说

《说文》："黺，衮衣山、龙、华虫、黺，画粉也。……卫宏说。"又："絺，绣文如聚细米也。"段注："许所见壁中古文作黺絺……画粉为卫宏说，此盖亦卫宏说与。"粉、米分为二章，与欧阳说同。卫宏《汉旧仪》："太常卿赞飨一人……助祭皆平冕七旒，玄上纁下，华虫七章。"则可见亦去宗彝不数也。太常，九卿也，服七章，则三公诸侯九章，帝十二章矣，是亦同欧阳说。而云山、龙、华虫、黺，盖省文也。

十一 王充章数说

王充《论衡·语增》："服五采，画日、月、星辰。"《量知》："绣之未刺，锦之未织，恒丝庸帛，何以异哉？加五彩之巧，施针缕之饰，文章炫耀，黼黻华虫，山龙日月。"其章数不可必，其序仍为日、月、星辰，山、龙、华虫……黼黻，所以"黼黻"在"华虫"上者，文承"文章"之后也。

十二 马融十二章说

孙星衍《尚书今古文注疏》："马融曰：上句日、月、星辰、山、龙、华虫，尊者在上；下句藻、火、粉、米、黼、黻，尊者在下。黼、黻尊于粉、米，粉、米尊于藻、火，故从上以尊卑次之。士服藻、火；大夫加粉、米，并藻、火为四章。宗彝，虎也。"

马氏分粉、米为二，本欧阳说；出宗彝而又云虎，则似有所疑焉。然"宗彝，虎也"四字，实郑氏言而误入马氏。

十三 郑玄章数说

甲 虞制

《周礼·司服》注："玄谓，《书》曰予欲观古人之象日、月、星辰，山、龙、华虫，作缋；宗彝、藻、火，粉米、黼、黻，希绣。此古天子冕服十二章，舜欲观焉。"

乙 周制

《司服》注："王者相变，至周而以日、月、星辰画于旌旗，所谓三辰旂旗，昭其明也，而冕服九章，登龙于山，登火于宗彝，尊其神明也。九章，初一曰龙，次二曰山，次三曰华虫，次四曰火，次五曰宗彝，皆画以为缋；次六曰藻，次七曰粉米，次八曰黼，次九曰黻，皆希以为绣，则衮之衣五章，裳四章。凡九也。"

《王制》："三公一命衮。"注："虞夏之制，天子服有日，月，星辰。"《尚书·益稷》孔疏："郑玄云，会读为绘；宗彝，谓宗庙之郁鬯樽也，故虞夏以上，盖取虎彝、蜼彝而已……自日月至黼黻，凡十二章，天子以饰祭服……至周而变之。……郑意以华虫为一，粉米为一，加宗彝，谓虎蜼也。……凡十二章，日也，月也，星也，山也，龙也，华虫也，六者画以作绘，施于衣也；宗彝也，藻也，火也，粉米也，黼也，黻也，此六者絺以为绣，施之于裳也。"

郑于虞制，因马氏有"宗彝，虎也"之说，乃合粉米为一章，而数宗彝，故仍为十二章之数，此异于欧阳说；其章序则同。郑于周制，本虞制而无三辰，其序则："登龙于山，登火于宗彝。"为异。

《益稷》孔疏："郑云作服者，此十二章为五服，天子备有焉；公自山龙而下，侯伯自华虫而下，子男自藻火而下，卿大夫自粉米而下，亦是以意说也。"即公为山、龙、华虫、宗彝、藻、火、粉米、黼、黻九章，侯伯华虫以下七章，子男藻、火以下五章，卿大夫粉米以下三章也。此虞制。

《司服》注："衮之衣五章，裳四章，凡九也；鷩画以雉，谓华虫也，其衣三章，裳四章，凡七也；毳冕，画虎蜼，其衣三章，裳二章，凡五也；希、刺、粉米无画也，其衣一章，裳二章，凡三也。"《益稷》孔疏："郑以冕服之名，皆取章首为义，衮冕九章，以龙为首，龙首卷然，故以衮为名；鷩冕七章，华虫为首，华虫即鷩雉也；毳冕五章，虎蜼为首。"则郑以周之公为：降龙、见《觐礼》注。山、华虫、火、宗彝、藻、粉米、黼、黻九章；侯伯华虫以下七章；子男宗彝以下五章；卿大夫粉米以下三章。郑氏二《礼》注有出入，此从《周礼》注。《觐礼》注以孤服为希冕，卿大夫玄冕。并见《王制》孔疏。

十四　王肃章数说

《尚书·益稷》孔疏："王肃以为舜时三辰，即画于旌旗，不在衣也。天子山、龙、华虫耳。"陈氏《尚书欧阳夏侯遗说考》："肃虽善贾、马之学，而解《虞书》'作服'，与大小夏侯说同。"则王肃以天子为山龙以下九章，或亦不数宗彝，分粉、米为二章也。

十五　杜预九章说

《左传·昭二十五年》："为九文"杜注："谓山、龙、华、虫、藻、火、粉米、黼黻也。华若草华；藻，水草；火，画火；粉米若白米；黼若斧；黻若两己相戾。传曰，火龙黼黻，昭其文也。"孔疏："杜言华若草华，而不言虫，则华虫各为一也；粉米若白米，是粉米共为一也。"是子产以周为九章，杜氏释为山龙以下九章，离华、虫而合粉米，与郑氏异者三：郑以周衮首龙，杜以周衮首山；郑以华虫为雉，杜分之为二章；郑数宗彝，杜则出之。其从郑者，粉米合为一章。

十六　孔传十二章说

《尚书·益稷》孔传："日、月、星为三辰。华象草华。虫，雉也。画三辰、山、龙、华、虫于衣服旌旗。会，五采也，以五采成此画焉。宗庙彝樽亦以山、龙、华、虫为饰。藻，水草有文者，火为火字，粉若粟冰，米若聚米，黼若斧形，黻为两己相背。……天子服日、月而下；诸侯自龙衮而下至黼黻；士服藻、火；大夫加粉、米，上得兼下，下不得僭上。"孔疏："孔以华象草华；虫，雉，则合华虫为一，《周礼》郑注亦然。郑氏《司服》注云：'华虫，五色之虫。'《缋人》注云：'虫之毛鳞有文采者。'与孔传异，孔君欲合之耳。则以日、月、星辰、山、龙、华虫六章，画于衣也；藻、火、粉、米、黼、黻六章，绣于裳也。"

《左传·昭二十年》孔疏引《益稷》孔传云："如孔此言，日也，月也，星辰也，山也，龙也，华也，虫也，七者画于衣服旌旗，山、龙、华、虫四者亦画于宗庙彝器；藻也，火也，粉也，米也，黼也，黻也，六者绣之于裳。如此数之，则十三章矣。天之大数不过十二，若为十三，无所法象。或以孔并华虫为一，其言华象草华；虫，雉者，言象草华之虫，故为雉也。若华别似草，安知虫为雉乎？未知孔意必然以否。"是孔君亦知孔传本为离华虫为二之欠妥，故二存儒者于孔传之说也。兹明其由如下：

（一）本于马融，故分粉米为二章，而不数宗彝。又士服藻、火，大夫加粉、米，即袭马融，一字未改。马氏以黼、黻尊于粉、米、藻、火，故大夫、士并无黼、黻。孔传师其"尊者在下"之文，不加黼、黻，与欧阳、夏侯、郑玄悉异。又马氏言略诸侯、子男，孔传亦略子男；于诸侯则言龙衮以下至黼黻。

（二）本于郑玄，故云："诸侯，龙衮以下至黼黻。"马氏以前之儒，皆言山、龙以下，不单言龙，乃依《皋陶谟》之原章次，无言龙衮者。登龙于山，郑氏义也。杜预亦山、龙连文，不言龙衮，是知取于郑氏。

（三）本于杜预。孔传云："藻，水草有文者，火为火字，粉若粟冰，米若聚米，黼若斧形，黻为两己相背。"与杜注文之例，次第相类。马、郑行文，极与相远。

（四）本于《说文》。《说文》："黺，绣文若聚米。"郑氏粉米为一章，故知取于许书。

十七　顾氏章数说

《尚书·益稷》孔疏："顾氏取先儒等说，以为日、月、星取其照临，山取能兴云雨，龙取变化无方，华取文章，雉取耿介。顾氏虽以华虫为二，其取象则同。又云：藻取有文，火取炎上，粉取絜白，米取能养，黼取能断，黻取善恶相背。"顾氏章数与孔传同，孔君疏乃为之合华虫为一章，使不过十二之数。王谟《汉魏遗书钞》辑顾彪《古文尚书疏》同。

十八　孔颖达十二章说

《尚书·益稷》孔疏："《郊特牲》云，祭之日，王被衮冕以象天也。又曰，龙章而设日月以象天也。郑玄谓有日月星辰之章，设日月画于衣服旌旗也。据此记文，衮冕之服亦画日月……要其文称王被衮冕，非鲁事也。或当二阮校宋板本作'三'。代天子衣上亦画三辰，自龙章为首，而使衮统名耳。"孔云"二代天子"，是为夏殷；其云"亦"，则言虞制也。是以虞有日、月、星辰在衣，周王亦为此十二章，惟以龙为首章，故以龙名衣曰衮，则其序与虞制当有异也。

十九　郝敬六章说

郝敬《尚书辨解》："日也；月也；星辰也；山也；龙也；华，花也；虫，禽鸟也；七者皆象也，画于宗庙之彝。藻，水草色青；火色赤；粉屑，米粒，色黄白；白与黑曰黼；青与黑曰黻；六者皆色也。……夫华之为花也，虫之为虫蛾也甚明。"王宇清先生《冕服服章之研究》："明人郝敬著《周礼完解》，又创新说。郝著云：'按《虞书》，舜欲观古人之象，日、月、星辰、山、龙、华、虫七者，皆以作绘于宗庙之彝，此器物之象也。藻、火、粉、米、黼、黻六者，皆以薄缯刺绣，成五采，施五色，作服，此服之章也。'两项各别，文义甚明。古人制器，以象日月七者，所谓观古人之象也。正服以色，藻火六者，所谓章施于五色也。象言形，色言采，今郑混两段，通作衣服，可疑一。"

郝氏以宗彝上属断句，大谬。果如郝义，则《尚书》应作："予欲观古人之象日，月，星辰，华、虫作绘宗彝，汝明。"不当合二事于一条，总云："作服，汝明。"其上文"汝翼""汝为"，下文"汝听"，皆各总结一事，是可证郝氏离经之误者也。先秦典籍，如《左传·桓二年》"衮冕黻珽""火龙黼黻"，《礼记·礼器》"天子龙衮"，非服章耶？王宇清先生驳之："（一）如郝说，服章之数仅六。设以日、月等七物，与藻、火等六物相加，则得数为十三，此六数或十三数，与冕旒之数十二，及弁之会、璪数十二皆不能相应，遂与古之例采十二'则天之数'之制度亦未合。……（二）设令日、月，星辰，山、龙、华虫皆施于宗彝，而不及于衣服，则'衮衣'缘何而得名？"是也。然王氏亦云郝敬"据经说理，理甚可通"，殊未敢苟同。《左传·昭二十五年》"九文"，《尸子》"九种"，《郊特牲》"被衮以象天"，设若无日、月、星辰，何象天之有？设若六章如郝说，则先秦诸说尽虚言哉！断句犹误，说理何通？且既云"虫，禽鸟"，又云"虫之为虫蛾"，有若梦呓。又云黼黻仅及其色，不言其形，与藻、火、粉、米之兼色形异，足以见其理穷矣。又云："粉屑，米粒，色黄白。"粉黄米白乎？二者黄白乎？可见其欲凑五色，乃穿凿之也。

王氏《冕服服章》之《章目次表》："郝敬说，衣裳图象：宗彝、藻、火、粉米、黼、黻。"将"宗彝"列入，又将"粉""米"合为一章，非郝氏义也，盖王氏偶疏耳。

二十　雷镈十二章说

雷镈《古经服纬》卷上："有虞及周冕服皆十二章，虞则衣裳各六章，即《书》之所言者是也。日月星辰是一章，《考工记》所谓天时变也，天不可画，其色玄，于玄衣而绘三辰，即在天成象之义。《诗》云象服，《史》云象冕，即指此。……山为一章，《记》所谓土以黄，其象方，山以章也；山冕之说由此。……龙为一章，是为卷……华虫为三章，是为鷩，𪇱，蜼，所谓鸟兽蛇也。即朱雀，白虎，玄武矣。鸟兽蛇皆栖息于华木者也，故以华章，此即衣之六章也。……鷩即朱雀也……《说文》曰鴁鹈，鷩也；郭璞《子虚赋》注云，鴁鹈似凤，有光彩；《禽经》曰赤凤谓之鹑，是其证。……白虎即驺虞也，汉世谓之白麟。……蜼即乌蛇黑蛲，北方腾蛇之象。……汉杨震世传《欧阳尚书》，其都讲曰，蛇鳣者，卿大夫服之象也。……其裳六章，则藻、火、粉、米、黼、黻六者，各为一章也。""周人之制，登火于衣，衣七章，裳五章。王之上服有三辰、山、火，卷备升龙降龙。"然三辰之象有异，数目非一，何可合为一章？凡栖于华木者多矣，何独取鹑麟蛇？且虎与麟异，岂可同之？皆逞其臆说，证亦牵强。

二十一　黄世发章数说

黄世发《群经冠服图考》卷二："土以黄，其象方，火以圜，山以章，水以龙，鸟、兽、蛇，此七者上衣之章，以物之形象为之也。天不可画，则以衣之色，随四时变易者象之。……然则衮者龙也，鷩者鸟也，毳者兽也，绨冕玄冕之服虽不可知，然《玉藻》之佩有山玄、水苍之语，则玄冕之服盖画山；绨冕之用以祭社稷五祀，殆画土，而内外五等之杀亦由此可推。……《顾命》云黼裳，《诗》云绣裳，此举裳之一章也；《月令》《祭统》皆言黼黻文章，此举裳之四章也；《左传》言火龙黼黻，此举上衣下裳各二章也；《诗》言玄衮及黼，此举上衣下裳各一章也，不亦彰彰可据乎哉？说甚精辟。黄氏友人林樾亭之说。但以鸟为雉，以玄冕当画山，以绨冕当画土，仍取郑氏冕服相配之意，不知五冕之名，自有义意，不取于衣……衮之为龙，未见所出，《左传》称衮冕黻珽，又言火龙黼黻，明为二物。若龙即是衮，不几于赘复乎？鲁人歌孔子曰，衮衣章甫，孔子为一命大夫，岂有服龙章之理？……谓绨冕之衣画土，则何以有绨之名？玄冕之衣画山，则何以有玄之名？此不甚可也。……《考工记》之龙即青龙，鸟即朱鸟，兽即白虎，蛇即玄武……土、火、山到处皆有。……若裳，则但以二色及五色相配，为文章黼黻五种，并无作斧形及两己相背之形。"林氏以龙、鸟、虎、蛇、土、火、山、文、章、黼、黻、绣为十二章。若此，则藻，粉、米皆衍文乎？裳章亦无定形矣。黄氏图则仍从郑玄义。

二十二　王闿运九章说

王闿运《尚书大传补注》："其章仍止九也。九者，衮一色五绣，鷩、毳、绨、玄各一色一绣也。七者，鷩四色四绣，毳、绨、玄各一也。五者，毳三色三绣，绨、玄各一也。三者，绨二色二绣，玄一也。一者，本色本绣而已。……青绣以山龙者，陇也，山陇色青……华黄声转；虫，盛也，聚也，盖绣花蕊之状。……会盖为水文；作者，丝起成皱也。宗，尊也；尊彝，瓦玉，色白，古瓦今瓷，今绣有古器之图，其遗象也。璪，玉饰；火，火焰尖圆；赤，火色也。五种华饰。"

王湘绮以青绣山陇为一章，黄绣花蕊为一章，黄绣水纹为一章，白绣瓦玉为一章，赤绣璪火为一章。衮衣备此五章，另加鷩、毳、絺、玄冕服之各一章，合有九章之数。非谓一衣裳之上，有九章也。其说亦谬。

章者，明也，必五色相错，乃得彰明；若一色一绣，同色衣绣。何章明之有？此其一。又山陇为一，花蕊为一，水纹为一，何以瓦玉为二而合一，璪火为二而合一？此其二。瓦玉之器多矣，以何器何形为准？此其三。其攻郑玄云："宗彝用六彝之二，又专取虎蜼，凿空意说，莫此为甚。"夫人之不自见也盖如是。

孔广森《礼学卮言》《享先王衮冕》："《春秋传》曰王者之后称公，其余大国称侯，故于文从衣从公，言公之上衣也……郑君乃以卷象龙首卷然，遂升龙以为九章之首，又退宗彝于火下，欲使毳冕得取虎蜼之义。广森疑焉。荀子周人，而其书曰天子山冕，则衮冕首山，不首龙矣。《礼》有言龙衮者，自衮以下无龙，故衮独以龙名耳。鷩冕七章，自华虫而下；毳冕五章，自藻而下；希冕三章，自粉米而下。《释名》曰，毳，芮也，画藻文于衣，象水草之毳芮温暖而洁也。是以《虞书》之次为说。"荀言亦可疑，"山冕"下云"诸侯玄冠"，岂无章乎？如孔言，则希与粉米何说？

附：服章主要学说比较表

说者	服别	章						序						数	附注
伏生	天子	华虫	作绘	宗彝	璪火	山龙								5	
	诸侯		作绘	宗彝	璪火	山龙								4	
	子男			宗彝	璪火	山龙								3	
	大夫				璪火	山龙								2	
	士					山龙								1	
欧阳	天子	日	月	星辰	山	龙	华虫	藻	火	粉	米	黼	黻	12	
	公侯				山	龙	华虫	藻	火	粉	米	黼	黻	9	
	侯伯						华虫	藻	火	粉	米	黼	黻	7	
	子男							藻	火	粉	米	黼	黻	6	
	卿大夫									粉	米	黼	黻	4	
夏侯	天子				山	龙	华虫	藻	火	粉	米	黼	黻	9	
	三公				山	龙	华虫	藻	火	粉	米	黼	黻	9	
	侯伯						华虫	藻	火	粉	米	黼	黻	7	
	子男							藻	火	粉	米	黼	黻	6	
	卿大夫									粉	米	黼	黻	4	

续表

说者	服别	章						序						数	附注
马融	天子	日	月	星辰	山	龙	华虫	藻	火	粉	米	黼	黻	12	（补）
	诸侯				山	龙	华虫	藻	火	粉	米	黼	黻	9	
	子男						华虫	藻	火	粉	米	黼	黻	7	
	大夫							藻	火	粉	米			4	
	士							藻	火					2	
郑玄	天子	日	月	星辰	山	龙	华虫	宗彝	藻	火	粉米	黼	黻	12	虞下同周
	王				龙	山	华虫	火	宗彝	藻	粉米	黼	黻	9	
	三公				龙	山	华虫	火	宗彝	藻	粉米	黼	黻	9	
	侯伯						华虫	火	宗彝	藻	粉米	黼	黻	7	
	子男							宗彝	藻		粉米	黼	黻	5	
	卿大夫										粉米	黼	黻	3	
孔传	天子	日	月	星辰	山	龙	华	虫	藻	火	粉	米	黼	黻	日月以下龙衮以下至黼黻
	诸侯					龙							黼	黻	
	大夫							藻	火	粉	米				
	士							藻	火						

第二节　服章之图象

日　月

甲　日月中有物

聂崇义《三礼图》，冕服从《周礼·司服》郑注，无日、月、星辰三章。其所图太常，日圆、内立三足乌一，尾近斿。月亦圆，大略与日等，中立一兔，持杵捣臼，面斿。

王宇清先生《冕服服章之研究》："东汉孝堂山石室画像，其日月文皆作等大同式之圆形，其一内有鸟形文，其一内有蛙形文。朝鲜平安南道大同郡贞柏里出土之汉镜，及双楹冢壁画，亦皆有类似孝堂山汉画日月之图像；惟双楹冢壁画之鸟为三足；孝堂山汉画及贞柏里出土汉镜，亦有日月内乌、蟾文，乌则掩不见足。""日本中村不折、小鹿青云合著《中国绘画史》，就中国古代陶器及各种工艺品，推考中国衮衣图文之日、月，亦绘两圆形，其中一绘三足乌，一绘捣臼兔。及《云笈七签》卷七十二《大还丹契秘图》，有日月二图，亦为三足乌及捣臼兔。"又："敦煌壁画五代时画像，有标为'大于阗国大明皇帝’者，其冕服有日月等服章，其两肩之日月，亦为圆轮，图像已漫漶莫辨，日轮内之痕迹，形似三黑色‘高足酒杯’之横排连立，可推其原形即‘三足乌’^{图版九}，此乃一实象范例。”是日中惟乌，月则兔、蟾之异。以下引王宇清《冕服服章之研究》，简称王著。

　　乌、兔之说，始见《天问》：“厥利维何，顾兔在腹。”马其昶《屈赋微》引毛奇龄曰，兔本善视，故《礼记》曰，兔曰明视。又：“羿焉彃日，乌焉解羽。”王逸曰：《淮南》言尧时十日并出，草木焦枯，尧命羿仰射十日，中其九日，日中九乌皆死，堕其羽翼。《淮南子·精神训》：“日中有踆乌，_{高注：踆犹蹲也，谓三足乌。}而月中有蟾蜍。日月失其行，薄蚀无光⋯⋯”刘向《五经通义》马国翰《玉函山房辑佚书》：“日中有三足乌，月中有兔与蟾蜍。”《春秋纬·运斗枢》：“行失瑶光，则兔出月也。阴不衔阳，故兔出月。”则月中以兔为常。近年长沙马王堆出土西汉早期女墓，有彩绘帛画（幡），日中一乌二足；月为牙状，且蟾蜍、兔并见。

乙　日月中无物

　　《中华国宝》载唐阎立本绘晋武帝司马炎像，当肩二等圆中空。明王圻《三才图会》所载冕服，日月亦然。黄以周《礼书通故》绘天子衮服，当肩二圆皆半见，示另一半在肩后也，然亦无物象在其中。张末元《汉朝服装图样资料》，肩上二圆右白左赤，中似无物。王氏《服章之研究》：“莫高窟一五六洞帝王图封面作两圆圈，凡此两圆圈，自系日月两章无疑。此两圈等大，内部皆空白无文。”此图载王著封面，风格姿式与阎立本绘司马炎像，如出于一手。王著又云：“司马居《尼山圣像记》有谓左日而右月。”

星 辰

王著以"辰"义有二,当辨明,引《益稷》孔疏:"郑玄云,星,谓五纬也;辰,谓日月所会十二次也。星、辰异者,彼郑以遍祭天之诸神十二次也。……故令辰与星别。"孔已辨之云:"此云画之于衣,日月合宿之辰,非有形容可画,且《左传》云三辰即日月星也。""《左传·桓二年》云,三辰旂旗,昭其明也。三辰,谓日月星也,故日月星为三辰。辰,即时也。三者皆是示人时节,故并称辰焉。传言此者,以辰在星下,总上之三事为辰,辰非别物也。"余萧客《古经解钩沉》:"贾逵《古文尚书》训六宗云,日宗、月宗、星宗、岱宗、海宗、河宗。"不数辰。郑玄于《尚书》此义,与《周礼》《大宗伯》柴祀日月星辰。分别甚了,以郑云十二章也,且辰不可画,故《书》之附辰于星下,了无别义。陈氏《礼书》卷二云五星十二次,盖误。

甲 三星

聂图衮衣无星,太常则三星鼎列,二星上下直列近杠,相距约星体小圆圈若《说文》古文所象。之三倍,另一星近斿,有二画与他二星相连。黄氏《礼书通故》作 ∞ ,与聂图 ∞ 仅异向耳。黄氏亦绘星于右袂。张氏《汉朝服装图样资料》,帝衮服二肩臂之交各见三星,而不见连画。王著:"《星经》云,三公三星,在斗柄东,和阴阳,齐七政,以教天下人。……其职守与北斗近似,堪与北斗并列,而上配日、月。"又云:"服章之三星断为织女,似较取三公三星尤具实物之力量。"实物之证即孝堂山石刻……日边缀三星,成三角形,如覆磐,其下坐一人作织布状,盖即织女。见图版一。

乙　七星

《穆天子传》:"甲辰,天子南葬盛姬于乐池之南……日月之旗,七星之文……龙以建旗。"是三辰与龙并见于旗。《益稷》孔疏云:"盖画北斗也。"黄以周《衮服图》左袂即北斗。王著:"孝堂山石刻汉画,有月右七星图象,七星即北斗。"又云:"《史记·天官书》亦有'北斗七星,以齐七政'……故持取北斗七星以匹日月,而为衮服之服章。此就中国传统服装思想言之,殊有至意存焉。"王氏之意及证,足以支持黄以周图也。

丙　五星

《周礼·大宗伯》:"以实柴祀日、月、星、辰。"注:"玄谓……星谓五纬,辰谓日月所会十二次。"疏:"五纬即五星,东方岁星,南方荧惑,西方大白,北方辰星,中央镇星。言纬者,二十八宿随天左转为经,五星右旋为纬。案《元命苞》云,文王之时,五星以聚房也;《星备》云,五星初起牵牛。此云星,明是五纬。又案《星备》云,岁星一日行十二分度之一,十二岁而周天;荧惑日行三十三分度之一,三十三岁而周天;镇星日行二十八分度之一,二十八岁而周天;大白日行八分度之一,八岁而周天。辰星日行一度,一岁而周天。"《淮南子·天文训》:"何谓五星?东方木也……其神为岁星……南方火也……其神为荧惑……中央土地……其神为镇星……西方金也……其神为大白……北方水也……其神为辰星……岁星……十二岁而周。镇星……二十八岁而周。"《中文大辞典》:"木星 Jupiter,亦称岁星,太阳系九大行星中之最大者……绕日一周约需十一年三百一十五日。""土星 Saturn，旧名镇星……其大次于木星……二十九年一百六十七日绕日一周。""火星 Mars，亦名荧惑……色赤……公转周期约为一年三百二十二日。""水星 Mercury，亦名辰星……公转周期……约八十八日弱。""金星 Venus，亦名明星、启明、长庚、太白。……绕日一周约需二百二十五日。"则星备于岁星、镇星之运行，与今日天文学所测极近，余则有差也。是郑氏以五星为行星，以此五星之行与恒星异。而《周礼·大宗伯》："以槱燎祀司中、司命、飌师、雨师。"注："郑司农云……司中，三能三阶也；司命，文昌宫星；飌师，箕也；雨师，毕也。"是行星与恒星分祀，故郑以星为五星，尤其知此五星与日月合祀，洵为卓识。唯释辰为次，或有可议。陈祥道《礼书》卷之一从之。

星之数，或三或五并可，不必拘泥星座或行星，但取其照临而已。李孝定先生《甲骨文字集释》，载前编七·二六·四片，作🔠，"高田忠周释'星'，又作'品'后下九·一，🔠甲编六七五，晶佚五〇六"。《说文》曐、曑、星连次，实即一字之重文。"晶"训精光，即星光。或三或五，示其多耳。甲文方形者，契刻为圆不易也，其排列作"品"形，或如《春秋合诚图》云"正方"，皆示星之散布，极少成一直线耳。

山 龙

《考工记·缋人》："山以章，水以龙。"注："章读为獐，獐，山物也，在衣，齐人谓麋为獐。龙，水物，在衣。"疏："马氏以为，獐，山兽，画山者并画獐；龙，水物，画水者并画龙。郑即以獐表山，以龙见水。此二者各有一是一非。古人之象，有山不言獐，有龙不言水；今记人既有獐有水，止可画山兼画獐，画龙兼画水，何有弃本而遵末也。"以章训獐，首马氏，郑氏从之而以獐表山，故贾以之为非；《记》云水以龙，马氏以画水而兼及龙，不合古重山龙之文，故贾非之。贾义山、龙而已。

王著引原田淑人先生云："汉代十二章中之山，宁可视为实际山岳连绵之形为宜。……并举博山炉现藏台湾历史博物馆。盖上立体物，及诸铜器或织物上所见连绵之山纹为例证。且云：如就楼兰或诸因乌拉山出土之锦绣图纹以推想，应为平面连绵山岳之状，间以龙及华虫，如有象'獐'之物，亦与龙及华虫相伴，奔驰于山岳之间。细究马融之言，按其文意，汉人或有画山时附画獐之事。郑玄所云，或因就当时织物所见，释为以獐代山。"王氏辨之曰："旧籍所云十二章，在衣在裳各有定数，似应图象各别，显明易见，不至山岳连绵，龙禽獐逦迤交杂。""故冕服服章之山、龙，似以礼图之所示为是。"甚是。

《诗·豳风·九罭》："衮衣绣裳。"传："衮衣，卷龙也。"陈奂《诗毛氏传疏》："象龙曲形曰卷龙。"《小雅·采菽》："玄衮及黼。"传："玄衮，卷龙也。"笺："玄衣而画以卷龙。"《说文》："衮，天子享先王，卷龙绣于下裳，幅一龙，蟠阿上乡。"《左传·桓二年》："衮冕黻珽。"孔疏："龙首卷然。"《昭二十五年》："为九文。"孔疏："龙舒卷，变化无方。"大抵皆盘曲之状。然孔疏又云："龙为腾跃之形。"龙之腾跃，状亦弯曲，孔意当无甚别。

《觐礼》："侯氏裨冕。"注："上公衮无升龙。"疏："案《白虎通》引《礼记》曰，天子乘龙载大旗，象日月升龙。传曰：天子升龙，诸侯降龙。以此言之，上得兼下，下不得僭上，则天子升降俱有，诸侯直有降龙而已。……《白虎通》云诸侯降龙者，据衣服而言。"

李氏《甲骨文字集释》，载"山"作〖图〗甲编三六四二。《金文正续编》作〖图〗父乙斝，亦作〖图〗山御簋。推之冕服，"山"文当为叠岭层峰之形。《考工记》"山以章"之"章"，当训为"重巘叠嶂"之"嶂"与？

《故宫铜器选萃》："作册大方鼎，腹四面上端饰双尾龙纹，二龙并首横列之形。龙身由首后成水波形，向左右伸展，作带状，尾向内钩，龙身上下饰圆点纹。"其图版龙身有菱形斑，斑有圆点。台湾历史博物馆陈列之周蟠龙方壶，耳为二龙，身舒卷上阿，孔鳞，四脚，与聂氏《三礼图》衮冕所绘极类似。

华　虫

《考工记·缋人》："鸟兽蛇。"注："所谓华虫也，在衣，虫之毛鳞有文采者。"疏："言华者，象草华；言虫者，是有生之总号；言鸟以其有翼，言兽以其有毛，言蛇以其有鳞；以首似鷩，亦谓之鷩冕也，故云虫之毛鳞有文采也。"《尚书大传》郑注："华虫，五色之虫。"《司服》注："鷩，画以雉，谓华虫也。"《王制》孔疏："必知华虫是雉者，以《周礼》差之，而当鷩冕，故为雉也。雉是鸟类，其颈毛及尾似蛇，兼有细毛似兽。"《左传·昭二十五年》孔疏："华虫即鷩雉。"《尔雅·释鸟》："鷩，雉。"郭注："似山鸡而小冠，背毛黄，腹下赤，项绿，色鲜明。"邢疏："案《山海经》，牝山之上，鸟多赤鷩。郭注云，即鷩雉也。《尚书》谓之华虫，《周礼·春官·司服》职云鷩冕，七章之服也，画此鷩雉。"《说文》："鷩，赤雉也。从鸟，敝声。《周礼》曰，孤服鷩冕。""鵫，鵫雗，鷩也。"段注："师古注《上林赋》曰，鵫雗，鷩也，似山鸡而小，冠、背毛黄，腹赤，项绿，尾红。按许云赤雉者，不必全赤，谓赤多也。"

《内司服》："掌王后之六服，袆衣、揄狄、阙狄、鞠衣、展衣、缘衣、素沙。"注："玄谓，狄当为翟，翟，雉名，伊洛而南，素质五色皆备成章曰翚，江淮而南，青质五色皆备成章曰摇。"《尔雅·释鸟》文。疏："袆当为翚，即翚雉，其色玄也……摇雉，其色青也。"《内司服》郑云："祭先王则服袆衣，祭先公则服揄翟。"是华虫之用于女服也。贾疏云：其色玄也，其色青也，乃指袆衣及揄狄衣言。此以华虫为一物之说。吴承仕《三礼名物》："鷩冕服，衣三章，曰华虫，曰火，曰宗彝。"从之。

《益稷》孔传："华象草华；虫，雉也。"孔君疏合之为一章。孙氏《尚书今古文注疏》："杜氏注云……华若草华……以华、虫为二，与郑说不同，伪孔传及疏引顾氏取先儒等说同之，盖不可从。《伪孔传》及顾彪之说，具见上文。郝敬亦主分为二章，《尚书辨解》："华，花也；虫，禽鸟也。"然又云："虫之为虫蛾也甚明。"是又主为蛾，而非雉。此华、虫二分说。

王闿运《尚书大传补注》："华黄声转；虫，盛也，聚也，盖绣花橤之状。"是华虫一物，而为花蕊，非雉之说。

总上三说，仍以郑氏近是，余皆好为异说者也。王著引原田淑人《汉六朝的服饰》有云："华虫不独限于雉，而为有华丽之毛鳞之动物之意。"则品类繁矣，何以取舍？若无定准，何称法服？舜一一列举，且命曰："作服，汝明！"必有常章明矣。

盖舜所云华虫者，即凤也。《广韵》"凤"，冯贡切，奉纽，送韵；"虫"属东韵，二者叠韵仅平去之异；"华"切户花，匣纽。冯、匣虽唇、喉之别，然古从"每"之字，如悔、晦、海，则为喉音 X-。见董同龢先生《中国语音史》。摩，从手，靡声，"靡"则为唇音 M-。闽南语"凤"为喉音 X–，"飞"为喉音 X–，客家语"华"为唇音 f–。是华虫急读，音近于"凤"。《甲骨文字集释》第四："王氏国维曰:'卜辞屡云其遘大凤，即其遘大风，《周礼·大宗伯》䲹师从䕫，而卜辞作凤，二字甚相似。'予案此说是也。考卜辞中诸'凤'字谊均为'凤'，古金文不见'凤'字。《周礼》之'䲹'，乃卜辞中'凤'字之传讹，盖讹平为🐦，讹'凡'为'凤'耳。据此知古者假'凤'为'凤'矣。"此罗振玉氏引王国维氏说，并引《周礼》证之。王静安以"凤"，卜辞用为"凤"义，罗氏引《周礼》䲹师以证成其说，甚是；然罗氏云"䲹"乃"凤"之讹，则非是。"凤"在甲骨文，有独体象形者，亦有加"月"为声符而为形声字者。见李氏《集释》一三六一页。《周礼》从䕫声之"䲹"，乃保存"凤"字古音之最佳证明。"䲹"为喉音，由此可证华虫二字合音成"䲹"，"䲹""凤"古通叚，是华虫为"凤"之音证。《尔雅·释鸟》："桃虫，鹩。"是虫亦以名鸟。

《故宫铜器选萃》："邢季夐尊，颈饰鸟纹一道……腹饰凤纹。"今察其羽毛，极类孔雀，而甲、金文"凤"字诸体与《说文》古文，皆头小尾丰而修，《两周金文辞大系考释》引啸堂第二器"凤"作🐦。雉虽华美，然尾薄体细，不足与龙并列于服也。鸟类之羽毛华美若雉者亦不鲜，何独享华虫之名? 华者，花也。唯孔雀，或古凤之尾彩及"开屏"若花朵及其开放也。《司尊彝》"鸟彝"郑注云：刻而画之，为凤皇之形，是以彝器有凤纹。

《两周金文辞大系考释》页一七："归生凤于王。"郭氏以为即"南洋之极乐鸟，土名为 Banlock"。盖凤之于孔雀，或系同种。古中国气候颇热，相传舜耕以象，近年北极发现象之遗骸，安徽寿县出土象骨，据考有万年以上。则今日热带之动物，或亦栖古华夏之域也。龙为鳞长、凤为羽长，故取象焉。

《考工记》云：“鸟兽蛇。”《说文》：“凤，神鸟也。《天老》曰凤之象也，麟前鹿后，段注：各本作鸿前麐后。蛇颈鱼尾，段注：鱼尾下有鹳颡鸳腮。龙文龟背，燕颔雉喙，五色备举。”《尔雅·释鸟》：“鶠凤，其雌皇。”郭注：“鸡头蛇颈，燕颔龟背，鱼尾，五彩色，高六尺许。”邢疏：“《山海经》曰：丹穴之山，有鸟焉，其状如鹤，阮校：“浦镗云鸡误鹤。”非是。鸡矮小，鹤高大。五彩而文，名曰凤，首文曰德，翼文曰顺，背文曰义，膺文曰仁，腹文曰信。是鸟也，饮食自然，自歌自舞，见则天下大安宁。京房《易传》曰，凤皇高丈二，汉时凤皇数至，《汉书》云高五六尺，是说凤皇之状也。”高六尺许，非矮小之雉足以当之，饮食自然，自歌自舞，非雉之性也，此皆足以证凤即孔雀。孔雀之种类少，不如雉之繁杂，故可定其形，取为服章也。又雉性忌疑，见人辄惊避，与王、后之德容不称，皆足以反证其非华虫也。

又：凤，《说文》：“鹏，亦古文凤。”段注：“庄子书《逍遥游》化而为鸟，其名为鹏。崔云：古凤字。”是为大鸟，“鹏”唇音，“凤”喉音，而“鹏”字从朋声亦形声兼会意，孔雀即大鸟之义。是凤为孔雀，声义皆合也。郑康成刻意欲合《尚书》《周礼》之义，乃训华虫为雉，后世宗之；或亦觉其说终未浃，转生别义，愈远经旨。王宇清先生参证文物，乃云：“何故先儒释冕服之华虫为雉，而不为凤，似不可解。……周之王后六服中有翚衣、鹬衣、翟衣；翚、鹬、翟皆雉，以此类彼，华虫即雉之说，自属可信。但后世服章沿袭，有易雉为鸾凤者……然自东汉以下，历世服章无一不以华虫即雉者。”王著六十五页。犹复出而入之。今为意说，兼举形、音、义及实物诸证如上，其庶几乎？

火

《考工记·缋人》：“火以圜”注：“郑司农云，为圜形似火也。玄谓形如半环然，在裳。”《左传·昭二十五年》：“为九文。”杜注：“火，画火。”孔疏：“如火，向上。”此以火为画形说。

《益稷》：“藻、火、粉、米。”孔传：“火为火字。”孔疏：“火为火字，谓刺绣为火字也。”并辨《考工记·缋人》之“火以圜”云：“《记》是后人所作，何必能得其真。今之服章，绣为火字者，如孔《伪孔传》所说也。”《左传·昭二十五年》疏亦云：“杜言火，画火，盖同孔安国为火字也。”此以火为字形说。

火为物形，二郑虽有圜与半圜之争，其实义不殊也。先郑所云圜，意同冕延前圆后方之圜，亦半圆耳。参见上章。圜形似火，非谓如日。后郑训半圜，乃的诂。《甲骨文字集释》所录，火作 ψ 后下九·一，ⱴ 前四·十·九·七。《金文正续编》作 ⱴ、ⱴ，炎、燮等字所从。虽有填实虚中之异，其或与山难判，而其为形如火焰则同，由此可见郑氏义不磨也。

火为火字，说亦近之。文字草创之初，图与文本难分，就舜时而言，云画火文，不亦可乎？若孔颖达君据后世服章为火字，而尊孔《伪孔传》抑郑，则其误也明甚。何则？服章之取实物者，必画其实物，乃得“致美乎黻冕”也。否则，山画山字，火画火字，何章之有？

宗　彝

《尚书·皋陶谟》郑注："宗彝，谓宗庙之郁鬯樽也，故虞夏以上，盖取虎彝、蜼彝而已。"_{马融云：宗彝，虎也。《释文》以为郑云。}《司服》注："毳，画虎、蜼，谓宗彝也。"疏："宗彝者，据周之彝尊有虎彝、蜼彝，因于前代，则虞时有蜼彝、虎彝可知。若然，宗彝是宗庙彝尊，非虫兽之号，而言宗彝者，以虎蜼画于宗彝，则因号虎蜼为宗彝，其实是虎蜼也。但虎蜼同在于彝，故此亦并为一章也。虎取其严猛，蜼取其有智，以其卬鼻长尾，大雨则悬于树，以尾塞其鼻，是其智也。"《司尊彝》："其朝践用二献尊，其再献用两象尊。"注："献上'献'字读为牺，牺尊饰以翡翠，象尊以象凤皇。或曰以象骨饰尊。《明堂位》曰，牺、象，周尊也。《春秋传》曰，牺象不出门。"_{郑司农以献读牺，是也；释为翡翠及凤为象尊之形，则非是。段玉裁《周礼汉读考》："《周礼》字作献而必易为牺者，元寒、歌戈两部通转之理，如《尚书·大诰》民献，欧阳、夏侯作民仪，《大射仪》献读为沙……王肃、刘杳不知此，乃云牺、象二尊，形如牛、象，真妄说耳。且云鲁郡、青州皆于地中得牺尊为牛形，此尤不可信。"段氏通其音读是也，谓王肃之以牺象为牛象之形为妄，则非。王肃之义是也，陆氏《释文》云："两'献'，本或作'戏'。"陆氏所见或本不误，今本上"献"字本作"戏"，因下"献"字而误，以两字形音皆近易讹。"伏牺"亦作"庖牺""伏戏"，是"牺""戏"音同也。}郑玄未明谓宗彝与虎蜼器图并见于服，抑但绘虎蜼为章，贾氏则直言舍器取象。此宗彝之说者一。

《益稷》孔疏："《周礼》：宗庙彝器有虎彝、蜼彝，故以宗彝为虎、蜼也。"《王制》孔疏："宗庙彝尊之饰，有虎蜼二兽……不言虎蜼，而谓之宗彝者，取其美名。"则孔氏以器图并取。此其说者二。

司尊彝："祼用虎彝、蜼彝，皆有舟。"注："郑司农云……'蜼'

读为'蛇虺'之'虺'，或读为'公用射隼'之'隼'。"疏："无所依据，故后郑不从也。"《尔雅》云，蜼，禺属。彼注云，蜼似猕猴而大，黄黑色，尾长数尺，似獭尾，末有歧，鼻露向上，雨即自悬于树，以尾塞鼻，或以两指。"贾氏以虎、猴同类，故以先郑虺、隼之说为非。

聂氏《三礼图》从贾疏，绘虎、猴；江永《乡党图考·冕服九章图》从之。孔氏疏"器象兼取"说，陈祥道《礼书》《卷之一》、陈希逸《考工记解》、黄以周《礼书通故》《名物一》，从之。陈祥道《礼书》卷三"毳冕"又作麝毛形。吴承仕《三礼名物》亦以虎蜼为一章，即宗彝也。

藻

《尚书大传》："璪、火，赤也。"《说文》："璪，玉饰，如水草之文。《虞书》曰，璪火粉米。"段注："雕饰玉之文。"孙氏《尚书今古文注疏》："言璪火象冠玉之藻文，谓之藻火，亦当如《大传》云璪火赤也。"此璪玉说也。

《尚书·皋陶谟》郑注："璪，水草，苍色。"孔疏："《诗》云，鱼在在藻，是藻为水草。草类多矣，独取此草者，谓此草有文故也。"《左传·昭二十五年》杜注："藻，水草。"《益稷》伪孔传："藻，水草有文者。"《司服》贾疏："藻，水草，亦取其有文，象衣上华虫。"郑氏以伏传作"璪"为假借字，当以经文为正。此水草说。

陆玑《毛诗草木鸟兽虫鱼疏》于以采藻："藻，水草也，生水底。有二种：其一种叶如鸡苏，茎大如箸，长四五尺；其一种茎大如钗股，叶如蓬蒿，谓之聚藻，扶风人谓之藻，聚为发声也。此二藻皆可食，煮挼去腥气，米面糁蒸为茹嘉美，扬州饥荒可以当谷食，饥时蒸而食之。"俞樾《诗名物证古》："陆氏以此二种皆为聚藻。"非。聂图"藻"作，江永《乡党图考》作二本呈圆形。《三才图会》作粒状链二成同心圆。黄氏《礼书通故》一本直立，高茎大叶，盖本陆疏，而取叶如鸡苏者。

吴其濬《植物名实图考》卷十八："零娄农曰：藻火缔绣尚矣。涧溪蕰藻，可羞，可荐；后世屋上覆橑，谓之藻井；以画，以织，名之曰黼；取其洁，取其文，取其襄火，不以贱而遗之也。"

陈祥道《礼书》卷之三所图藻草，形似柳叶，是取陆氏疏所谓鸡苏状者，宋以后之图者从之。《诗·召南·采蘋》："于以采蘋，南涧之滨。于以采藻，于彼行潦。"毛传："藻，聚藻。"陆氏《释文》云："韩诗云……浮者曰藻。"则陆玑以叶如蓬蒿者乃《诗》义也，是聂崇义图所绘，乃唐朝以前之义，唯仅作，乃不及茎耳。聂图近是。张末元同之而有茎，可从。

粉　米

《说文》："黺，衮衣山、龙、华虫。黺，画粉也。……卫宏说。""絈，绣文如聚细米也。"《益稷》孔传："粉若粟冰，米若聚米。"孔疏："粉若粟冰者，粉之在粟，其状如冰。米若聚米者，刺绣为文，类聚米形也。"

王与之《周礼订义》卷三十六："郑锷曰：希冕唯有粉米黼黻三章，其章为罕，故其字用'希'，本又作'絺'字。粉、米两物共为一章，言粉其米以为章。"王宇清先生《冕服服章之研究》七十五页。亦与郑锷义同："据李时珍说，粟乃粱之细者。孔传'粉若粟冰'，其粒之大小

127

必小于米，此尤'粉''米'异文之证。……其所聚绘之形，为圆为方？为椭圆为菱？载籍并无状述。惟见《三才图会》及《礼书通故》皆作满月形，衡情度理，似可采信。"作圆形始见于聂图，非始于王圻。

焦循《尚书补疏》："作小圆为粟文者，黼也。作冰裂文者，黼也。"此确指其形者也。

《尚书》郑注："粉米，白米也。"《左传》杜注："粉米若白米。"孙氏《尚书今古文注疏》："《说文》：粉，傅面者也。粉，白色，故曰白米。""盖以粉分画界域，绣以成文也。"又云："盖谓绯文靡细。"陈祥道《礼书》卷之一："粉米，其米也粉。"聂图粉米有三式：王之毳、绨作⬡，三公毳作⬢，侯伯子男者作⬤，《三才图会》、黄氏《礼书通故》略同，米粒平置，排成链状大小数圈。江氏图似聂图第二式，而粒圆增多。

《典瑞》："子执谷璧。"又："谷圭以和难，以聘女。"注："谷圭，亦王使之瑞节。谷，善也，其饰若粟文然。"疏："以其称谷，若谷粟然也。"惠士奇《礼说》《玉人谷瑑》："郭景纯云《山海经·西山经》：玉有粟文，所谓谷璧。"《尔雅·释草》："粢，稷。"郭注："今江东人呼粟为粢。"陈启源《毛诗稽古编》《黍离》："粟乃粱类，非稷也。"《鸨羽》："古以粟为谷之总名，自汉以后，始以名粱之细粒而短芒者，今北土皆食之，呼为小米。"是粟文为玉饰，及与米之别。

《故宫玉器选萃》："周旧玉谷纹璧……内圈谷纹。"又："周旧玉璜……两面均饰谷纹。"亦以饰环，如："周旧玉谷纹环……两面均饰谷纹。"如此可见聂图作⬤，或⬢，皆有据；其作⬡者，疑为米。

黼 黻

《考工记·缋人》：“白与黑谓之黼，黑与青谓之黻。”《诗·小雅·采菽》：“玄衮及黼。”传同。《说文》：“黼，白与黑相次文，从黹，甫声。”“黻，黑与青相次文，从黹，发声。”《典丝》：“共黼画组就之物。”注：“白与黑谓之黼。”《淮南子·时则训》：“黼黻文章。”高注：“白与黑为黼，青与黑为黻。”皆唯言其色，不及其形。

甲　黼黻二文说

《尔雅·释器》：“斧谓之黼。”《觐礼》：“天子负斧依于户牖之间。”注：“依，如今绨屏风，有绣斧文，所以示威也。”《司几筵》：“王位设黼依……加次席、黼纯。”注：“斧谓之黼，其绣白黑文原作‘采’。”《明堂位》：“天子负斧依南乡而立。”注：“斧依，为斧文屏风于户牖之间。”《檀弓》：“加斧于椁上。”注：“斧谓之黼，白黑文也。”是《仪礼》《礼记》“斧依”作“斧”，《周礼》作“黼”，《尔雅》通其音义，郑氏从之。郑氏云“白黑文”，则不仅言其色也；云“斧文”，即质言其形，然不得径谓郑义即“斧斤”之“斧”。郑谓“所以示威也”，威者，仪也，以有饰为仪；若云以斧钺示威，则执戟之士多矣，何用画为？且椁上画“斧”，无此作用矣。此皆边饰以黼文；“斧”者，叚借字。

扬雄《法言》《学行》：“吾未见斧藻其德，若斧藻其楶者也。”此本《论语》：“吾未见好德如好色者。”“斧”当释为“黼”，与“藻”同为饰楶之文饰，此用为动词，言彰明其德也。盖扬子云仍用“黼”形也。

《益稷》孔传："黼若斧形，黻为两己相背。"孔疏："孙炎云，黼文如斧形。盖半白半黑，似斧刃白而身黑。黻谓两己相背，谓刺绣为己字，两己字相背也。"《尔雅·释言》："黼黻，彰也。"郭注："黼文如斧，黻文如两己相背。"则以黼形为斧斤之斧，始于孙氏。《左传·桓二年》杜注从之。《诗·小雅·采菽》："玄衮及黼。"笺："黼，黼黻，谓绨衣也。"孔疏："黼，黼黻者，引类以明之，非黼黻为一也。"《司服》注："黼黻刺绣。"疏："黼谓白黑，为形则斧文，近刃白，近上黑，取断割焉；黻，黑与青，为形则两己相背，取臣民背恶向善，亦取君臣有合离之义、去就之理也。"

黼画斧斤之形，不见聂图。<small>黼翣画若草叶或羽形。</small>以下之图《礼》者，悉作刃白銎黑形。然聂于宸所图，则为斧斤之形，故仍可推知其服章，盖亦从孙叔然之言。黻，聂图以下悉作亞。

《汉书·韦贤传》："黼衣朱绂。"颜注："黼衣，画为斧形，而白与黑为彩也。朱绂，为朱裳，画为亞文也。亞，古'弗'字也，故因谓之绂，字又作'黻'。"阮元《揅经室集》《释黼》："自古画象则作弜形，明两弓相背戾，非两己相背戾也。两弓相背，义取于物，与斧同类。……各传注所言两己者，岂非两弓相沿之误与？……今俗本《汉书》《文选》皆讹为亞。……经传中'弼''佛''弗'义每相通，字或相假，音亦相转。《说文》'弼'解曰辅也，重也。辅者，以辅戾弓之不正者……重者，二弓也。"宋祁已云，"亞"为"弜"之误。

乙　黼黻一文说

《文选》张衡《思玄赋》："袭温恭之黻衣兮，被礼义之绣裳。"李善注："黻，黼也。五色备曰绣。善曰：《毛诗》曰，君子至止，黻衣绣裳。"《经籍纂诂》云为旧注。

丙 同形异色说

屈师翼鹏《书佣论学集》"释黹屯"云:"据古彝器,黹形作❉、
❉、❉、❉。"清末刘喜海、严铁桥和蒋嗣曾合摹宋本《薛氏钟鼎彝器
款识》,释文多作"黹屯",屯字释从略。疑为后人改者。释为"黹屯",
当始孙星衍《续古文苑》;孙诒让《古籀拾遗》云,即《书·顾命》
黼纯之省,谓以黼文为玄衣之缘也;唐兰同。《殷墟书契前编》卷四
第三十八叶七片作❉,《战后京津新获甲骨集》第四六三二片作❉,
《殷墟文字类编》卷七说:祚案,王征君说,此殆是黻字,所谓两己
相背者,形当如此。师奎父鼎作❉,颂敦器作❉,与此略同。多与
"屯"字连文,谓黻纯也。原文颇长,节译如上。

又云:"孙诒让说,金文里的'黹屯',就是《尚书·顾命》里的
黼纯,这一说本来不错,但孙氏竟忽略了《顾命》里的黼纯,乃是
指席子的边缘而言;而席子是无法加以刺绣的。孙氏不误,席可以刺绣。
《司几筵》:"加次席、黼纯。"是其证也。《仪礼》所见筵席,屡言缁布纯,乃以缁布为
缘,不刺绣花纹为异耳。王之席,以刺绣黼文之布帛,纰于席畔也。黼纯固然有在
裳上的,但金文里既常见'玄衣黹屯'的话,可知这黼纯也可以在
衣上。"并见于衣裳,殷小屯跪葬残石雕可证其是。

又云:"徐灏又以为当作❉形……说,黻,古文作市,即蔽前之
韠,此以其刺绣而从黹也。两己相背,盖作❉形,而刺绣于其间,
市有朱赤之色,则黑与青其坼鄂之缘欤?❉正象韠形。"徐氏说似两可,
既象两己相背,为❉,又云象韠形。

又云结论:"'黹'当是某种花纹的象形字;这从甲骨文和金文中
'黹'的字形看来,当可断定。后来加上甫、友,处这些注音的偏旁
之后,本来是表示同一花纹的不同颜色,但后世解说的人,却把黼

黻两字说成两种不同形也不同颜色的花纹，把'黻'字说为'两己相背之形'，还保持了原义。……黹黹黹等字形中间的花纹，显然是象征两己相背，或互相钩连之形，但它们上下的四直笔或三直笔，是象征什么呢？我以为那是象征上下边缘之外的饰纹。……'黹'是这种花纹的象形字，它的音读，被'黼'字保存下来；它的意义，被'黻'字保存下来。"则以"黼""黻"原为一文，为两己相背或互相钩连之形。此说于肇基，当为不刊，于《诗》《礼》，似有未浃。盖"黼"为回文形，而"黻"为绚文形。详本章第五节。

丁　始同后分说

王宇清先生《冕服服章之研究》黼黻："古人习称为云雷文者，显即黼黻文。谭旦冏先生《饕餮纹的构成》一文有谓：'雷纹，宋人称为云雷纹是不适当的名词，现在有人呼之为回旋文。……单独的一涡纹，为古文"回"字形。'……《说文释例》则认为地道右行，右旋之涡纹象渊，左旋之涡纹象雷。其说可为黼黻两文原形之注脚。_{王筠说谬甚，渊云之舒卷回旋，左右南北任何方向皆有也。}窃谓黼文之原形应为三角式回旋文；黻文之原形为方式回旋文。原田淑人先生则认为黻文两己相背之状，系属夔龙文之一变形，并举图绘以为证明。此说亦合理，且与谭说有相互引发处。"

又云："窃以为：黼黻两文，其始也同源，且两字读音谐近，又必始同而后分。载籍以白黑相对之斧代黼，以两己相背之文为黻，似属古人望文生义，欲成其说。盖黼斧同音，原始之三角回旋黼文，有锐角似斧，因生联想而以斧代黼，黼斧互训。至于黻文，因背向回转，其曲似'己'。……'黼''黻'两文，原文并蒂而孪生，因其锐方异形而异名，故谓之'后分'；然其始皆肇胎于涡状回旋文之应用，此即宋人所称之云雷文，故始也同源，因谓之始合。回旋文，则进为形同两己相背而不具涡状之屈曲文。”

又云：“此种方形回旋文于甲骨文、金文为‘雷’字，故宋人称此等回旋文为云雷文，并非无因。甲骨文、金文之‘雷’字，不仅状似回旋文，又与‘电’字、‘申’字、‘神’字为一体。其初形，甲骨作＜甲骨字形＞、＜甲骨字形＞、＜甲骨字形＞、＜甲骨字形＞、＜甲骨字形＞、＜甲骨字形＞；金文之‘雷’作＜金文字形＞、＜金文字形＞、＜金文字形＞……其中，甲文之＜甲文字形＞、＜甲文字形＞、＜甲文字形＞之“＞”“∇”“ξ”，皆有石器时代石斧、青铜时代铜斧之象，而与三角形回旋文同。”_{此说非是。回旋文似“云”字初文，决非“雷”字之甲文、金文。金文、甲文之“雷”字，亦不似回旋文。甲文作三角形者，因刻圆不易也，其与斧天渊之别。此不论。}

王氏以始为涡纹谭旦冏先生《饕餮纹的构成》，见《包遵彭先生纪念论文集》：“单独的一涡文，为古文‘回’字形。”后分别衍生三角形者，为黼文，因其似斧；方形者，背向回转，为黻衣，因象两己相背。然王著图版一九载战国黼黻文瓦及棺木残片，方形之己形与三角形之己形并现，三角形特方形之变形耳。如其图版二十殷黼黻文白陶器罍，其三角形之文乃方形之回文，为迁就条纹之转折而不得不作三角形也，实皆为回形。《故宫铜器选萃》载商雷纹罇腹上、史鼎足上之方形者，悉皆此类，不得谓与方形回纹异。

又，谭说涡纹即古文“回”字形，则宜云方形之“回”文，象二己相背者，乃“回”文之组合；方形名斧文者，“回”文之变异也。

第三节　服章之色饰

壹　服章之色采

日　月　星

甲　日赤，月星白说

《史记·武帝本纪》："泰一祝宰则衣紫及绣，五帝各如其色，日赤、月白。"《左传·昭二十五年》："为九文。"孔疏："日之质赤，月、星之质白。"阎立本《司马炎像》，左赤右白，张末元《汉衮冕图》亦然。王著引《司马居尼山圣像记》，有谓左日而右月，则左赤右白是也。雷镈同，然又自异其说。参见下文。

乙　星黄说

《春秋合诚图》："大帝冠五采，衣青衣，黑下裳，抱日月，日在上，月在下，黄色正方居日间，名曰五光。""正黄而名之曰五光者，盖以黄为质。"衣青，日在上，则五光而色黄者，星也。

丙　星五色说

雷𬭚《古经服纬》卷上："斗象七政，一赤，二白，三赤，四黄，五黄，六青，七白也。""周人之制……王之服有三辰、山、火。卷备升龙、降龙，故曰袾卷。朱者，三辰。"是前后说异。

五星中，唯荧惑赤，余多白。然星多白，宜从甲说。

山　龙　华虫

《尚书大传》："山龙，青也；华虫，黄也。"孔广林《通德遗书辑》作："山龙，纯青；华虫，纯黄。"《考工记·缋人》："山以章，水以龙，鸟兽蛇，杂四时五色之位以章之，谓之巧。"《司服》注："华虫，五色之虫，《缋人职》曰，鸟兽蛇，杂四时五色以章之，谓是也。"贾氏义与郑异；"杂"以下十三字，总上数章言。《尚书大传》郑注："玄或疑焉：华虫，五色之虫。"是对伏传"华虫，黄也"而发；故于《考工记》"鸟兽蛇"注："所谓华虫也，在衣。虫之毛鳞有文采者。"惑虽不及山、龙，然亦未云山、龙是否为纯青之色。

雷𬭚《古经服纬》："山为一章，《记》所谓土以黄，其象方，山以章也。"则以山为黄。又云华虫即朱雀，则其色赤。又云："升龙色黄，降龙色青。"

宗　彝

黄世发《群经冠服图考》："山则取赤白二色。"《尚书大传》："宗彝，白也。"

《通德遗书辑·大传》作"纯黑"，郑疑未及之，亦未云其色。《司服》郑氏以虎、蜼释之，而虎、蜼之色亦不一，然亦非纯一无杂之色。要之，龙青，宗彝白。自来礼家皆云青龙，以配东方，则郑氏或亦以虎、蜼为白。孙氏《尚书今古文注疏》:"马氏以宗彝为虎,疑与青龙相对,西方金色白也。《释文》以为'宗彝虎也',乃郑氏言。又引《说文》彝字,从糸。糸,綮也。綮,苍艾色,艾为白蒿,亦白也。"如此取证,实迂曲矣。雷氏《服纬》:"白虎、玄武。"则兼白、黑二色。

藻 火

《尚书大传》:"璪火,赤也。"《通德遗书辑》作:"藻纯白。"郑注:"玄或疑焉……璪,水草,苍色。五采相错,非一色也。"陈氏《礼书》卷之二:"今藻色兼苍赤。"火色赤,皆无异,唯《尚书大传》增一"纯"字。火之色,目验中淡焰浓,当黄赤二色。孔疏:"藻为水草……此草有文故也。"有文,则藻非一色矣。

粉 米

《尚书》郑注:"粉米,白米也。"孔传:"粉若粟冰,米若聚米。"孔疏:"粉之在粟,其状如冰;米若聚米者,刺绣为文,类聚米形也。"焦循《尚书补疏》粉米:"作小圆为粟文者,黼也;作冰裂文者,黼也。"以冰况粉,则粉,白也。如此则二文皆白。张末元图粉米,色黄。

黼 黻

《考工记·缋人》:"白与黑谓之黼,黑与青谓之黻。"白黑二色画成黼文,无异说。《淮南子·时则训》:"命妇官染采,黼黻文章。"高注:"青与黑为黻。"《主术训》:"黼黻文章。"注:"青与赤为黻。"《说林训》:"黼黻之美。"注:"青与赤为黻。"是高诱三注而二异。

《考工记·缋人》:"青与赤谓之文,赤与白谓之章,白与黑谓之黼，黑与青谓之黻。"青、赤、白、黑，依次相配，顺序而均出见二次，《考工记》此文不误。《时则训》高注："黑与赤为文，赤与白为章。"其序为：白黑、青黑、黑赤、赤白，是黑出现三次，青但一次。其误之证一；又《考工记》："青与白相次也，赤与黑相次也，玄与黄相次也。"此对方为缋次。黼黻文章，比方为绣次。色彩之调配，有条不紊。若黑赤为文，非其次矣，此其误之证二。故高注"黑与赤为文"，当为"青与赤为文"；其"青与赤为黻"，亦"青与黑为黻"之误。

贰　服章之饰法

甲　衣绘裳绣说

《尚书》郑注："希读为黹，黹，紩也。……凡画者为绘，刺者为绣，此绣与绘各有六，衣用绘，裳用绣。"此即："日、月、星辰、山、龙、华虫，作会；宗彝、藻、火、粉米、黼、黻，絺绣。"如此句读。周衮九章，《司服》注："初一曰龙，次二曰山，次三曰华虫，次四曰火，次五曰宗彝，皆画以为缋；次六曰藻，次七曰粉米，次八曰黼，次九曰黻，皆希以为绣。"又云："布希冕，刺粉米，无画也，其衣一章粉米，裳二章黼黻，凡三也。玄者玄冕，衣无文，裳刺黻而已。"孔传亦以衣六章画；藻以下六章绣。

《说文》："衮，天子享先王，卷龙绣于下常，幅一龙，蟠阿上乡。"段注："引《书》山龙华虫作绘，云会五采绣也。此又云绣龙于裳，其释黼则曰画粉也，皆与郑正相反。"许、郑之同者，米以下。

焦循《尚书补疏》粉米："按《说文》黹部云箴缕所紩衣，黼黻黼三字皆从之；糸部云綵，绣文如聚米也；《释文》粉米，《说文》作黺黼，徐本作綵，然则黺綵黼黻皆绣也。"与郑同。

乙　衣裳皆画说

黄世发《群经冠服图考》引林樾亭之说："详读《考工记》，始悟天子十二章之略，盖具于此；而诸儒不察。且皆是画绘为之，非刺绣者。……青与赤谓之文，赤与白谓之章，白与黑谓之黼，黑与青谓之黻，五采备谓之绣。此五者下裳之章，以色之相间者为之。"以"绣"为章象，非动词。黄氏不从，是也。

丙　衣裳并绣说

宋绵初《释服》："至于画施天子之冕服，尤为未协。……然则绘者，合也。作绘者，合五采丝为之织功也。绨绣者，刺五采丝为之箴功也。衣以绘，裳以绣，上下相变，其为采色彰施则同也。绘绣对文异义，散文则通。"陈寿祺《尚书大传辑校》："《书传》所言虞制也，固与《周礼》不同。《书传》服五、服四、服三、服二、服一者，言其采色，非言其章数，前后之言，未尝相戾。……《说文》十三糸部，绘，会五采绣也，引《虞书》'山龙华虫作绘'，以《后汉书·明帝纪》'乘舆刺绣，公卿已下皆织成'考之，则《大传》五服亦皆谓绣，非画也。"

宋氏云衣织裳绣。恐虞时之织，未若汉时之进步也。《荀子·荣辱》："食欲有刍豢，衣欲有文绣。"扬雄《法言》《寡见》："非独为之藻也，又从而绣其鞶帨。"《论衡·量知》："加五彩之巧，施针缕之饰。"如此，则衣画裳绣之说有据也。又《论衡·语增》："服五采，画日月星辰。"明谓"画"，是郑说必有所本。

第四节　服章之排列

日　月　星

《春秋合诚图》："大帝冠五采，衣青衣，黑下裳，抱日月，日在上、月在下，黄色正方居日间，'日'下疑脱'月'字。名曰五光。"则日月星并在衣前当胸，首日，次星，次月。聂图太常三星，居日、月之间，是有所本。阎立本《司马炎像》，日左月右当两肩略前；黄世发、黄以周图同阎氏，而黄世发星在左襟日下；黄以周星列两袂，右三左七；张末元图星当肩臂之际。

山　龙

聂图：衮冕服重章，升龙当肩，山当肩臂之际，袂祛外侧升龙。《三才图会》龙首当肩，尾在袂祛，附有云气；山在袂内侧近腋。黄氏《冠服图考》，十二章者，龙在左襟星下；九章者，龙在两襟之交，即领下正心；十二章者，山在右襟月下，与左襟星平。黄以周图：二襟升龙，龙首相向；山在左袂星下。张末元图：龙与黄以周同；山在袂，当肘臂之际而偏外侧。《三才图会》亦重章。

华　虫

聂图：衮服，华虫为袖所掩，以鷩、毳、绨冕推之，则当胸前。鷩冕，华虫当衮冕之山处，即在肩臂之际。《三才图会》：雉在袂胡之接处，首向袂口，与其他图者华虫之方向异。《群经冠服图考》：华虫在右襟山下十二章图；在右襟，与正中之龙平九章；其引林樾亭说："龙在左、虎在右，鸟在前、蛇在后。土火山……错居于四者之间。"黄以周图：华虫于右袂星下。张末元图：华虫在袂胡，外侧。

宗　彝

聂图：虎蜼在袂口胡处，外侧。《三才图会》：二彝尊在祛胡，内侧。黄世发图十二章宗彝在裳正中一幅之中央近下，九章在裳中央一幅之中。黄以周图：宗彝在裳前左右幅之上。张末元图：在袂胡雉下略后。

藻　火

聂图：从郑义，火在袂之虎蜼之上，衮服九章，藻当在裳，为袖所掩。《三才图会》：火在袂胡，宗彝之上；藻在裳前左右上角。黄世发图十二章在裳左幅中略近下，火在右幅，与藻相对；九章藻在裳中幅正中；火从郑义，在衣之左襟山下。黄以周图：藻于裳前中幅之上，如此则藻尊于宗彝乎？火在藻下。张末元图：火在袂，且居华虫之上，与《书》及郑氏悉异；藻则在裳前中幅之中近下处，与黄世发九章图者同。

粉 米

聂图以下，粉米皆合为一章，悉本郑义。然聂氏衮服不见粉米，似为袖所掩，当在裳。《三才图会》粉米在藻下，左右相对。黄世发图十二章在裳中幅宗彝之下；九章者，亦在裳中幅之藻下。黄以周图亦当黄世发图之位。张图在藻下。

黼 黻

聂图不见黼文，黻在裳下近缘，然数目颇多；黼当有，盖为袖所掩。《三才图会》二斧分列粉米下，二刃相对，有柄。黻在斧下。黄世发十二章图在裳前左右幅下，右黻左黼；九章图亦然，唯位于幅之中，即藻之两侧，左黼右黻。黄以周图在裳前左右幅下，左斧二，銎相对；右黻，即两弓相背。张图同黄以周图。

章之列布，无正文；今之见者，始聂图，大抵依郑氏序为尊卑。毳冕亦杂陈无序。十二章者，率准《尚书》之序，然或亦有出入，如上所云者。即混于郑氏九章义也。章有前无后；唯黄世发之友林氏，乃有背上列章之言。其重章，皆非古也。黼黻文则其数当多，非如粉、米以上为物也，乃以饰边者。

第五节　觐礼之冕服

壹　王衮冕九章

《觐礼》："天子衮冕负斧依。"注："缋之绣之为九章。其龙，天子有升龙，有降龙。"《司服》注："至周……而冕服九章。"无三辰，是也，其证如下：

一、《周礼·司服》："王之吉服，祀昊天上帝，则服大裘而冕，祀五帝亦如之。享先王则衮冕，享先公、飨、射则鷩冕。"姑以周祭天之服有十二章，然觐礼接见侯觐在庙，非郊祀，故其服无日月星辰，以其人鬼，不得以天象祀之，故服为九章，无三辰。《觐礼》："天子使大夫戒曰，某日，伯父帅乃初事。"称伯父，是同姓。《士冠礼》筮日、筮宾，主人皆于庙，然后宿宾。此既有"戒"，则天子似亦当有事于庙，且《侯氏》"释币于祢"，然后觐天子于庙；天子当亦服事先王之服，以当其礼也。《觐礼》："事毕，乃右肉袒于庙门之东，乃入门右，北面立，告听事。"是庙之明文也。

二、《史记·礼书》："秦并有天下，悉内六国礼仪，采择其善，虽不合圣制，其尊君抑臣，朝廷济济，依古以来。至于高祖，光有

142

四海，叔孙通颇有所增益减损，大抵皆袭秦故……龙旂九斿。"是汉初叔孙通制汉仪，以九为节，或仍周制。《丧大记》孔疏引《汉礼器制度》云：饰棺，天子龙、火、黼、黻；合于《左传·桓二年》"火、龙、黼、黻，昭其文也"之言。

三、《荀子·大略》："天子山冕，诸侯玄冠，大夫裨冕，士韦弁，礼也。"又《富国》："天子袾裷衣冕，诸侯玄裷衣冕，大夫裨冕，士皮弁服。"合观此二篇，可知袾、玄、裨等皆非指衣色而言，乃言饰色。山冕与裷衣相当，不见日月星等之文。

四、《檀弓》："天子之殡也，菆涂龙輴于椁上。"《丧大记》："饰棺，君龙帷……黼荒，火三列……黻翣二。"此亦人鬼，无三辰。

五、刘向《说苑·修文》："士服黻，大夫黼，诸侯火，天子山龙。"《文选》扬雄《羽猎赋》："建九旒。"则汉似亦九章，叔孙通之制，以九为节也。

六、《后汉书·舆服志》："祀天地明堂，皆冠旒冕，衣裳玄上纁下。"刘昭注："《东观》书曰：永平二年正月，公卿议南北郊。东平王苍议曰：孔子曰，行夏之时，乘殷之辂，服周之冕。为汉制法，高皇帝始受命创业，制长冠以入宗庙。光武受命中兴。……陛下以圣明奉遵以礼，服龙衮祭五帝，礼缺乐崩，久无祭天地冕服之制。"则永平改服以前，祭天亦以龙衮，而无日月星辰，此必叔孙通之制。叔孙通本周制，故王莽即真，仅易服色。若叔孙通为十二章，则永平君臣当知之，何致"龙衮祭五帝"，而采欧阳说也？是推知周觐礼冕为九章制也。

贰　侯氏裨冕之章数亦九

《觐礼》："侯氏裨冕释币于祢。"注："上公衮无升龙，侯伯鷩，子男毳。"又："同姓大国，则曰伯父。"则此侯氏大国之君。《司服》："公之服，自衮冕而下，如王之服；侯伯之服，自鷩冕而下，如公之服。"《典命》："上公九命为伯，其国家宫室车旗衣服礼仪皆以九为节。"则不必"上公"本人，其国之继体君亦然。《觐礼》既云大国之侯氏，则九章也，若鲁侯、晋侯皆是也。《诗·唐风·无衣》："岂曰无衣七兮。"毛传："侯伯之礼七命，冕服七章。"郑从之。然下文"岂曰无衣六兮"，毛、郑乃以卿六命释之。其实七与六并非指服章而言，皆言衣之多耳，虽多而不安不暖也。若为命服，则何以不安不暖？

《汉书·韦贤传》："黼衣朱绂，四牡龙旂。"《觐礼疏》："案《白虎通》引《礼记》曰：'天子乘龙，载大旗，象日、月、升龙。传曰：天子升龙，诸侯降龙。'此《礼记》引传，则是旧传，必周制也。是侯氏之裨冕，亦衮冕。贾疏："《白虎通》云诸侯降龙者，据衣服而言。""今诸侯告祢用裨冕者，将入天子之庙。"士助祭，服其上服爵弁服，则推之于诸侯，亦上服以入天子享先王之庙。

叁　衮服之章象

山

聂氏图"山"作❀，象山岳连绵重叠之状，合乎甲骨文、金文

"山"字所取象；其色青，远视之山色也。其形即远视之状，是推知为青色。山有形、字二说，辨已见上文。

龙

《觐礼疏》："《白虎通》引《礼记》曰：天子乘龙，载大旗，象日、月、升龙。传曰：天子升龙，诸侯降龙。以此言之，上得兼下，下不得僭上，则天子升降俱有，诸侯直有降龙而已。若然，彼升龙文承大旗之下，知不施于旌旗而据衣服者，案《司常》云，交龙为旗，又云诸侯建旗。注云：诸侯画交龙，一象其升朝，一象其下覆，则旌旗升降俱有；而《白虎通》云诸侯降龙者，据衣服而言。"

许书云：衮衣画蟠龙向上。朱熹《仪礼经传通解》卷三十四："龙衮以祭……疑画蟠龙，故谓之卷。"《甲骨文字集释》第十一："🐉藏六·二·三，🐉藏一〇五·三，🐉藏一〇九·三，🐉前四·五·四·三，🐉前五·三·八·三，🐉后下六·十四。"多为蟠阿向上之形，则王衮之龙，当即为蟠龙，而首在身之上，身卷然泰半在首之下，以龙飞腾卷曲为章之象。侯氏亦蟠龙，首当身之下半。王朱，侯玄。《荀子·富国》："天子袾裷衣冕，诸侯玄裷衣冕。"似亦指龙章主要之色饰而言。因凡冕服，皆玄上纁下也。

华 虫

华虫当为凤。说已见本章第二节。画其立形，首昂尾舒，五彩彰丽。

火

火之形，有象可取。甲骨文"火"字形类于山，则火章象当为三焰，"三"数表多也。其下半圆，说具见于第二节。其色周与焰赤，而中淡近黄，<small>朱赤本色即略带黄色。</small>亦取实象之色。

藻

藻，聂图画叶似蓬蒿者，陆氏《释文》云沈者为藻，即其根入泥而茎叶在水面下，流而不迁者。当画茎叶，叶状若菊英而细，茎叶合画，状若节旄而向上。色以青或绿为主，亦有赤色。盖茎赤而叶青绿者欤。

粉　米

粉、米，马融分为二章，扬子《法言》华藻连文，刘苍亦然，卫宏云华虫以下七章。马融不数宗彝，<small>说具见第一节。</small>是必粉、米二分。今从之。《甲骨文集释》："金祖同曰……予疑粟字，古文粟作㮚，从卤。……卜辞屡见'受㮚年'，卜诸谷也；'受黍年'，则祇卜黍。"甲骨文作𪚔，金氏以𠧪与"卤"极似，故疑𪚔即"粟"字。

金氏以𪚔即粟字，可从；然粟字所从之𪚔，非卤也。《说文》之立𠧪部，实属可疑。《说文》"粟，嘉谷实也"，相玉切。而卤，读若调，徒辽切，二者相去远甚；且"㮚"，即"栗"字，古文作㮚，从西。此字留下《说文》讹误之痕迹。即栗之古文原从𠧪，后讹从𪚕，遂牵连讹"粟"为"㮚"，楷定者仍作"栗""粟"，实有所本。此"粟"字，原即从米，西声。西，先稽切，与"粟"同心纽，是其音证。又"西"，古作"卤"，"卤"与甲骨文从之𠧪极似，是其形证。

"粟"若书作"粎"，复以漫漶不清，与"粉"之字形极为相似，后人乃径以"粉"字易之，而成今文本乎？

《管子·地员》："五粟之物，或赤，或青，或白，或黑，或黄。"《禹贡》："四百里粟，五百里米。"郑注："四百里入粟，五百里入米者，远弥轻也。"粟者有壳，米则去皮。胡渭《禹贡锥指》："吕氏曰：粟，谷也，有壳曰粟，无曰米。"以远方贡途遥，山川阻，故小其体积，减其重量也。则粟、米本不分；然取为服章，二者色别，有壳之粟，或黄，或五色；而米则白色，故为二章。粉在米上，亦合远弥轻之义也。要之，以黄为常见，则粉色黄也。

黼　黻

《荀子·正名》："目视黼黻，而不知其状。"则黼黻必有定形。黼黻其始，或不分别，皆以"花纹"视之；渐至后代，制器有定式，文饰有定谱，乃有以异之。《周礼·舍人》："凡祭祀共其簠簋。"注："方曰簠。"《淮南子·泰族训》："陈簠簋。"高注："器方中者为簠。"孔师达生曰："（台北）故宫所见商周彝器，簠为方形，簋则多圆。许、郑异义者，或所见实物不同。要郑氏说可信。"《聘礼》："出祖释軷。"注："《春秋传》曰，軷涉山川。"疏："《月令》冬祀行，郑注：行庙门外之西，为軷壤厚二寸，广五尺、轮四尺。"山川路迂曲，軷为圆形土，黻从发声，似当曲绕之义。彝器文饰之黼黻，不外直线、曲线二系。意方者，如回纹成正方、长方，或略挫其角者，黼也；其曲圆如 S、ℓ、◯者，黻也。《檀弓》："褚幕丹质，蚁结于四隅。"注："文如蚁行往来交错……似今蛇文画。"则为"ℨℨ"形，盖即绚文。《丧服大记》："黼翣二，黻翣二，画翣二。"且君"黼三列"，大夫"黻三列"，则黼黻非仅色采有别，形亦当异。疏："翣形似扇……二画为黼，二画为黻，二画为云气，诸侯六，天子八。"则三形并举，盖画即云文，与黼之回文、黻之绚文对举也。《丧服大记》："君葬用輴，四綍二碑。"郑注："在棺曰綍，行道曰引……綍或为率。"《释文》："綍音弗。"当即绋字。下文"用綍去碑负引"，郑注直以"绋"

代"綷"。《檀弓下》:"皆执绋。"《释文》云:"棺索。"《尔雅·释水》:"绋繂也。"《释文》:"又作绂。"《庄子·逍遥游》:"足以缨绂其心矣。"《释文》:"字或作绋。"《说文》"率"字承"絲""糸"为次,则黻为绋、绹之形,于声义均合也。

黼、黻之色,《考工记·缋人》:"白与黑谓之黼,黑与青谓之黻。"《说文》同,兹取焉。

色饰之方,依郑注《司服》,粉、米、黼、黻绣;藻、火以上画。藻在裳者绣。文缛者画易为,文简者绣乃彰。

章之列序,依郑氏:"周登龙于山,登火于宗彝。"宗彝兹不取,说参见上文"王衮九章"考,及本章一节。火次藻上。其说如下:

一、《尚书》十二章,为次序者,依天文、地文、人文也。日、月、星辰,天文也;山、龙、华虫、藻、火,地文也;粉、米、黼黻,人文也。周三辰画于旌旗,登龙于山,以其色彩明彰。《周易·乾卦》:"九五,飞龙在天,利见大人。"象曰:"飞龙在天,大人造也。"孔疏:"造,为也,唯大人能为之而成就也。"《文言》:"飞龙在天,上治也。"是郁郁乎文也。为地文、动物、植物、人文所组合。

二、火在藻上,亦取赤色视藻之青色为炫耀。犹龙之登于山,周尚赤之义。《左传》及《丧大记》举火、龙、黼、黻者,火、龙,彩之华明也;黼、黻,边之彰饰也。

兹拟《觐礼》冕服章及其数、序如下:

天子衮冕九章:一升龙,色多赤。二山,色多青。三凤,五彩。四火,色赤。五藻,色多苍。六粉,色多黄。或五采。七米,色白。八黼,白黑相间之回形文。九黻,黑青相间之"S"形文。衣之章:龙、山、凤、火;裳之章:藻、粉、米,三者皆植物。黼饰衣领、袂之边;黻饰裳之下缘。屈师释"黼屯",引殷小屯跪葬残石雕之领、袖皆有边饰,唯似黻文。

诸侯衮冕《觐礼》曰裨冕，九章：一降龙，色多玄。二山，色多青。三凤，五彩。四火，色赤。五藻，色多苍。六粉，色多黄，或五采。七米，色白。八黼，白黑相间之回形文。九黻，黑青相间之"S"形文。余同天子。

兹略举取舍之所从：

（一）九章，盖叔孙通之制，或本于周；义具上文。刘苍、马融皆不数宗彝，《释名·释首饰》："毳冕，毳，芮也，画藻文于衣，象水草之毳芮温暖而洁也。"不以虎蜼当之也。

（二）每章物象皆单黼黻不计，天子取升龙，附《易》义；取朱色，从荀子。诸侯降龙，从郑义；取玄色，从荀子。《诗·采菽、九罭》毛传二解"衮"，皆云"衮衣，卷龙"；《诗》皆云"玄衮"，是诸侯服之龙为玄色。

（三）华虫为凤。备见上文。"风"字从虫，或亦"凤"之古字或体。

（四）粉、米分，亦从卫宏、马融义。备见上文。"粉"疑为"粟"字，画黄色粟粒聚形。

（五）黼黻为衣裳之领袂边饰，自为序列。

第五章　形制

第一节 冠

壹 缁布冠系

缁布冠

一 似汉小吏冠

《士冠》郑注：“缁布冠，今小吏冠，其遗象也。”

二 似汉丧冠

《士冠》说：“大古冠布，齐则缁之。”注：“重古始冠，冠其齐冠；白布冠，今之丧冠是也。”《杂记》孔疏：“唐虞白布冠，三代用之为丧冠。”聂氏《三礼图》周制横缝者：“《檀弓》曰，古者冠缩缝，今也衡缝。注云，缩，从也，衡读为横。孔疏云，缩，直也，古谓殷已上，质，吉凶冠皆直缝，直缝者辟积少，故一一前后直缝之。其冠广三寸，落顶前后两头皆在武下，向外出，反屈之，缝于武，辟积三，皆厌伏。今即周也，周尚文，多辟积，不复一一直缝，但多作襵，并横缝之，故周吉冠多辟积而横缝；又以冠两头皆在武下，向内反屈缝之。既吉凶相变，其丧冠质，犹疏辟襵而右，直缝之，以

153

两头皆在武下向外反屈，缝于武，故得厌伏之名；其吉冠则左辟襉而横缝之。详此文义，法式显然，梁正言大小之制未闻，一何固也。张镒弃古今之顺说，斯焉舍诸，今依经疏述而图之。"则梁正以缁布冠三式之首图为是；张镒以太古冠新增二式者为是；聂氏以太古缩缝及横缝者为是。

三　似汉进贤冠

《后汉书·舆服志》："进贤冠，古缁布冠也，文儒者之服也。前高七寸，后高三寸，长八寸。公侯三梁，中二千石以下至博士两梁，自博士以下至小吏，私学弟子皆一梁，宗室刘氏亦两梁冠，示加服也。"聂图太古冠新增二式："梁正又云，师说不同，今传疏二冠之象，又下有进贤，皆云古之缁布冠之遗象。其张镒重修亦云，旧图有此三象，其本状及制之大小未闻。此皆不本经义，务在相沿疾速就事，今别图于左，庶典法不坠。"又进贤冠三式："旧图云：古三冠冠梁数虽异，俱曰进贤，前高七寸，缨此字疑衍。长八寸，后高三寸，一梁下大夫一命所服；两梁再命大夫二千石所服；三梁三命上大夫公侯所服。《礼》不记。"

四　似武冠

聂图："旧图云：始冠缁布，则其遗象也，大小之制未闻。"《后汉书·舆服志》："武冠一曰武弁大冠。"刘昭注："一云缁布冠之象也。或曰繁冠。"聂图武弁大冠："侍中、中常侍加黄金珰，附蝉为文，貂尾为饰。"

五　张惠言《仪礼图》

《仪礼图》："缁布冠以缁布为之，其制当一如玄冠，但差小。《诗》台笠缁撮，缁布冠也。疏云缁布冠制小，故云撮。太古冠未必有纯。"梁体若提梁，横辟积而横缝，辟积无数，有武，又有缺项。缺项之制略同聂图。

以上一说似即三说之一梁进贤冠，其制略同二说之丧冠，此为最近《仪礼》者。聂氏引旧图缁布冠_{三制}，太古冠_{新增}二式，皆非经义。张惠言本江永《乡党图考》玄冠图，仅去其纯，依聂图绘缺项，而冠横辟积无数，亦类聂氏之周制横缝者_{聂图直辟积}而已。

兹参酌经记注疏及诸说，辅以近年出土先秦文物，试拟其形制如下：

子　以缁布为之，升数同玄冠

丑　广三寸

《独断》："齐冠或曰长冠，竹裹以缁，高七寸、广三寸，形制如板。"任大椿《弁服释例》："崇义以吉凶冠皆广三寸。考《丧服传》贾疏，则谓丧冠广二寸。以丧冠推吉冠，则吉冠亦当广二寸矣。崇义以为三寸，未知所从。《汉书·杜钦传》，乃为小冠，高广财二寸。当时以二寸为小冠，而不知其与古合也。"聂图三寸，本蔡邕。贾氏二寸，盖本作三寸，疑"二"乃"三"之误。杜冠自制未必师古。

陈瑞庚先生《士昏礼服饰考》，载燕下都遗址出土战国时铜人像，正侧背三图，云："原发掘报告：前额上发分左右，向后梳，发纹尚清晰可辨，头顶一巾，前窄后宽，垂于脑后。"陈氏疑为玄冠，_{玄冠有武，非玄冠也。}然实近郑君所注之缁布冠。度其与头之比例，前约二寸余，后约三寸。

聂氏图之章甫，反类郑注之缁布冠，或聂氏以前之图者次有讹乱与？

寅　长掩发

自前额发际，至项上发际而略过之。《士冠》："将冠者即筵坐。赞者坐栉，设缅。"则缁布冠之长，宜跨越缅之所绍发髻，以使缺项结之于项中也。

卯　无辟积，有缝

《周礼·弁师》郑注："弁绖之弁不辟积。"白布冠，三代用为丧冠，缁布冠与之色异质细，制当无甚异。吊服尚无辟积，安有丧冠得有辟积乎？丧冠辟积，盖后世之变也。缁布冠准之，亦无辟积。辟积者所以为饰，自皮弁始，弁之会，古冠之辟积是也。以皮制弁，必合上小下略大之小幅为之，乃有会缝。玄冠准之，而有辟积也。周虽文，始冠重古，冠而即敝之，以其质也。无辟积，参见下文巳条。

辰　落顶前后内毕

内毕亦缝为之，前狭；后略宽，以容缅之穿结。

巳　无与冠缝合之武，缺项即代武者

《丧服传》："冠绳缨，条属，右缝。"此"右缝"二字衍文，乃后人窜入经者。武威汉简本甲、乙二本并无"右缝"二字，参见拙著《仪礼汉简本考证》。《杂记》："丧冠条属，以别吉凶；三年之练冠亦条属，右缝。"练冠有辟积，故右缝；丧冠无辟积，缁布冠亦然，皆无连缝于冠之武。丧冠以绳代武，缁布冠以缺项代武。《戴东原集》："古者冠无武，缺项，武之始也。是以惟缁布冠有之。"

缺　项

《士冠》："缁布冠，缺项。"注："缁布冠无笄者，着颊围发际，结项中，隅为四缀以固冠也。项中有缅，亦由固颊为之耳。今未冠者着卷帻，颊象之所生也。"疏："既武非是；郑未言武。以下，别有颊项，明于首四隅为缀，上缀于武，然后颊项得安稳也。若此，则冠固于项矣，此皆误解郑注文也。……颊之两头皆有缅，别以绳穿缅中，结之，然后缅得牢固。"

贾补郑义有四：（一）四缀在首之四隅。（二）四缀上属于武。（三）颈之两头各有一繝。（四）另以一绳穿繝中以固颈。

《戴东原集》："郑氏曰：隅为四缀以固冠，谓上与冠为固也。……然则古者冠无武；缺项，武之始也……吉冠辟积无数，易之以衡缝，有冠卷而去缺项。冠卷谓之武，或谓之委。"辨之甚明。

郑注："项中有繝，亦由固颈为之耳。"乃自补上文"结项中"之不足，"亦"字可堪玩味。亦者，所以固冠而为结，此结"亦"自固颈项耳。

聂图未引旧图，或即本贾疏而图之，李如圭以下多从之。敖继公《仪礼集说》："别以缁布一条围冠，而后不合，故名缺项，谓其当冠项之处则缺也。其两端有繝，别以物贯穿而连接之，以固冠。其两相又皆以缨属之，而结于颐下，以自固。"敖氏以缺项为缁布一条者，是也，余同李氏。

胡培翚《正义》："万斯大谓冠后两开，不相属为缺项。沈氏彤亦辨万氏之误，当以郑注为正。"万氏意似敖氏，郑注末云项合而不分，沈、胡亦未必是。

徐灏《说文段注笺》："缁布冠缺项者，后有缺为三角形，于其两端为二繝，系组以结之，所谓青组缨属于缺也。"尤谬。缨必属冠武或缺项之两厢当耳处，下结于颐。不以结于脑后之冠项处。万氏、徐氏并望文生义，误以缁布冠与缺项本连缝使然。

兹拟缺项之形制如下：

子　为带状缁布一条，略宽于冠体

《士冠》郑注："今未冠者着卷帻，颈象之所生也。"《丧服》："苴绖"注："首绖象缁布冠之缺项。"《丧服传》疏："但首绖象颈项之布。"

丑　长足以围首而过之

颀项者，武之前身，其广当武，长则过之，以其为结也。《后汉书·舆服志》："古者有冠无帻，其戴也加首颀，所以安物也。……孝文时……合后，施收，文者长耳，武者短耳。""耳"即缺项结项中之余，汉人犹存其遗象。缺项之广，汉武梁祠石刻之冠，其武皆颇宽，故推此缺项宽或当冠体，或过之。聂氏以下图皆细若绳者，并非。且缺项相当首绖，首绖颇宽也。<small>武梁祠石刻见《中华国宝》。</small>

寅　带之两端，各岐为二，是为四缀

《士冠》郑注："缺为四缀，以固冠也。项中有𦈷，亦由固颀为之耳。"疏："明于首四隅为缀，上缀于武，然后颀项得安稳。"以缁布冠无武，是以不从贾氏义。

《荀子·荣辱》："今是人之口腹，安知礼仪，安知辞让，安知廉耻隅积。"杨倞注："隅，一隅，谓其分也："王先谦《集解》："隅，道之分见者也；积，道之贯通者也。"是"隅"犹端也，支也。带之端分之为二，是为缀。颀项者，于项处枝分也，是隅为四缀，以固冠亦自固也。

卯　青组缨属缺项两旁

《士冠》："青组缨属于缺。"注："无笄者，缨而结其绦。"疏："以二条组两相属于颀，故经云青组缨属于颀也。既属讫，则所垂条于颐下结之，故云缨而结其绦也。"

《说文》："组，绶属也。其小者以为冠缨。"<small>从《说文古本考》及段注改"冕"为"冠"。</small>又："绦，扁绪也。"段注："《广雅》作编绪。……盖上字作'编'，下字作'诸'为是；诸者，谓合众采也。"《说文义证》："绦，扁绪者也。"《广韵》："绦，编丝绳也。"《急就篇》颜注："'绦'一名偏诸，织丝缕为之。"《礼记·内则》："织纴组纠。"注："纠，绦

也。"孔疏："皇氏云，组是绶也；然则薄阔为组，似绳者为纩。"《淮南子·修务训》："梱纂组，杂奇彩。"高注："组，邪文如今之短没黑耳。"是薄扁而小，合众采而邪文曰组。此青组缨当一色而邪文，即邪织青丝为之者。

缁布冠缺项之使用

（一）将缁布冠加于冠者之首。此宾为之。

（二）将缺项对折，折口向上，夹冠前。此赞者为之。下皆赞者为之。

（三）将在外一面之两端缀也，系于首项之中。

（四）将在内一面之两端，穿过冠项冠后沿，两缀交穿而过，为结于冠项之上。

（五）将青组缨为结于颐下。近年出土西汉女墓（长沙马王堆）之彩绘帛画人物之冠缨结法如此。

丧冠　缨

丧冠之形制，与缁布冠类，而无缺项，以绳兼之也。色、质并异。兹拟其形制如下：

子　冠体广三寸

《丧服传疏》："冠广二寸。"贾氏此文疑有误，"二"或当为"三"。参见上文缁布冠。

丑　冠长相当缁布冠，足以掩发际

寅　冠无辟积无梁

冠梁者，辟积之所生也，或以形制使然，如裳；或亦为饰。《曲礼》："苞屦、扱衽、厌冠，不入公门。"注："厌犹伏也。丧冠厌伏。"孔疏："厌帖无者强，为五服丧所著。"阮校："监、毛本'者强'作

159

'梁缅'，卫氏《集说》同。"然阮氏以作"者强"为是。兹不从者，以其无所取义；当从卫氏及监本等作"梁缅"。丧冠无辟积，参见上文缩布冠。既无梁，又无缅以承之，故孔颖达疏云然也。

卯　两端外繧，繧之宽容绳之过

《丧服传》："冠六升，外毕。"注："冠前后屈而出，缝于武也。武即绳。"疏："两头缝毕向外，故云外毕。"冠与绳为武乃结合非缝合，故繧大容绳也。

辰　两边外缠，直缝

外缠，则余在外，犹外毕，若斩衰之不缉也。《檀弓》："古者冠缩缝。"孔疏："殷以上质，吉凶冠皆直缝，直缝者辟积少，故一一前后直缝之。"孔言辟积少，此不从；直缝是也，缉缠直缝乃必然也。

巳　缨条属武委之垂余

《丧服传》："冠绳缨，条属。"注："属犹着也。通屈一条绳为武，垂下为缨，着之冠也。"疏："谓将一条绳，从额上约之，至项后交，过两相，各至耳，于武缀之，各垂于颐下，结之。缨武皆上属着冠。前后与冠着。"疏云"从额上约之"，则非缝着矣，与郑义异。又云"上属着冠"，亦结属之。贾义是也。

午　丧冠质材之差等

斩衰

《丧服传》："冠六升，外毕，锻而勿灰。"《丧服记》："其冠六升，以其冠为受，受冠七升。"

疏衰

《丧服记》："齐衰四升，其冠七升，以其冠为受，受冠八升。"《丧服传》："冠者，沽功也。"注："'沽'犹'粗'也；粗功，大功也。"

疏：“此三年齐冠七升，初入大功之境，故言沽功。”

大功

《丧服传》：“问者曰，何冠也？曰：齐衰，大功，冠其受也。”
注：“下记云：齐衰四升，冠七升；既葬，以其冠为受，受衰七升，
冠八升。”《丧服》：“大功布衰裳。”注：“其锻治之功粗沽之。”疏：
“此七升言锻治，可以加灰矣。”

繐衰

《丧服记》：“繐衰其冠八升。”注：“凡布，细而疏者谓之繐。”
《丧服疏》：“其缕虽如小功，升数又少，故在小功上也。”

小功

《丧服传》：“缌麻，小功，冠其衰也。”疏：“冠与衰升数同，故
云冠其衰也。”《丧服记》：“小功十升，若十一升。”

缌麻

《丧服》：“缌麻三月者。”传曰：“缌者十五升抽其半，有事其缕，
无事其布曰缌。”注：“治其缕细如丝也。”疏：“此云缌冠者，冠与衰
同辨缌布，但缫缨者，以灰缫治布为缨，与冠别，以其冠衰皆不治
布。”《丧服传》：“缌麻、小功，冠贤衰也。”疏：“缌麻十五升，抽
其半即七升半，冠与衰升数同。”

未　冠缨质材之差等

斩衰

《丧服》：“斩衰裳……冠绳缨。”疏：“冠绳缨不得用苴……绳缨
不用苴，用枲麻。”贾疏是也，凡缨之质，皆视冠为精细。疏衰丧服：
“疏衰裳……冠布缨。”疏：“此布缨亦如上绳缨，以一条为武，垂下
为缨也。”

大功

缨无文。准疏衰布为缨，则亦以布也。缨之升数，当密于疏衰之布缨。

缌衰

缨无文。准疏衰，用布缨，升数密于四升半。

小功

缨无文。准疏衰，用布缨，升数密于十升。

缌麻

《杂记》："缌麻，繰缨。"注："繰，当为'澡麻带绖'之'澡'，声之误也。谓有事其布以为缨。"孔疏："又用澡治缌布为缨。"

练 冠

子 练冠之制略同丧冠，以练布

《丧服疏》："以灰缲治布为缨。"《丧服记》："公子为其母练冠。"注："三年练之受饰。"疏："以练布为冠。"《杂记》："三年之练冠，亦条属，右缝。"孔疏："三年练冠，小祥之冠也，虽微入吉，亦犹条属，与凶冠不异也。"

丑 宿辟积，右缝

《杂记》："三年之练冠，亦条属，右缝。"云右缝，则有辟积，辟积亦直褶而向右。

寅 缨

《丧服小记》："男子免而妇人髽。"孔疏引崔灵恩云："至十三月练，而除首绖，练冠，素缨。"崔氏以素为练冠之饰。

缌 冠

《丧服记》："公子为其妻，缌冠。"疏："以缌布为冠。"其制无文，似亦与练冠类，而色有异。其缨盖以素为之，与练冠同欤。

贰 玄冠

《白虎通·绋冕》："所以谓之委貌何？周统十一月为正，万物萌小，故为冠饰最小。"《释名·释首饰》："委貌，冠形委曲之貌，上小下大也。"《后汉书·舆服志》："委貌冠、皮弁冠同制，长七寸，高四寸，制如覆杯，前高广，后卑锐。"聂氏《三礼图》："委貌如进贤冠者旧图云，委貌，进贤冠其遗象也。""委貌如皮弁者《汉志》云委貌与皮弁冠同制。""委貌张镒图制案张镒图诸侯朝服之玄冠，士之玄端之玄冠、诸侯之冠弁，此三冠与周天子委貌形制相同，则与进贤之遗象，皮弁之同制者远相异也。""委貌梁正法其梁正因阮氏之本，而图委貌，与前三法形制又殊。""臣崇义详此委貌之四状，盖后代变乱法度，随时造作，古今之制，或见乎文。张氏仅得之矣。"

《后汉志》云：委貌、皮弁同制者，非是；其言长、高、覆杯等，有参考价值，以其尚与释所云无不合。张镒图如莲花，何有高、广之定制？盖本《后汉志》皮弁之言而又异其形耳。梁正因阮谌图竟有笄，尤非经义。其所图四式，唯"如进贤冠者"，或存郑氏图旧象；此式可从。

江永《乡党图考》《冠考》："今之丧冠，与古吉冠略相似，冠以梁得名，冠圈谓之武，梁属于武……古吉冠以黑缯为梁，亦以黑缯为武，梁之广无正文，丧冠广二寸，见《丧服》贾疏，则吉冠当亦如之。……丧冠三辟积于二寸之梁上，缩缝之，大功以上右缝，小功以下左缝。……吉冠……周始变为横缝，辟积无数，冠形穹隆，当长尺有数寸，横缝可十余辟积。"江氏之误有三：

（一）以丧冠制同玄冠；玄冠、缁布冠之冠体制同，仅布、缯有异。

（二）以丧冠大功以上三辟积向右，玄冠之辟积可十余褶。

（三）吉冠为横辟积、横缝。横缝是也，横辟积则非。

江氏之误（二），乃因今本《丧服传》有"右缝"之文。辨见上文缁布冠及拙著《仪礼汉简本考证》。其误（三），乃未审《檀弓》孔疏之文。聂氏图周制横缝之缁布冠，仍为直辟积，于孔疏则详矣；然亦因经传"右缝"而有辟积。其误（一），以缁布冠制同玄冠，不知玄冠有冠圈，与冠体缝合，其制异于缁布冠之以缺项缀合冠体者。缁布冠制类丧冠，太古草创，其质也可知，故三代以之为丧冠。三代玄冠，日所常用，踵事增华，其制文。江氏混而同之，是不分大辂椎轮也。后之从江氏者，若张惠言《仪礼图》，乃至今人陈瑞庚先生《士昏礼服饰考》，皆震于说而同之者也。

兹推拟玄冠之形制如下：

子　以缯为之

《玉藻》："缟冠素纰，既祥之冠也。"孔疏："冠与卷身皆用缟，但以素缘耳。缟是生绢，而近吉，当祥祭之时，身着朝服，首着缟冠，以其渐吉故也。""《杂记》曰，祥，主人之除也，于夕为期，朝服，郑云：祭犹缟冠，未纯吉。""《间传》曰，大祥，素缟、麻衣。"缟冠，大祥祭之冠用缟，则玄冠亦丝缯为之也。

戴德《丧服变除》："始有父之丧……服白布深衣十五升，素章甫冠，白麻屦无絇。"是玄冠以缯之证。其与缟冠之异在色。

吴廷华《仪礼章句》《士冠礼》："主人玄冠……冠以二尺二寸布，

上为襞积，而横缝之。似弁而顶平。"则似布也。以无证佐，兹所不从。或玄冠初制为缁布者，后乃易以缯绢为之。

五　冠梁左辟积，皆直；士三，直缝

《檀弓》："古者冠缩缝，今也衡缝。故丧冠之反吉，非古也。"注："今冠横缝，以其辟积多。解时人之惑，丧冠缩缝，古冠耳。"孔疏："今，周也；衡，横也。周世文，冠多辟积，不复一一直缝，但多作褶，而并横缝之。"则古之吉冠直辟积直缝，《檀弓》之世，吉冠辟积多，不胜一一直缝，乃横缝之。孔疏云"今"为"周"，似欠妥；郑云"当时"，是也。

寅　冠顶长八寸，内緌

《后汉书·舆服志》："进贤冠，古缁布冠也……缨长八寸。"聂氏《却敌冠图》："《后汉志》云，前高四寸，后高三寸，通长四寸。注：旧图'通'作'缨'，制似进贤。"则"缨"为"通"之误也。《后汉志》又云："委貌冠皮弁冠同制，长七寸。"故此从八寸。缁布冠，汉人或混称冕，如孔安国《论语·子罕》注；或称进贤冠。盖玄冠初制或以缁布为冠体，后乃变用缯也。吉冠内毕，两头在武上，缝毕在内。

卯　前高七寸，后高四寸

聂图如进贤冠者，引旧图云："前高七寸，缨当为'通'长八寸，后高三寸。"石璋如先生《小屯殷代的跪葬》一文，插图十所绘跪俑，其冠前高广，后卑锐，与其面之比例略等而差小，持之以较聂氏引之旧图，无甚出入。此跪俑乃商之遗物，盖为章甫冠也。前后之高约七比四。

辰　冠圈与冠顶前后缝合

石璋如先生《小屯殷代的跪葬》一文所图，冠顶与冠下沿之间，有若干空花纹，似示冠之两侧空穿。而冠圈上无此，则冠武也，度

其广上下约二寸。

巳　缨以组

《玉藻》："玄冠，丹组缨，诸侯之斋冠也；玄冠，綦组缨，士之斋冠也。"

午　緌长五寸

《玉藻》："居冠属武，自天子下达，有事然后緌。"注："谓燕冠也，着冠于武，少威仪。燕，无事者，去饰。"有事乃緌，如《内则》子事父母，朝、祭之类是也。《杂记》："大白、缁布之冠皆不蕤，委武玄缟而后蕤。"緌，亦作蕤。《玉藻》："垂緌五寸，惰游之士也。"注："缟冠素纰，凶服之象，垂长緌，明非祥。"则可緌，而不得过长。然则玄冠之緌长五寸与。

未　缨、緌二物

《玉藻》："有事然后緌"注："无事者去饰。"有事而着緌，无事而去缨，緌、缨似非一物。《内则》："冠緌缨"注："緌，缨之饰。"孔疏："结缨颔下以固冠，结之余者，散而下垂，谓之緌。"郑云"缨之饰"，似二物也，孔乃合之。

任氏《弁服释例》："严陵方氏谓缨用组，緌用帛，则缨、緌异质也。考郑注《内则》注：'緌，缨之饰也。'注以緌为缨之饰，则緌即缨也。特缨不垂而緌垂、缨不缋而緌缋……要之，緌亦缨之余，故云'緌，缨之饰也'，非谓缨外别有一緌也。……《江充传》：冠飞翮之缨。苏林曰，析翠鸟羽以作蕤也。此注以緌解缨，可知蕤即缨之余也。"方氏说是也。任氏引《汉书》，足以反证緌、缨二物，鸟羽为饰则可，为缨可固冠乎？必断也。郑云某之饰，则某与饰必异，如屦与绚、繶、纯是也。《群书考索》："凡冠、冕、缨、緌之作，有所象也。古者冠，其饰有缘，其贯有笄，其束有武，其系有缨，其垂有緌。"《格致镜原》引。依此文例，知为二物。

緌之形制，由郑氏注可知其大概。《既夕》："齐五采。"注："齐居柳之中央，若今小车盖上蕤矣。"疏："蕤，缝合杂采为之，形如瓜分。"《杂记》："以其绥复。"注："绥当为緌，谓旌旗之旄也。"

又《后汉书·舆服志》："见鸟兽有冠、角、顄、胡之制，遂作冠、冕、缨、蕤，以为首饰。"则蕤緌之形象，当类顄胡也。总上所举，緌之形制，当为如纩之小丝绳聚合而成，有若今日宫灯之丝穗。有事如事父母及朝君与入庙。则系属于缨，以盛饰；无事若燕居等。则除下收藏也。

第二节　冕

衮　冕

子　延体长尺六寸，广八寸，前圆后方

《周礼·弁师》郑注："延，冕之覆，在上。"疏："按《玉藻》注，延，冕上覆。"

《弁师》疏："叔孙通作《汉礼器制度》，取法于周，今还取彼以释之。按彼文：凡冕，以版，广八寸，长尺六寸。"《左传·桓二年》："衮冕黻珽。"孔疏："阮谌《三礼图》、叔孙通《汉礼器制度》云，冕制皆长尺六寸，广八寸。天子以下皆同。"

《太平御览》六百八十六引《五经通义》："员前。"《后汉书·舆服志》："冕皆广七寸、长尺二寸，前圆后方。"《独断》述永平制同。《后汉书·明帝纪》注引《三礼图》云："前圆后方，前下后高，有俯伏之形，故谓之冕。"

《王制》："制，三公一命衮。"孔疏："师说以木版为中。"

丑　延衣上下皆玄

《弁师》："皆玄冕。"疏："古者绩麻三十升布，染之，上以玄，

下以朱，衣之于冕之上下。云延者，即是上玄者。"又云："皆以玄表，覆之在冕上也。"《王制》孔疏："以三十升玄布，衣之于上，谓之延也。"是孔、贾并以延衣之两面皆玄布包覆。

宋绵初《释服冕》："其里以朱为之，着于版下，《弁师》五冕皆朱里是也。"则云延衣之下一面为朱色，与贾、孔异说。当以《三礼疏》为正。《弁师》："掌王之五冕，皆玄冕朱里。"疏："上以玄，下以朱，衣之于冕之上下，云延者即是上玄者。"既云"朱里"，则延衣之下一面仍为上玄者，唯有接发之冕下体之里用朱也。是贾以"延"当"上"，即延之两面皆玄。

寅　冕下覆，玄表朱里

《弁师》："掌王之五冕，皆玄冕朱里。"疏："以此上玄下朱覆之。"《王制》孔疏："以朱为里，但不知用布缯耳。当以缯为之。"

孙诒让《周礼正义》："张惠言云，冕武之色无文，约以玄缯为之。案：张说是也。武盖亦玄表而朱里，与延色同。"则孙氏亦同宋绵初，以延衣乃玄朱二色合缝。孙氏以张氏冕下覆之在外，武为玄缯。亦意说耳。黄以周《礼书通故》《衣服二》："麻冕特以麻布为板之表里，其冒于首者亦用缯。"此申孔颖达义也。

蔡邕《独断》："冕冠，周曰爵弁，殷曰冔，夏曰收，皆以三十卢文弨校：'《续志》注引多一"六"字，《通典》无。'升漆布为壳。广八寸、长尺二寸。如冕，缯其上。"爵弁，冕之次，则蔡氏以冕下体为缯矣。聂图延下有覆，覆下有武，本郑注。陈祥道以降，皆以武代覆。非周制。

卯　延前半圆，弧长尺二寸有余

《弁师》："五采缫十有二，就皆五采玉十有二，玉笄，朱纮。"注："绳之每一匝而贯五采玉十二，斿则十二玉也。每就间盖一寸。"疏："以此五色玉贯于藻绳之上，每玉间相去一寸，十二玉则十二寸，就，成也，以一玉为一成，结之使不相并也。"郑氏云每就间盖一寸，乃指每一旒每一串五采玉。之相距为一寸，十二旒则相去十二寸也。贾氏误解郑注，似因冕延广仅八寸，何能容十二旒之相间一寸邪？后之说经皆不疑贾疏，即因延广而承其误，今为破晦摘瞽。

（一）延版广八寸，以延前端之中点 C，作平行于延两边之直线。

（二）于此直线上取自 C 计起四寸之长度，此点为 O。

（三）以 O 为圆心，画半圆，交于延两边，为 A、B。

（四）依弧 ACB 锯下，得弧长尺二寸半，是为"前圆"。

（五）求法：圆心角（径度）乘半径，等于弧长。

$$s = \theta r$$
$$= \pi r$$
$$= 3.1416 \times 4$$
$$= 12.5664 \text{ 寸}$$

辰　纽以组，色朱

《弁师》："朱里，延，纽。"注："纽，小鼻，在武上，笄所贯也。今时冠卷当簪者，广袤以冠缝，其旧象与。"疏："纽者，缀于冕两旁，垂之，武两旁作孔，以笄贯之，使得其牢固也。"又："古之纽、武，笄贯之处，若今汉时冠卷当簪所贯者，于上下之广，及随缝之袤；以冠缝者，贯簪之处，当冠缝之中央。云旧象者，是周冕垂纽于武，贯笄之旧象。"任氏《释例》："形制如环，其圆仅可容笄。"

孙氏《正义》："纽之材，盖与延同，故下注云，延、纽皆玄覆朱里，是也。"孙氏乃据下文《弁师》诸侯之缫斿^{阮校'斿'字衍}。九就、瑉玉三采；其余如王之事；缫玉皆就；玉瑱、玉笄"注"其余，谓延、纽皆玄覆朱里，与王同也；出此则异"而有误解。"玄覆朱里"即指上文"玄冕朱里"，郑行文易其序，且易其字耳。郑意，延、纽以及玄覆朱里三事,与王同也,非指延、纽亦玄覆朱里,且纽当以组,不以布。纽无谓表里,《玉藻》言童子之节,纽约用朱锦,无二色也。《玉藻》:"纽约用组。"王之冕纽似亦然。

巳 缫,五采丝绳,长齐肩

《弁师》:"五采缫十有二。"注:"缫,杂文之名也。《典瑞》注:有五采文。合五采丝为之绳,垂于延之前后,各十二,所谓邃延也。"《弁师》:"就皆五采玉十有二。"疏:"玉有五色,青、赤、黄、白、黑。"《祭义》:"古者天子诸侯,必有公桑蚕室……遂布于三宫夫人世妇之吉者使缫,遂朱绿之,玄黄之。"白本丝之色,故不数。绿近于青、朱赤之类,故缫之五色丝,当比于玉。

《礼器》:"天子之冕,朱绿藻十有二旒,诸侯九,上大夫七,下大夫五,士三,此以文为贵也。"言朱绿,亦概言之耳,其实五采。《玉藻》:"前后邃延。"注:"天子齐肩。"

午 缫玉五采珠

《弁师》:"五采缫十有二,就皆五采玉十有二。"疏:"玉有五色,以青赤黄白黑于一旒之上。"

《太平御览》六百八十六引应劭《汉官仪》曰:"周冕与古冕略等,周加垂旒。天子前后垂贞白珠各十二。"《玉藻》孔疏:"明帝时用曹褒之说,皆用白旒珠,与古异也。"唯色异耳,其为珠而中孔当同。

未 旒玉数、距

《弁师》:"就皆五采玉十有二。"注:"就,成也,绳之每一匝而贯五采玉十二,旒则十二玉也。每就间盖一寸。"郑云"每就间盖一寸",即每旒相隔一寸。见上文。贾氏以为,一串之上十二玉,每玉相去一寸,即玉珠隔一寸结一粒。如此,每缫之长必过尺二寸,冕延又前低一寸二分,过"齐肩"之数矣。《后汉书·舆服志》:"前圆后方，朱绿里，玄上，前垂四寸，后垂三寸。"周制视永平为长，亦不致悬殊若是，且玉数如此之多，若过长，揖让周旋之际，重心下垂，摆幅必大，且易纠结。永平群臣当议之精审矣，故短其制。以此推之，郑云"齐肩"是也。则每玉相去六分，十二玉即七寸余也。盖旒长八寸。

申　旒玉之序列

孙氏正义："《玉藻》孔疏引皇氏、沈氏说云，旒垂五采玉，依饰射侯之次，从上而下，初以朱、次白、次苍、次黄、次玄。五采玉既质遍，周而复始；其三采者，朱、白、苍；二色者，先朱，后绿。"皇、沈二氏依射侯画饰，推次旒玉之序列。《乡射记》贾疏同之。贾氏《弁师》疏未及言，似皇、沈以意为之也。

《典瑞》："王晋大圭，执镇圭，缫藉五采五就以朝日。"注："五就，五币为一就。"疏："于韦上画之，一采为一币，五采则五币；一币为一就。就，成也。""下文有三采者，亦一采为一就。下云二采一就者，据臣行聘，不得与君同，是以二采。采为一行，二采共为一就。凡言就者，或两行名为一就，即此上下文是也。或一币二行为二就，'就'即'等'也。故《聘礼记》云：所以朝天子，圭与缫皆九寸。又云：'缫三采六等，朱白苍。'注云：以三色再就。谓三色，色为再就。'就'亦'等'也。以朱白苍画再行，行为一等，是等为行，行亦为就，据单行言之也。各有所据，故其文有异也。"

《聘礼记》："缫三采六等，朱白苍。"阮校：当有重朱白苍。疏："以韦衣木板，饰以三色再就者，依《汉礼器制度》而知也。""经云三采六等，注云三色再就，就即等也。是一采为再就，三采即六等也。是以郑注《典瑞》云一币为一就。《典瑞》云侯伯三采三就者，以一采虽有再币，并为一就。《觐礼》注云朱白苍为六色者，亦是一采一

帀为二色，三采故六色。三采据公侯伯；子男则二采，故《典瑞》
云子男皆二采再就，是也。"

贾氏云"就"即"等"，误也。若贾疏，三色再就，即三色二等，
则非"三色六等"矣。此其误一。又云：一采为一帀，则五采五就，
岂非二十五就矣。乃误以"一采即一就"，遂将"采""就""等"混
而同之。此其误二。以致疏《周礼》，亦误以"一玉"为"一就"，
每斿有十二玉，每斿即十二就，皆沿于未审郑义也。

孙氏正义："窃谓……合丝则以一就为一斿，盖每斿一道，备五
采一成，则十二就即十二斿也。以其一就即是一斿，故经止著十二
就、九就之文；而不必别言斿数。若如郑说，则经不言一冕之斿数，
而反详一斿采色之就数，详略失当，于文例疏矣。"

孙氏此说，即以经文句读当为："五采缫十有二就，皆五采玉十
有二。"

依《典瑞》"五采五就"及《聘礼记》"三采六等"之文例言，
孙氏句读是也。郑氏亦不误，今本《周礼》"五采缫十有二就皆五采
玉十有二"，"就"下或重"就"字，古文重文作"＝"，致易忽略。
《左传·桓二年》孔疏引《弁师》郑注："天子衮冕，以五采缫，前后
各十二斿，斿有五采玉十有二。"重"斿"字。

郑注文之误者，在"诸侯之缫斿九就"注："每缫九成，则九
斿也。""每"字当为"其"字，"其"字代"诸侯之"三字。隶
书"每""其"形近易讹也。贾疏《典瑞》及《聘礼》，以"就"为
"等"，又以"采"为"帀"，误在先。此疏"就，成也。以一玉为一
成，结之使不相并也"，承其谬。若如贾疏，则郑注"每一帀而贯五
采玉十二"，为"每一帀有五采玉十二成"矣；"就皆五采玉十有二"，
为"一玉皆五采玉有十二"，成文乎？皆非郑旨。

郑云："就，成也。绳之每一帀而贯五采玉十二。"《典瑞》注："一帀为一就。"其义为：各色备见为就，即谓帀。帀者，周也。如五采，则五采并见，乃为一帀，即一就或一成；十二旒，旒皆五采玉贯，故十二就也。如三采，朱白苍并见，此谓一就，或一帀也；若二采，朱绿并见，则为一就，或一成，或一帀。郑义如此而已。明乎此，再议旒玉序列之说：

（一）皇、沈主旒玉依饰射侯之次为序，即：

朱白苍黄玄朱白苍黄玄朱白

此说之不妥，在一旒中有二等而又多朱白，非郑义。

（二）设依对方为缋次，则为：

青青白白赤赤黑黑玄玄黄黄

此假设玄黑本同，则黑色多而不匀称。

（三）设依比方为绣次，则为：

青青赤赤白白黑黑玄玄黄黄

亦同（二），不甚匀称。

（四）设依"文""章""黼""黻"为序列，则为：

青青赤赤白白黑黑青青赤赤

仅四色，不合五采之文。

以上之四种假设，以㈢最近于经注。兹据以拟王冕旒之序列于下：

青青赤赤白白白白黑黑黄黄

永平制悉以白玉珠；又绘事后素功，素为底色，故重之。此亦意为之也。

酉　有前旒，无后旒

《玉藻》："天子玉藻，十有二旒，前后邃延。"注："《杂记》当为

《礼器》；或今本《杂记》脱。曰，藻，天子以五采为旒，旒十有二。前后邃延者，言皆出冕前后而垂也。天子齐肩。"疏："天子前与后各有十二旒。""前后邃延者，言十二旒在前后垂而深邃，以延覆冕上，故云前后邃延。"《弁师》："五采缫十有二，就皆五采玉十二。"注："此为衮衣之冕，十二斿则用玉二百八十八。前十二斿，斿各十二玉，计百四十四；后十二斿，斿各十二玉，计百四十四玉，合为二百八十八。鷩衣之冕缫九斿，用玉二百一十六。前后各九斿，斿十二玉，合前后为二百一十六。毳衣之冕七斿，用玉百六十八。前后各七斿，斿十二玉，前后合用百六十八玉。希衣之冕五斿，用玉百二十。前后各五斿，斿十二玉，前后共用玉百二十。玄衣之冕三斿，用玉七十二。前后各三斿，斿十二玉，前后共七十二玉。"是郑氏以冕前后并垂旒。

　　江永《乡党图考》："《大戴礼》及东方朔《答客难》皆云，冕而前旒，所以蔽明。则无后旒可知，后旒何所取义乎？郑谓前后皆有旒，此因《玉藻》前后邃延而误耳。前后邃延，谓版长尺六寸，自延端至武，前后皆深邃；非谓后亦有旒也。《玉藻》言十有二旒，未尝言前后皆十有二旒也。据疏引《汉礼器制度》，亦云垂于延之前后，岂叔孙通失之？抑所引者非《汉礼器制度》之原文与？"

　　孙诒让《正义》："王应电谓，冕斿皆十二玉，有前无后。江永云《大戴礼》及东方朔《答客难》皆云冕而前旒，所以蔽明，则无后旒可知。"

　　王、江之说是也。《白虎通·绂冕》："冕所以前后邃延者何？示进贤退不能也；垂旒者，示不视邪；纩塞耳者，示不听谗。"邃延与垂旒分言，而仅及前旒，是无后旒之说可信。冕所以俯俛，亦因旒玉之重也。

　　又：叔孙通《汉礼器制度》之文，见《弁师》贾疏："按彼文：

凡冕以版，广八寸，长尺六寸。以此上玄下朱覆之……"详味其文，叔孙通《汉礼器制度》为贾所引者，仅"凡冕以版，广八寸，长尺六寸"十一字而已，以下皆贾公彦之语。何以知之？"长尺六寸"下，云"以此上玄下朱覆之"，出"此"字，即指《弁师》王之五冕皆"玄冕朱里"也。此甚明了，而江氏竟属之叔孙通，乃致疑窦丛生耳。是叔孙通之有后旒，不得而知。郑氏之误，亦或承永平制度，而误解《玉藻》"邃延"为垂旒也。

孔广林《吉凶服名用篇》："延广八寸，距足容十二旒之玉。盖前后各六，为十二旒。九旒以降，有前无后，永平时制正如是。"其误甚彰，参见上文卯条"圆前"。此不论。

《淮南子·主术训》："冕而前旒，所以蔽明。"此为戴、班说之所本，且去叔孙通未远也。然高诱注："前后垂珠，饰邃延也。下自目，故曰蔽明。"以"珠""挂珠""点珠"分诸侯、公、卿之等，似受永平制影响，郑氏或亦然也。宋绵初、孔广森从江氏，秦蕙田从郑氏。

兹从《淮南子》，取前旒之说，为冕有前旒，无后旒。旒皆十二玉，计用玉，天子百五十四。

戊　玉笄及朱纮

《弁师》："天子玉笄，朱纮。"注："以朱组为纮也。纮一条，属两端于武。"

亥　玉瑱及其系

《弁师》："诸侯……玉瑱，玉笄。"疏："王与诸侯，互见为义，是以王言玄冕朱里，延、纽及朱纮，明诸侯亦有之。诸公言玉瑱，明王亦有之，是其互有也。"

《说文》："纮，冕冠塞耳者。"段注："《鲁语》：王后亲织玄纮。韦曰，纮所以县瑱当耳者。《齐风》：充耳以素乎而，充耳以青乎而，充耳以黄乎而。笺云，素、青、黄，谓所以县瑱者，或名为纮，织之，人君五色，臣则三色。"

是王冕以五色纮悬玉瑱，诸侯亦然。盖以丝织者。

裨　冕

子　玄覆朱里，制与王同

《弁师》："诸侯郑注：侯当为公。之缫斿阮校以'斿'衍。然'缫斿'对'缫藉'为文，唐石增是也。九就，瑉玉三采，其余如王之事。缫斿皆就，玉瑱、玉笄。"注："其余，谓延、纽，皆玄覆朱里，与王同也。出此则异。"

丑　缫斿九就

《弁师》："五采缫十有二。"注："缫，杂文之名也，合五采丝为之绳。"此天子缫斿，五色丝为之。又："缫斿皆就。"注："皆三采也。"当言斿色。《弁师》："诸侯之缫斿九就，瑉玉三采。"玉三采，似缫亦当三采。《聘礼》："所以朝天子，圭与缫皆九寸，缫三采六等，朱白苍。"孔《礼记疏》重朱白苍。疏："天子五采，公侯伯三采，子男二采，皆是杂采也。"是盖以朱白苍三色丝合为之。

《玉藻》疏："斿长尺二寸天子，故垂而齐肩也。言天子齐肩，则诸侯以下各有差降。则九玉者九寸，七玉者七寸，以下皆依斿数垂而长短为差。"《聘礼记》："所以朝天子，圭与缫皆九寸。问诸侯，朱绿缫八寸。"

聘礼之缫，所以饰圭，与圭等长；然冕斿之缫斿，不与冕等长。郑仅云齐肩，贾、孔皆云一尺二寸。上文不取如是之长，而以为八寸为当。天子、诸侯当同八寸，以冕之色、饰或有所差降，而冕制大小、斿之长短，当君臣同。所以取长八寸者，与冕广同也，能蔽明则可矣。

寅　珉玉三采

《弁师》："珉玉三采。"注："三采，朱白苍也。"又："故书璜作璑。……郑司农云……璑，恶玉名。"疏："按许氏《说文》：璑，三采玉，从玉，无声，以其三采，又非玙璠，故云恶玉名也。《说文》又云：璜，石之美者，从玉，昏声。如是经云璜玉三采，当以璑为正，故先郑从璑，为恶玉名也。"则《说文》以此玉含三色，而非各别之朱玉、白玉、苍玉也。

《后汉书·舆服志》："乘舆白玉珠……三公诸侯七当从《独断》作'九'字。斿，青玉为珠；卿大夫五当从《独断》作'七'字。斿，黑玉为珠。"皆取单色。《说文》："璑，三采玉也。"段注："天子纯玉，公四玉一石，侯三玉二石……诸公之冕璑玉三采，谓以璑杂玉备三采，下于天子纯玉备五采也。许云三采玉谓之'璑'，误。"段氏匡许是也，璑者，玉质次于天子缫玉耳，非一玉含三采也。郑注："三采，朱白苍。"文甚明晰。

依缫色，推玉色，诸侯裨冕之玉亦为朱、白、苍三色。

卯　缫玉，每斿九玉

《弁师》："缫斿九就……缫斿皆就。"注："缫斿皆就，皆三采也。指斿乃三色丝合成。每当作'其'。缫九成，则九旒也。"即每一斿串结朱白苍三色玉九粒，九斿则九成。合斿与玉而言，则为旒。

辰　旒玉之序列

缫玉三采，朱白苍，则易序列为：

朱朱朱白白白苍苍苍

孙氏《正义》："《礼器》说天子冕藻十有二旒，诸侯九。金鹗

云，诸侯之缫九就，九就即九旒，此与《礼器》适合。郑注谓'侯'
当为'公'字之误，失之。案：金说是也。凡诸侯、公，衮冕以下，
侯伯鷩冕以下，子男毳冕以下，盖同九旒、九就、九玉，无增减之差，
故云诸侯之缫旒九就，不云五等有异。然则《礼器》，天子六冕，皆
十二旒；诸侯五等，皆九旒；卿上大夫皆七旒；大夫皆五旒，咸视爵
为降杀，不随命数，正足与此经相证补。《独断》云，《周礼》天子
冕朱绿藻十有二旒，公侯大夫各有差别。汉兴，至孝明帝永平二年，
诏有司采《尚书·皋陶》篇及《周官》《礼记》，定而制为天子十二
旒，三公及诸侯之祠者朱绿九旒，卿大夫七旒。……今定五等诸侯
冕并九旒、九就、九玉，皆八十一玉也。"

孙氏以公侯伯子男皆九就，非郑之公九、侯伯七、子男五之说。

《白虎通·绋冕》："天子麻冕，朱绿藻，垂十有二旒；诸侯九旒；
大夫七旒；士爵弁无旒。"是郑氏改"诸侯之缫旒九就"之"侯"为
"公"，欠妥，金说是也。

巳　青组纮

《弁师》：诸侯之纮无文。贾疏："出此则异，异谓天子朱纮，诸
侯当青组纮之等，不得与王同。"

《祭义》："昔者天子为藉千亩，冕而朱纮，躬秉耒；诸侯为藉百
亩，冕而青纮。"《礼器》："管仲镂簋朱纮。"注："诸侯青组纮。"

爵　弁

子　制同冕，无旒，平延

《士冠》："爵弁服。"注："爵弁者，冕之次。""其布三十升。"
疏："凡冕，以木为体，长尺六寸，广八寸。绩麻三十升布，上以玄，

下以纁，前后有旒；其爵弁制大同，唯无旒；又为爵色为异。""其爵弁则前后平，故不得冕名。"

《礼记·哀公问》："大昏既至，冕而亲迎，亲之也。"又："然冕而亲迎，不已重乎？孔子愀然作色而对曰：合二姓之好，以继先圣之后，以为天地宗庙社稷之主，君何谓已重乎？"君冕而亲迎，士爵弁而亲迎，则爵弁为冕类、冕制也。郑注是也。《独断》："周曰爵弁，殷曰冔，夏曰收，皆以三十升漆布为壳，广八寸，长尺二寸。如冕，缯其上，周黑而赤，如爵头色，前小后大，皆有收以持笄。"则蔡氏以长为尺二寸，前小后大为异，其余与郑、贾不违。蔡云尺二寸，"二"或"六"之讹，或汉制如此；前小后大，或即前圆后方，以圆挫角似小也。

任大椿《弁服释例》："《后汉志》及《独断》《晋志》，均云爵弁高八寸，'高'为'广'之误。长尺二寸；《初学记》引董巴《舆服志》，爵弁广八寸、长尺二寸，则爵弁大小尺寸传述又异。岂广八寸、长尺六寸者为天子爵弁，广八寸、长尺二寸者为诸侯以下爵弁，亦如沈氏所云诸侯天子之冕大小各异乎？但《左氏·桓二年》传疏引董巴《舆服志》，谓冕广七寸、长尺二寸，《初学记》引董巴《舆服志》，爵弁广八寸、长尺二寸，则是爵弁反广于冕一寸，似与冕弁大小之制未合也。"

冕制，大小当君臣无别，所异在饰。《独断》以下，异代异制，记人异词，或文辞讹误，未可为典要，而有参证之价值耳。敖继公《仪礼集说》卷一乃云："爵弁、皮弁，其制同也。"非是。若二者同制，何《士冠》别其笄也。陈瑞庚《士昏礼服饰考》："爵弁既以弁名，当亦不似冕矣。盖爵弁之形与他弁同，其质可能用韦。"亦误合爵弁服之爵弁与兵服之韦弁为一。

丑　纮以缁组，纁边

《士冠》："爵弁笄，缁组纮，纁边。"注："有笄者屈组为纮，垂为饰。……纁边，组侧赤也。"疏："以缁为中，以纁为边侧而织之也。"

寅　冕下覆

《弁师》："王之弁绖，弁而加环绖。"注："弁绖，王吊所服也。其弁如爵弁而素。"又："大夫之冕，韦弁，皮弁，弁绖……"注："弁绖之弁，其辟积如冕缫之就……士变冕为爵弁，其韦弁、皮弁之会无结饰，弁绖之弁不辟积。"则爵弁之下覆，准无旒，而无辟积矣。蔡邕以为黑缯其上，盖汉制耳。周制仍以麻布，其色，郑注《士冠》云黑，贾疏为爵色，郑氏注或有误。《独断》云：如爵头色，其里为纁。

卯　笄

《士冠》："皮弁笄、爵弁笄各一匴。"疏："其笄小当用象耳。"

辰　纽

无文。纮以纁饰，与纁里同色，天子诸侯朱里，朱纽；士准之，纁里，纁纽。《玉藻》："童子之节也……锦绅并纽，皆朱锦也。""士练带……并纽约用组。"或以组为冠与。

巳　纺

无文。天子以五采，士当一色，疑以缁。

午　瑱

无文。天子诸侯以玉，与笄同；士准之，以象。

江永《乡党图考》："弁字上锐，象形；爵弁与皮弁同名弁，而爵弁有覆版，何以名弁？"爵弁之冕下覆，左右与冠武密缝合，有笄，有纮，故似弁之圆锥体而斜戴上半，故以弁名。冠则左右两边开也。

　　任大椿《弁服释例》："爵弁既以弁名，则其状当似弁。考《释名》，弁如两手相合抃时也。以爵韦为，谓之爵弁。"疑同江氏，辨见上文。又以韦为之，岂非兵服？以之助祭于君乎？以之亲迎以合二姓之好乎？其为冕、为麻已无可疑矣。陈祥道、王与之、金鹗等皆类此，不详载。

第三节　弁

皮　弁

子　弁体以白鹿皮

《士冠》："皮弁服"注："皮弁者，以白鹿皮为冠，象上古也。"《士昏》："纳征，玄𫄸束帛，俪皮。"注："两皮为庭实。皮，鹿皮。"《士昏记》："皮帛必可制。"注："俪皮束帛也。"聂氏《三礼图》引旧图云："以鹿皮浅毛黄白者为之。"则以白鹿皮为弁体，浅黄毛亦近白，盖用其腹皮与。

殷墟卜辞多见获鹿，亦见鹿头刻辞，是"三王共皮弁素积"之言可信也。

丑　弁形如两手相合，高五寸

刘向《五经通义》《玉函山房辑佚书》引："弁高五寸，前后玉饰。"聂氏《三礼图》引旧图云："高尺二寸。"

任大椿《释例》《皮弁》："考《释名》以皮弁为合手之形，下广上锐，其制当取鹿皮一幅分解之，每片广头向下，狭头向上，片片缝合，自成合手锐顶之状。缝中曰会，盖皮之分解者必以箴合之也。"

此说甚当。后世之瓜皮帽犹仿佛之。

《说文》："覍，冕也，周曰覍，殷曰哻，夏曰收。此乃冕也，非弁。从兒，象形。"重文作冃，籀文作𢍱。段注："篆体小也，盖象皮弁之会。……按弁，古音同盘，其引申之义为法，如《顾命》率循大弁是也；亦为大，如郑云所以自光大是。"《释名·释首饰》：弁如两手相合抃时也。"依《说文》字形，与冠、冕等相较，覍之形制，当小于冠、冕，兹从《五经通义》为五寸也。尺二寸说，或自武斜量至顶与？然亦不至尺二寸也。

寅　邸

《弁师》注："邸，下柢也，以象骨为之。"疏："谓于弁内顶上，以象骨为柢。"天子以象。《士冠》："爵弁、皮弁、缁布冠各一匴。"注："士之皮弁，又无玉、象邸，饰。"《典瑞》："四圭有邸。"注："《尔雅》曰：邸，本也，圭本着于璧，故四圭有邸。"《尔雅·释器》郭注："根、柢，皆物之邸。'邸'即'底'。"邢疏："言凡物之柢，必在底下。"

孙氏《正义》："贾疏谓于弁内顶上，以象骨为柢，不特与《魏台访议》不合，即注亦明云下柢，则柢在弁下明矣。"

郑、贾以邸为弁内之支架，在弁顶上；任、孙以为如弁武，在弁下以周缘首。注疏是也。所谓玄上缥下，玄上朱里。"下""里"可通。《尔雅》"邸"训"本"，则为弁内之直支者，非根之盘错者。以象骨支之，以免弁之陷凹也。

卯　会缝及饰

《弁师》注："会，缝中也。璂，读如'薄借綦'之'綦'。綦，结也。皮弁之缝中，每贯结五采玉十二以为饰，谓之綦。《诗》云会弁如星，又曰其弁伊綦，是也。""韦弁、皮弁，则侯伯璂饰七，子男瑱饰五，玉亦三采；孤则瑱饰四，三命之卿瑱饰三，再命之大夫瑱饰二，玉亦二采。……士……其韦弁、皮弁之会无结饰。"

辰 笄

《弁师》："王之皮弁，会五采玉瑱，象邸，玉笄。"《士冠》："皮弁笄，爵弁笄"疏："诸侯之笄，亦当用玉矣，大夫、士当缁组纮纁边，是也；其笄亦当用象耳。"

巳 武

聂图皮弁有武，江氏《乡党图考》皮弁有冠圈。聂者宽广，江图则细小。戴东原云："冠无笄有武，冕、弁有笄无武，纮属于笄。"郑氏云冕有武，戴说非也。凡冠皆有武，缁布冠缺项即武之始。当有武，亦皮为之也。

午 纮

《士冠》："皮弁笄，爵弁笄，缁组纮纁边。"注："有笄者屈组为纮，垂为饰。"疏："其缁组纮纁边，皮弁、爵弁各有一。"

韦 弁

子 形饰同皮弁

《弁师》："诸侯及孤卿大夫之冕，韦弁、皮弁、弁绖，各以其等为之。"注："各以其等，缫斿、玉瑱，如其命数也。……韦弁、皮弁，则侯伯瑱饰七，子男瑱饰五，玉亦三采；孤则瑱饰四，三命之卿瑱饰三，再命之大夫瑱饰二，玉亦二采。""士韦弁、皮弁之会无结饰。"是二弁之形饰无甚异。

丑 以韦为体，色韎

《周礼·司服》："凡兵事，韦弁服。"注："以韎韦为弁。"《聘礼》：

“君使卿韦弁归饔饩五牢。”注：“韦弁，韎韦之弁，兵服也，而服之者，皮、韦同类，取相近耳。”疏：“以赤韦为弁也。……有毛则曰皮，去毛熟治则曰韦。本是一物，有毛无毛为异。”贾义似以鹿韦为之，亦合《士昏记》“皮、帛必可制”之义。

陈祥道《礼书》卷之六：“皮弁与韦弁制略有异，皮弁略呈半圆，韦弁则前高后卑。”盖本聂图，不足采信。

任大椿《弁服释例》《韦弁》：“韦弁形制似皮弁，广狭之度似后世武弁。案《晋志》：‘韦弁制似皮弁，顶上尖，韎草染之，色如浅绛，然则形状似皮弁矣。’又考《三礼图》……惟不载韦弁尺寸，大约韦广是必大于他冠。盖武士之冠最大，故《后汉志》武冠亦称武弁大冠。……然则韦弁之高广之度，当不异于武弁大冠矣。”云似皮弁，是也；似武弁大冠，则未必。聂图武弁大冠，若结合冠与弁者。

韦弁者，乃兵服之常着，战时则复加铜盔胄。以胄重而硬，内有韦弁以承之，则安首矣。《左传·僖三十三年》：“春，晋阮校衍。秦师过周北门，左右免胄而下。”杜注：“胄，兜鍪。”孔疏：“服虔曰，无礼，谓过天子门，不櫜甲束兵，而但免胄。”免胄非露发，露发则丧事也。内即韦弁，示兵服而无战事。又《成十六年》：“见楚子必下，免胄而趋风。楚子使工尹襄问之以弓，曰方事之殷，有韎韦之跗注，君子也。”此即免胄见韦弁之明证，惜杜氏但以衣当之。韦弁虽兵服，常着则以为敬，如《聘礼》“卿韦弁归饔饩”是也，战则承胄，故免胄见韦弁则为礼。其下文云：“郤至见客，免胄承命，曰：‘君之外臣至，从寡君之戎事，以君之灵，间蒙甲胄，不敢拜命。’”是其证也。

由此亦可推知，皮弁之制当小，《五经通义》云高五寸，是也。韦弁以柔皮去毛者为之，染以韎色。犹今日钢盔内，复有承钢盔之帽也。

　　韦弁与皮弁之异，除皮、韦及色外，盖无笄，而有缨，以其或承胄也。其缨盖亦以韦为之。此无文，意推之。

第四节　绖

首　绖

子　象缺项

《丧服》:"斩衰裳、苴绖。"注:"首绖象缁布冠之缺项。"疏:"今言象之者，直取绖法象颅项而为之。"是象之耳，非形制悉同也。

丑　大小以搤

《丧服传》:"苴绖大搤，左本在下，去五分一以为带。齐衰之绖，斩衰之带也，去五分一以为带。大功之绖，齐衰之带也，去五分一以为带。小功之绖，大功之带也，去五分一以为带。"注:"盈手曰搤。搤，扼也，中人之扼围九寸，以五分为杀者，象五服之数也。"

贾疏如下表。皆以寸计。

斩衰	齐衰	大功	小功	缌麻
首经9				
要经$9(1-\frac{1}{5})$	首经$7\frac{1}{5}$			
	要经 $7\frac{1}{5}(1-\frac{1}{5})$	首经$5\frac{19}{25}$		
		要经 $5\frac{19}{25}(1-\frac{1}{5})$	首经$4\frac{76}{125}$	
			要经 $\frac{576}{125}(1-\frac{1}{5})$	首经$3\frac{429}{625}$
				要经$2\frac{2966}{3125}$

丧服以表哀痛，必不细分若贾所云者，且亦无任何尺度，能分至千分之几寸，何况缌麻之二又三千一百二十五分之二千九百六十六寸。经为缠缕所成，《间传》郑注"四纠之"，则非贾氏如是降杀也，显然为将经分为"股"而纠之，以五分去一为差降。贾之误，似在以经为布体带状，可五分去一剪裁为差降也。

《间传》"斩衰三升，既虞卒哭，受以成布六升，冠七升。为母疏衰四升，受以成布七升，冠八升。去麻服葛，葛带三重。期而小祥，练冠，縓缘，要经不除，男子除乎首，妇人除乎带。男子何为除乎首也？妇人何为除乎带也？男子重首，妇人重带，除服者先重者，易服者易轻者。"注："葛带三重，谓男子也，五分去一，而四纠之，带既变，变因为饰也。妇人葛经，不葛带。旧说云：三纠之，练而带去一股。去一股则小于小功之经，似非也。易服谓后丧所变也。……妇人其为带，犹五分经去一耳。要经仍麻，而其大小为去经五分之一。"疏："葛带三重者，谓男子也，既虞卒哭，受服之饰，要中之带，以葛代麻带，又差小于前，以五分去一，唯有四分见在。三重，谓作四股纠之，积而相重，四股则三重，未受服之前，麻带为两股相合也。此直云葛带三重，则首经虽葛，不三重也，犹两股纠之。""云五分去一，而四纠之者，以《丧服传》云五服经带相差皆五分去一，故知受服之时，以葛代麻亦五分去一。既五分去一，唯有四分见在，分为四股而纠之，故云四纠之。……男子重首而轻带，既变麻用葛，四股纠之以为饰也。则知男子首经妇人要带，不三重为饰也。云妇人葛经，不葛带者，案《少仪》云，妇人葛经而麻带，又上《檀弓》云妇人不葛带，谓齐、斩之妇人也，故《士虞礼》曰妇人既练，说首经，不说带也。注云不脱带，斩、齐妇人带不变也……其大功以下，妇人亦葛带也，故《丧服·大功》章男女并陈，及其变服，三月受以小功衰，即葛九月，是男女共为，即知大功妇人亦受葛也。……旧说云，所至练之时，又三分去一。此既葬葛带三重，去其一股，以为练之带也。云去一股，则小于小功之经，似非也者，斩衰既葬，与齐衰之麻同；斩衰既练，与大功之麻同。大功之带，即与小功首经同。所云同者，皆五分去一。今乃三分，斩衰既葬三重之葛带，去其一股以为练带，则是三年练带小于小功首经，非五服之差次，故云似非也。"

旧说为：服愈重者，纠愈多。郑氏亦然；其异于旧说者，在"葛带三重"当为四股纠之，非三纠之；郑以如三纠则二重，至练再减一股，直二股纠之，为一重，小于小功之经，故不从旧说。

孔氏为：服愈轻者，纠愈多。以纠者，饰也，故斩衰成服为两股纠之，既虞变，股亦增多。遂使旧说及郑意泯而不彰矣。

若郑氏以"股"为差降，则为：葛带三重者，四纠纠即股，则未受前，要绖为五纠四重，首绖为六纠五重。如此，首要非去五分一为差也。

依旧说，则未受前，要绖为四纠，首绖为五纠，合五分去一之差；然于齐衰受服则又不合。斩衰要绖之大，即齐衰首绖之大，若四股，以股为杀，去一股，如郑注云：去其一股为练带。为齐衰之要绖，则亦不合五分去一之义。二说但以"股"为受差，未言"股"如此，则于五服差降合乎否。

今试为新说于下：

五服差降以新股。一服受除以原股。

（一）取麻一扼，均分为五股，纠之，是斩衰之首绖。

取首绖等量之麻，均分为五股，去其一股，余四股，纠之，是为斩衰之要绖。

（二）取斩衰要绖等量之麻，均分为四股，纠之，是为疏衰之首绖。

取疏衰首绖等量之麻，均分为五股，去其一股，余四股合之，再分为三股，纠之，是为疏衰之要绖。

（三）取疏衰要绖等量之麻，均分为三股，纠之，是为大功之首绖。

取大功首绖等量之麻，均分为五股，去其一股，余四股合之，再分为二股，纠之，是为大功之要绖。

（四）取大功要绖等量之麻，均分为二股，纠之，是为小功之首绖。

取小功首绖等量之麻，均分为五股，去其一股，余四股合之，为一股，是为小功之要绖。

（五）取小功要绖等量之麻，为一股，是为缌麻之首绖。

取缌麻首绖等量之麻，均分为五股，去其一股，余四股合之，为一股，是为缌麻之要绖。

拟五服经受表 数字为股数

服程	经	服者服等	斩衰	疏衰正义		大功降正义		○衰	小功降正义			缌麻
成服	首要	男	苴五	牡四	牡四	牡三	牡三		澡一	牡二	澡一	澡一
		女	苴五	牡四	牡四	牡三	牡三		澡一	牡二	澡一	澡一
		男	苴四	牡三	牡三	牡二	牡二		澡一	牡一	澡一	澡一
		女	苴四	牡三	牡三	牡二	牡二		澡一	牡一	澡一	澡一
既虞	首要	男	苴四	牡三	(无受)	(无受)	葛二	(无受)	(无受)	葛一	(无受)	(无受)
		女	葛四	葛三			葛二			葛一		
		男	葛三	葛二			葛一			葛一		
		女	苴三	牡二			葛一					
小祥	首要	男	除	大功以上散带绖有本					小功以下断本			
		女	葛二									
		男	葛二									
		女	除									

寅　经缨

《丧服》:"大功布衰裳,牡麻绖,无受者。……其长殇皆九月,缨绖;其中殇七月,不缨绖。"注:"自大功以上,绖有缨,以一条绳为之。"疏:"郑知一条绳为之者,见斩衰冠绳缨,通屈一条绳,屈为之误之武,垂下为缨,故知此绖之缨亦通屈一条,属之绖,垂下为缨可知。"

环　绖

子　以一股麻为体,纠而横缠

《丧服记》:"大夫吊于命妇,锡衰。"注:"当事则弁绖。"《司服》:"凡吊事,弁绖服。"疏:"以麻为体,又以一股麻为体,纠而横缠之,如环然,故谓之环绖。"

丑　大如缌之绖

《司服》注："环绖者，大如缌之绖，缠而不纠。"

附：要绖

子　象大带

《丧服》："斩衰裳，苴绖杖……"注："麻在首、在要皆曰绖。……要绖象大带。"

丑　带垂

《丧服》："大功布衰裳，牡麻绖，无受者。"传曰："丧成人者其文缛，丧未成人者，其文不缛，故殇之绖不摎垂，盖未成人也。"注："不摎垂者，不绞其带之垂者。《杂记》曰：大功以上散带。"

余见"首绖"。

绞带　布带

子　象革带

《丧服》："斩衰裳，苴绖杖，绞带。"注："又有绞带象革带。齐衰以下用布。"疏："斩衰以苴麻为绞带。……齐衰已下用布者，即下《齐衰章》云'削杖，布带'是也。"《丧服》："公、士、大夫之众臣为其君斩衰，布带绳屦。"疏："依上文绞带，菅屦。"《丧服》："疏衰裳齐……布带。"疏："布带者，象革带，以七升布为之。此即下章带缘各视其冠是也。"

《杂记》："小敛环绖，公、士、大夫一也。"孔疏："若是两股相交，则谓之绞。"则绞带当为两股相交。

第五节　发饰

纚

《士冠》：“将冠者采衣，纚。”注：“《玉藻》曰，童子之节也，缁布衣，锦缘，锦绅，并纽，锦束发，皆朱锦也。纚，结发。”疏：“锦束发者，以锦为总而束发也。”纚有安发之笄，长四寸，则纚之广不过四寸。成人当以组。

髺　发

《士丧》：“主人髺发。”注：“去笄缅而纚。”疏：“此即《丧服小记》云：斩衰髺发以麻。”贾又云：“纚上着髺发也。”则非经义。吉曰纚，丧曰髺发，改所系组为麻。《檀弓》：“袒，髺发，去饰之甚也。”是仅有去，而无加着也。

免

《士丧》："众主人免于房。"注："旧说以为如冠状，广一寸。《丧服小记》曰：斩衰括发以麻，免而以布，此用麻布为之，状如今之着幓头矣，自项中而前，交于额上，却绕紒也。"

髺　麻髺　布髺

《士丧》："妇人髺于室。"注："今言髺者，亦去笄纚而紒也。"疏："今至小敛节，亦如上将斩衰，男子去笄纚而髺发，则此将斩衰，妇人亦去笄纚而麻髺。"

《丧服》："女子子在室为父布总、箭笄、髺，衰三年。"注："髺，露紒也，犹男子之括发；斩衰括发以麻，则髺亦用麻。以麻者，自项而前，交于额上，却绕紒，如着幓头然焉。"

《士丧注》："髺之异于髺发者，既去纚，而以发为大紒。如今妇人露紒，其象也。《檀弓》曰，南宫绍之妻之姑之丧，夫子诲之髺曰，尔毋纵纵尔，尔毋扈扈尔。其用麻布，如着幓头然。"是成服妇人之麻髺，即以麻结之大紒。

《左传·襄四年》："国人迎丧者皆髺。"杜注："髺，麻发合结也。"孔疏："郑众以为，枲麻与发相半结之。马融以为屈布为巾，高四寸，着于额上。"如马说，高四寸，是有定制，孔子当不至诲之。且着于额上，与男子括发相去远甚。《丧服四制》："秃者不髺。"疏："髺者，是妇人大紒，重丧，辫麻绕发。"是也。当从先郑义。

《丧服疏》："男子……斩衰名括发，齐衰以下名免耳。妇人阴，少变，故齐、斩妇人同名髽。括发及免与髽三者，虽用麻布不同，皆如着幓头不别。"

贾以三者形同，不别男女，皆如着幓头。说不可从。括发以麻为髻也，其别于纚者，纚与组非参半而结，乃用组束发；括发则麻、发相辫也。免有定制，自后而前，交于额上，反却绕纚。髽乃妇人之饰，如露纚。故三者形异。《丧服小记》："男子免而妇人髽。"孔疏："髽者，形有多种，有麻，有布，有露纚也。其形有异，同谓之髽。""有麻髽，以对妇人括发时也。""布髽者，此云男子免，对妇人髽，男免既用布，则妇人髽不容用麻也。""露纚髽者，《丧服传》云，布总、箭笄、髽，衰三年。故郑注《丧服》云：髽，露纚也，明知此服并以三年，三年之内，男子不恒免，则妇人不用布髽，故知恒用露纚也。……然露纚恒居之髽则有笄，何以知之？按笄以对冠，男子在丧恒冠，妇则恒笄也。……此三髽之殊，是皇氏说。"

孔疏又云："今考校，以为正有二髽：一是斩衰麻髽，二是齐衰布髽，皆名露纚。必知然者，以《丧服》女子子在室为父箭笄、髽，衰三年，是斩衰之髽用麻，郑注以为露纚；明齐衰髽用布，亦谓之露纚髽也。"

《丧服疏》："髽有二种，二种者：一是未成服之髽，即《士丧礼》所云者是也，将斩衰者用麻，将齐衰者用布。二者成服之后，露纚之髽，即此经注是也。"则贾氏亦三髽矣。

今从孔氏义，为麻髽、布髽二种。说如下：

（一）麻髽：用于小敛、斩衰妇人，以对男子括发者；又用于女子子在室为父三年者，加笄而已。

（二）布髽：用于小敛、齐衰妇人，对男子免者。

纚

《士冠》：“缁纚，广终幅，长六尺。”注：“纚，今之帻梁也；终，充也，纚一幅长六尺，足以韬发而结之矣。”《士昏》：“姆纚，笄。”注：“纚，绦发。纚亦广充幅，长六尺。”是男女同制。

《士冠》疏：“韬讫，乃为紒矣。”《内则》：“栉、縰、笄、总。”注：“縰，韬发者也。”孔疏：“以縰韬发作髻。”孔、贾并以纚先韬发，而后作髻。朱熹《通解》从之。

孔疏引卢植云：‘所以裹髻承冠，以全幅叠而用之。’未知孰是，卢说为优。”卢是也。郑云汉之帻梁，纚所生。又《问丧》：“亲始死，鸡斯、徒跣。”注：“今时始丧者邪巾貊头。笄、纚之存象也。”《檀弓》：“鲁妇人髽而吊。”《释文》：“纚，黑缯韬。”《说文》：“纚，冠织也。从糸，丽声。谓以缁帛韬发。”段注：“如方目纱。”

总

《丧服》：“女子子在室为父布总，箭笄。”《丧服传》：“总六升，长六寸。”注：“总六升者，首饰象冠数。长六寸，谓出紒后所垂为饰也。”疏：“若据其束本，人所不见，何寸数之有乎？故郑以六寸，据垂之者，此斩衰六寸；南宫绦之妻为姑总八寸，以下虽无文，大功当与齐衰同八寸。缌麻、小功同一尺。吉总当尺二寸。”《丧服记》：“齐衰总亦象冠数……正齐衰总亦八升，是以总长八寸。”

朱熹《通解》三卷：“总者，裂练缯为之，束发之本，垂余于髻后，故以为饰也。”此吉总。

郑珍《仪礼私笺》："纚韬其发，以笄贯之，因盘其发于笄下，使绾之而发末与发际无束者，犹易散也，然后由总由项后束发本，掠其四际，以交于额，却向后，绕束髻端，又束发末而垂其余于髻后为饰。……然则此注说括发、免、髽，及《丧服》说髽，皆云用麻布，自项而前，交于额上，却绕纷，如着帻头者，即是谓总也。"郑氏混"免"与"总"为一，非也。"免"乃男子丧饰，"总"乃妇人丧、吉并用之饰，但质布帛之异也。"免"未云有垂余如此制者，郑说非是。

戴氏《东原集》记括发免髽："郑君不解麻之所以代总，而言更加麻于首，失其传欤。妇人当男子括发。免则髽。齐、斩之髽皆布总。"则以髽即布总之用于成服前也，然《丧服传》："女子子在室为父布总、箭笄、髽，衰三年。"布总与髽并列，明分二物。戴氏竟合之，殊不可解，亦误。

次 被锡

《士昏》："女次，纯衣纁袡。"注："次，首饰也，今时髲也。《周礼》追师掌为副、编、次。"疏："次，次第发长短为之，所谓髲鬄也。言'所谓'，谓如《少牢》主妇髲鬄也。"《少牢》："主妇被锡，衣侈袂。"注："被锡读为髲鬄，古者或剔贱者、刑者之发，以被妇人之纷为饰，因名髲鬄，此《周礼》所谓'次'也。"

《说文》："髲，益发也。从段注。从髟，皮声。"段注："《召南》'被之僮僮'传曰：被，首饰也。……笺云礼服笄总之后，必分别加副、编、次于上为饰。"《诗·鄘风·君子偕老》"副笄六珈"疏："次者，亦髲他发，与己发相合为纷，故云'所谓髲鬄'也。"

《曲礼》："发毋髢"注："髢，髲也，毋垂余如髲也。"则髲鬊为垂发。

髦

《既夕》："既殡，主人说髦。"注："儿生三月，鬌发为鬌，男角女羁，否则男左女右，长大犹为饰存之，谓之髦。……髦之形象未闻。"

《诗·鄘风·柏舟》："髧彼两髦。"传："髧，两髦之貌。髦者，发至眉，子事父母之饰。"孔疏："言两者，以象幼时鬌，则知鬌以挟囟，故两髦也。"《说文》："髳，发至眉也。从髟，敄声。《诗》云：'髳彼两髳。'"段注："盖以发两绺下垂至眉，像婴儿夹囟之角发下垂。……按紞，冕冠塞耳者，髳盖似之也。"郑云儿生三月，鬌发为鬌，毛传云发至眉，则髦之长短可知。然垂当不在眉，孔疏或然也。

笄

甲　安发之短笄

《士冠》："宾揖之，即筵坐，栉，设笄，宾盥，正缅如初。"疏："凡诸设笄有二种：一是纮内安发之笄；一是皮弁，爵弁及六冕固冠之笄也。今此栉讫，未加冠即言设笄者，宜是纮内安发之笄。若安发之笄，则缁布冠亦有之。……缁布冠不言设笄，而言设缅；皮弁冠言设笄，不言设缅，互见为义，明皆有也。"

《士丧》："鬠笄用桑，长四寸，缨中。"注："长四寸，不冠故也。缨笄之中央以安发。"则生时安发之笄，制同之而质异也。疏云："中央狭，两头阔。"吉笄当亦同。

乙　固冠之笄

《士冠》："皮弁笄，爵弁笄。"注："笄，今时簪也。"疏："其笄亦当用象耳。"《士丧》疏："冠笄：皮弁笄、爵弁笄……冠则笄长矣。"弁之笄，用以系紘固冠，自然长过于弁体之直径。妇人笄长尺二寸，男子弁笄当亦同。《丧服记》："旧传曰，折笄首者，折吉笄之首也。吉笄者，象笄也。"疏："吉时之笄，以象骨为之，据大夫士而言。"则士弁笄用象骨也。

丙　妇人吉笄、象笄

《士昏》："姆纚，笄，宵衣。"注："笄，今时簪也。"《丧服记》："折笄首者，折吉笄之首也。吉笄者，象笄也。"注："有首者，若今时刻镂擿头矣。"疏："吉时之笄，以象骨为之，据大夫士而言。"是以象骨为之；有首镂饰，其长尺二寸。《丧服传》："吉笄尺二寸。"

丁　妇人恶笄

榛笄

《丧服记》："女子子适人者为其父母，妇为舅姑，恶笄有首，以髽。"注："言以髽，则髽有着笄者明矣。"此乃成服后之露紒、加笄也。《丧服记》引旧传曰："笄有首者，恶笄之有首也。恶笄者，栉笄也。"注："栉笄者，以栉之木为笄；或曰榛笄。有首者，若今时刻镂擿头矣。"疏："此栉亦非木名，案《玉藻》云：沐栉用樿栉，发晞用象栉。郑云，樿，白理木为栉，栉即梳也。以白理木为梳栉也；彼樿木与象栉相对，此栉笄与象笄相对，故郑云栉笄者，以栉之木为笄。谓用樿木。云或曰榛笄者，案《檀弓》云……盖榛以为笄，长尺。"

《玉藻》之樿栉，乃吉服之物，不可援为丧笄用樿之证，此《丧服》当从榛木为笄之文。

箭笄

《丧服》："女子子在室为父布总、箭笄、髽，衰三年。"传曰："箭笄长尺，吉笄尺二寸。"注："箭笄，筱竹也。"疏："今于丧中，唯有此箭笄及榛二者；若言寸数，亦不过此二等，以其斩衰尺、吉笄尺二寸，《檀弓》南宫绦之妻为姑，榛以为笄，亦云一尺，则大功以下不得更容差降，郑注《小记》云，笄所以卷发。既在同卷发，故五服略为一节，皆用一尺而已。"

第六节　衣裳

壹　端系

端　衣

子　身四正幅

《司服》:"其齐服有玄端、素端。"注:"玄谓:端者,取其正也。"疏:"端,正也,故以正幅解之。"《丧服记》:"衣二尺有二寸。"注:"衣自领至要二尺二寸;倍之,四尺四寸,加辟领八寸,而又倍之,凡衣用布一丈四寸。"疏:"衣身有前后,今且据一相而言,故云二尺二寸;倍之为四尺四寸,总前后计之,故云倍之四尺四寸也。加阙中八寸者,阙中谓阙去所谓去,非剪去不用,剪而仍存。中央当项处,当缝两相,总阙去八寸;若去一相,正去四寸,若前后据长而言,则一相各长八寸,通前两身四尺四寸,总五尺二寸也。更以一相五尺二寸并计,故云又倍之。"

取宽二尺二寸,长四尺四寸之布二,对折,合缝,缝长二尺二寸者为背;前则有左右襟,大小各二尺二寸正方。此为端衣之身。

近年出土洛阳西周玉人，似着端衣，其胸前花纹，左右对称，当为对襟。

丑　领方

《丧服记》注："加辟领八寸。"贾疏云为"阙中"，云："前后据长而言，则一相各长八寸。"此即在背缝之当项处，距对折线四寸，向左右各剪一四寸长之开口；再于前左右二幅，距对折线四寸处，亦向左右各剪一四寸之开口，形成左右肩上之领叶，所阙者当背项之中，及当前左右幅之中，故云"阙中"，即阙中为一正方，其四边距前幅、后幅之下缘，及左右肩接袂处皆为等距，故名。

另取一为八寸正方之布，剪为等大者，即长八寸、宽四寸之布二，以其一当背项之领叶；另一中分之，为四寸正方，为前左右襟上之领叶。

将此五领叶后、左、右共三长叶，前二。外翻，贴缝之，形成领之四边，即领边各宽四寸，依爵等纰边刺黼为饰。丧衣无饰。

《深衣》："曲袷如矩以应方。"注："袷，交领也。古者方领，如今小儿衣领。"深衣之领，与端衣有别，即后同而前异，高低亦异。

寅　腰上下广尺

《丧服记》："衣带下尺。"注："衣带下尺者，要也。广尺，足以掩裳上际也。"疏："云带者，此谓带衣之带，非大带、革带者也。云衣带下尺者，据上下阔一尺；若横而言之，不著尺寸者，人有粗细，取足为限也。若无腰，则衣与裳之交际之间，露见表《通解》作'里'。衣，有腰则不露见，故云掩裳上际也。言上际者，对两旁有衽，掩旁两厢下际也。"

腰横之尺寸，当准衣为之，衣前后各四尺四寸宽，则腰亦长八尺八寸。是腰围相当今尺二公尺矣。贾云随人粗细，非是。若瘦，则端衣下缘必辟积乎？

卯 袂正幅

《司服》注："士之衣袂，皆二尺二寸而属幅，是广袤等也。"疏："云衣袂二尺二寸，《丧服记》文，故彼云衣二尺有二寸。注云：'此谓袂中也；言衣者，明与身参齐。'是玄端之身，长二尺二寸；今两边袂亦各属一幅，幅长二尺二寸，上下亦广二尺二寸，故云属幅广袤等，袤则长也。"《丧服记》："袂属幅"疏："今此属连其幅，则不削去其边幅，取整幅为袂，必不削幅者，欲取与下文衣二尺二寸同，纵横皆二尺二寸正方者也，故深衣之袂中可以运肘也。"又《丧服记》："衣二尺有二寸。"注："二尺二寸，其袖足以容中人之肱也。"疏："上谓袂，据从身向祛而言；此衣，据从上向腋下而言，袂所以连衣裳为之，衣即身也，两旁袂与中央身，总三事。下与畔皆等，故变袂言衣，欲见袂与衣齐参也。"

辰 袂大夫已上侈

《司服》注："大夫已上侈之，侈之者，盖半而益一焉。半而益一，则其袂三尺三寸，祛尺八寸。"疏："案《礼记·杂记》云：'凡弁绖服，其衰侈袂。'《少牢》主妇衣绡衣，亦云侈袂。侈，大也。郑以'侈'为'大'，即以意为半而益一解之也。"

郑云半而益一，甚是。所侈者，相当衣之腰，故郑以所侈为一尺一寸，与腰之一尺相当。

巳 祛尺二寸

《司服》注："其祛尺二寸。"疏："据《玉藻》深衣之祛尺二寸而言也。"《玉藻》："祛尺二寸。"《丧服记》疏："祛，袖口也，尺二寸，足以容中人之并两手也。""袂末接祛者也，据复摄而言；围之则二尺四寸，与深衣祛同。缘口深浅，亦与深衣同寸半可知。"

午　袪缘

《丧服》注:"缘口深浅,亦与深衣同寸半可知。"《深衣》:"纯袂、缘、纯边,广各寸半。"注:"纯,谓缘之也。缘袂,谓其口也;缘,緆也;边缘,衣裳之侧,广各寸半,则表里共三寸矣。唯袷广二寸。"孔疏:"谓纯其袂缘,则袂口也。……言表里合为三寸。""经言纯袂,恐口外更缘,故云纯袂,则是缘其袂口也。非是口外更有缘也。"

未　衽

《丧服记》:"衽二尺有五寸。"注:"衽,所以掩裳际也,与有司绅齐也。上正一尺,燕尾二尺五寸,凡用布三尺五寸。"疏:"掩裳两厢下际不合处。""取布三尺五寸,广一幅,留上一尺为正,正者正方不破之言也。一尺之下,从一畔旁入六寸,乃向下、邪向下一畔一尺五寸,去下畔亦六寸,横断之,留下一尺为正,如是则用布三尺五寸,得两条衽,衽各二尺五寸,两条共用布三尺五寸也。"

《玉藻》:"衽当旁"注:"衽属衣,则垂而放之。"孔疏:"谓丧服及熊氏朝、祭之衽。"似孔氏不以吉服端衣有垂而放之之衽。

郑注云:"衽,谓裳幅所交裂也。凡衽者,或杀而下,或杀而上,是以小要取名焉。衽属衣则垂而放之,属裳则缝之,以合前后,上下相变也。"如郑义及熊氏义,则吉服端衣有衽。《丧服》注:"衽,所以掩裳际也,与有司绅齐也。"是郑以非仅丧服之裳,前后不合;吉服之端衣裳,亦前后不合。是前三幅与后四幅所交,以左右二衽掩之。

（端衰）衣裳

子　幅数及辟积

《丧服记》:"凡衰,外削幅;裳,内削幅,幅三袧。"注:"袧谓辟两侧，空中央也。祭服、朝服辟积无数。凡裳，前三幅、后四幅也。"辟积无定数，丧服三辟积，则吉服三以上也。

丑 裳之长、宽

《丧服记》："幅三袧。"疏："为裳之法，前三幅，后四幅，幅皆三辟积，以其七幅布，幅二尺二寸，幅皆两畔各去一寸为削幅，则二七十四尺。"此乃裳之下边，长一丈四尺，与深衣略同，唯不围合。

《深衣》："短不见肤，长不被土。"《既夕》："长及觳。"是长无定制，随人高下而为也。端衣之裳，亦准之。

寅 前、后幅不连

《玉藻》："衽当旁。"文承"朝玄端，夕深衣，深衣三袪"之下，似兼二服也。郑注见上文"衽"条。及熊氏皆以端衣之裳，前后不合。又《深衣》"续衽钩边"注："续，犹属也；衽，在裳旁者也。属连之，不殊裳前后者也。"是深衣则合，而端衣之裳则"殊前后"也。《既夕》："明衣有前后裳。"

《丧服》注："凡裳，前三幅，后四幅。"则后幅广于前。《既夕》："有前后裳，不辟。"注："前三幅，后四幅。"

金鹗《求古录礼说》《玄端服考》，云郑氏《三礼注》释玄端服之误："一曰玄端与朝服同，特异其裳。""按：玄与缁有别。缁者，正黑色；玄者，黑青色也。朝服缁衣，玄端玄衣，是其色不同也。《毛公诗传》《说文》皆谓黑中有赤色为玄，其说固非。"

金氏误以玄有青色，辨已详第三章，此不议。

"一曰玄端，天子诸侯朱裳，大夫素裳，与士异。《玉藻》云：韠，君朱，大夫素，士爵韦。郑注云：此玄端服之韠也。""朱裳则阳色甚著，非阴幽之义矣。大夫服素裳以齐，亦与阴幽义不合。朝服缁衣素裳，玄端玄衣素裳，亦近乎混。又《玉藻》云'无君者不贰采’，此谓大夫士去位，服玄端，上下同色也。若大夫素裳，则非不贰采矣。”

金氏攻孙星衍服章用阴阳说之非是，今亦竟踵孙氏之歧途而不自觉也。

金云“大夫素裳，则非不贰采”，亦误。玄衣素裳，是贰采也。沈彤《仪礼小疏》《士冠礼》辨之者，是也。

李惇《群经识小》衣裳：“衣之长短，经无明文，然二尺二寸之袂、加中阔四寸、带下尺，则可以知之矣。郑氏误解《记》文，注云衣带下尺者，要也，广尺，所‘足’之误。以掩裳上际也。贾疏又推明必有衣要之故。夫衣裳相接于要中，裳可名要，衣亦可名要，但案郑解，衽二尺有五寸，以为属于衣之下，则此衣要即衽之上正一尺矣。以布三尺五寸为二衽，则衣之后二幅亦当有二衽矣。二尺二寸之衣，前后联缀，其裳之下际，亦不能得掩，且裳之前三幅后四幅，周回围裹，两旁断不至开露，亦何所用掩也。”

若李氏所云，则不必衽亦可也，然《玉藻》“衽当旁”，岂具文哉？衣长但二尺二寸，若无“带下”，则短不足以掩裳上际，必见里衣，故有一尺之“带下”接之，带下又接以二尺五寸长之衽，以掩裳前后所交裂。李氏似未审贾疏“取布三尺，裁成二尺五寸长者二”之义，乃云上正一尺即“要中”也。许宗彦《鉴止水斋集》《丧服》：“衽二尺有五寸……经言二尺五寸，举其垂下言之，其实并上正一尺，凡用布三尺五寸也。案：究当以疏说为是。”是的论也。

孔广森《礼学卮言》《玄端素端》：“广森以为，吉事则冠冕之服端，弁服侈袂；《少牢馈食》‘主妇被锡，衣侈袂’，知主人朝服亦侈袂也。凶事则丧服端，《杂记》曰：‘端衰丧车皆无等。’吊服侈袂，《杂记》又曰：‘凡弁经，其衰侈袂。’”

《少牢》主妇侈袂，其夫朝服，惟不可知为天子之大夫，抑诸侯之大夫，是孔氏此说虽佳，犹不能定也。

宋绵初《释服》《玄服端》："玄端者，玄冠之服，以丝为之，非布衣也。……凡经言玄者，玄缯也；言素者，素缯也。玄端玄裳，以交于神明；则其为丝衣审矣。"

然则冕，玄上即布，非事神明耶？士朝服玄端衣，则君为鬼神乎？仍是郑学。

贺氏《礼记新义疏》《杂记》："皮弁一，以素为衣裳也。"马氏《玉函山房辑佚书》贺场作。敖继公《仪礼集说》："皮弁次于爵弁，亦士之尊服也，其衣盖亦丝衣，而色如其裳。……冠服之衣用布。"《东原集》《记皮弁服》："旧说曰，其衣十五升布，此据诸侯朝服以为言，殆非也。《玉藻记》曰，君衣狐白裘、锦衣以裼之，士不衣狐白；又曰锦衣狐裘，诸侯之服也；《论语》曰素衣麑裘。狐白裘，麑裘，郑氏皆以皮弁服为之上衣，《记》不云乎，以帛里布，非礼也。然则皮弁服之衣以素明矣。"金鹗《求古录礼说》《皮弁布衣辨》："皮弁之服，十五升白布衣，后儒皆从之。鹗窃以为非也。……《玉藻》云，以帛里布，非礼也。此谓上服用帛，中衣亦必用帛；上服用布，中衣亦必用布，盖表里欲其相称，故缁衣羔裘，素衣麑裘，黄衣狐裘，其色如一色，既宜一，则用布用帛亦宜于一矣。若以帛里布，是不称也。且帛贵布贱，贵者宜在表，贱者宜在里，绿衣黄里，诗人所以兴叹也。今以帛里布，是贵贱易位矣。……天子皮弁之下，有狐白锦衣也。……以丝衣为里，而上衣乃用布，是以帛里布矣，岂礼也哉？然则皮弁必非布矣。且衣贵裳贱，皮弁服既以素为裳，是裳用帛矣，裳既用帛，而衣反用布，亦为贵贱倒置。"

贺氏以皮弁为素；戴、金以为即丝衣，所据则《玉藻》"以帛里今本作'裹'，《释文》作'裹'。布，非礼也"之文。郑注："中、外宜相称也。冕服，丝衣也，中衣用素；皮弁服、朝服、玄端，麻衣也，中衣服布。"此《记》文郑注判之甚确，中者，但言中衣，不及锦衣狐裘之等。若夏，则去锦衣狐裘矣。不可举加裘，以言丝外麻里，而推皮弁为丝服也。若衣锦尚绚，绚亦布也，乃加服，故不可持"以帛里布"以律一切服。金氏又据布贱丝贵之辞，以作皮弁为丝服之证佐。殊不知《论语》有"麻冕，礼也，今也纯，俭"之语，布缕升数多，细密工精，故丝反为俭矣，何丝贵而布贱乎哉？

任氏《弁服释例》《皮弁服》："案《史记·礼书》曰，皮弁布裳。考素积以素丝为裳，而《礼书》布裳，与礼制未合。《史记》因衣用白布，而谓裳与衣同；继公因裳用素丝，而谓衣与裳同，其失均也。"所辨是也。

凌廷堪《礼经释例》《皮弁服》："考《聘礼》，公侧授宰玉，褐降立。注：《论语》曰，素衣麑裘。皮弁时或素衣，其裘同可知也。《郊特牲》皮弁素服，注亦云衣裳皆素，则郑氏已不能自守其前说。《杂记》子羔之袭也，素端一，皮弁一，是皮弁与素端为二服，孔氏《正义》曰，卢云布上素下皮弁服，贺玚云以素为衣裳也。然则衣裳皆素者，或素端欤？《周官·司服》：其齐服有玄端、素端，亦别于皮弁而言之也。"

凌氏之说，看似可驳倒郑氏，然似是而非也。《聘礼》郑注，素衣乃褐衣也，非皮弁衣。贾疏："褐衣，君臣亦有异时，若在国视朔，君臣同素衣为褐，故《乡党》云素衣麑裘，彼一篇是孔子行事，郑兼见君臣视朔之服，是其君臣同用素褐可知。若聘礼亦君臣同用麑裘，但主君则用素衣为褐，使臣则用绞衣为褐，是以郑总云皮弁时或素衣，其裘同可知也。言或素衣者，在国则君臣同素衣，聘时主君亦素衣，唯臣用绞衣为裼也。"贾深得其正。

又：若皮弁为丝衣，则与素端何别？其言别于皮弁，是也，足以反证皮弁为布衣矣。

敖继公《仪礼集说》云："童子之衣，盖亦深衣制也。《曲礼》曰，童子不衣裘裳，不裳则连裳于衣矣。"敖说不足信。

童子采衣，亦为端衣。《玉藻》："朝玄端，夕深衣。"冠礼在朝，不在夕。又《曲礼》云云，郑注甚的，童子不裘裳，为其大暖。如连裳于衣，何必出此文？此言童子有裘衣，而无裘裳也。

《聘礼》："君使卿韦弁归饔饩五牢。"注："其服盖韎布以为衣，而素裳。"疏："郑注《司服》云，韦弁，以韎韦为弁，又以为衣裳。又晋郤至衣韎韦之跗注。郑《杂问志》解此跗注，以跗为幅，以注为属，谓制韦如布帛之幅，而连属为衣及裳。"是郑二解，一云以韎色也，布衣而素裳；一为兵服之韎韦衣裳。按：君使卿归饔饩，非兵事，服韎色布衣素裳，而冠韦弁耳；《左传》乃战服，韦弁，韎韦衣裳也。是郑二解并不龃龉也。

端衣表

玄端	十五升缟布	玄缯缘洛阳出土西周玉人之服似之。
采衣	十五升缟布	朱锦缘
纯衣	缁丝衣	玄缯缘
冕衣	缁丝衣	朱、玄缯缘士爵弁服属冕衣，黻文。《公羊传·昭二十四年》："寡人有不腆先君之服。"何休注："士爵弁黻衣裳，以助公祭。"
皮弁衣	十五升白布	素缯缘
韦弁衣	十五升韎布	缯缘台湾历史博物馆陈列汉晋陶人武士之衣似为对襟。

衰衣裳

子　制若端衣裳

《丧服》："斩衰裳。"注："凡服五服，上曰衰，下曰裳。"又："女子子……衰三年。"注："妇人不殊裳，衰如男子衰，下如深衣也。"

丑　衰外削幅、内削幅

《丧服记》："凡衰，外削幅；裳，内削幅。"注："削犹杀也，大古冠布衣布，先知为上，外削其幅，以便体也。内杀其幅，稍有饰也。"疏："云凡者，总五服而言，故云'凡'以该之。云衰外削幅者，谓缝之边幅向外。裳内削幅者，亦谓缝之边幅向内。"

寅　斩衰以外齐

《丧服记》："若齐，裳内，衰外。"注："齐，缉也，凡五服之衰，一斩四缉，缉裳者，内展之；缉衰者，外展之。"疏："此据四齐而言。……此据衰裳之下，缉之用针功者。斩衰不齐，无针功，故不言也。……上言衰外削幅，此齐还向外展之。……齐衰至缌麻并齐。……言'展之'者，若今先展讫，乃行针功者也。"

卯　身、袂平齐

《丧服记》："衣二尺有二寸。"注："此谓袂中也。言衣者，明与身参齐……衣自领至要二尺二寸，倍之四尺四寸，加辟领八寸，而又倍之，凡衣用布一丈四寸。"参见上文"端衣"。

辰　要宽一尺

《丧服记》："衣带下尺。"注："要也，广尺，足以掩裳上际也。"疏："据上下阔一尺；若横而言之，不著尺寸者，人有粗细，取足为限也。……若无腰，则衣与裳之交际之间，露见里衣；有腰则不露见，故云掩裳上际也。"宽不言者，与衣下边相接，衣宽即腰之宽，前后共八尺八寸，去削幅亦有八尺，要围大者亦可容也。

巳　衽属腰旁

《玉藻》："衽当旁。"注："凡端深衽者，或杀而下，或杀而上，是以小要取名焉。衽属衣，则垂而放之；属裳，则缝之以合前后，上下相变。"孔疏："皇氏云：言凡衽，非一之辞，非独深衣也。或杀而下，谓丧服之衽，广头在上，狭头在下。"

《丧服记》："衽二尺有五寸。"注："衽所以掩裳际也。二尺五寸，与有司绅齐也，上正一尺，燕尾二尺五寸，凡用布三尺五寸。"

午　平领无缘

《丧服记》："负广出于适寸。"注："负，在背上者也。适，辟领也。负出于辟领外旁一寸。"疏："以方布置于背上，上畔缝着领，下畔垂放之。"则领为平者，乃可云缝之，不出长于领。此项背之领平，平者兼二义：一为平直之平，二为非高起之平。端衣之领亦然。唯衰衣无缘。

未　裳幅二

《丧服记》："裳内削幅，幅三袧。"注："袧者，谓辟两侧，空中央也。"疏："一幅凡三处屈之，辟两边相着，自然中央空矣。幅别皆然也。"

申　衰

《丧服记》："衰长六寸，博四寸。"注："广袤四寸也。"疏："广袤，据上下而言也。缀于外衿之上，故得广长当心。"贾意：衰衣有内外衿，非与？端取正幅也。

衰为长方形之麻布一块，郑意是左右广四寸，上下长六寸，宽则反是。经记言博、广，多指横度言，如"负广出于适寸，适博四寸"是也。当为上下六寸也。贾盖误。见下文。

酉　适

《丧服记》:"适博四寸,出于衰。"注:"博,广也。辟领即适也,见郑注。广四寸,则与阔阙中八寸也,两之为尺六寸也。出于衰者,旁出衰外,不著寸数者,可知也。"疏:"此辟领广四寸,据两相而言,云出于衰者,谓比胸前衰而言出也。……今此适四寸,据横,故博为广。……云辟领广四寸者,据项之两相向外各广四寸。云则与阔中八寸也者,谓两身当缝中央,总阔八寸,一边有四寸,并辟领四寸为八寸。云两之为尺六寸也者,一相阔与辟领八寸,故两之,总一尺六寸。……两旁辟领,向前望衰之外也。…以广衰四寸,辟领横广总尺六寸,除中央四寸当衰,衰外两旁各出衰六寸,故云不著寸数可知。"

贾疏是也。适一叶宽四寸,二叶则八寸,分置左右肩,若计阙中之空口八寸,则横有一尺六寸。衰当心,但四寸,则适出于衰尺二寸,即左适右适各出于衰六寸也。

戌　负

《丧服记》:"负广出于适寸。"注:"负,在背上者也。适,辟领也。负出于辟领外旁一寸。"疏:"以一方布置于背上,上畔缝着领,下畔垂放之。以在背上,故得负名。出于辟领外旁一寸,总尺八寸也。"

附：五服质料升数表

服名	服程	衰裳			冠			附注
		降正义			降正义			
斩衰	成服 既虞 小祥 大祥		三升 六升 七升	三升半		六升 七升 八升	六升	
疏衰	成服 既虞 小祥 大祥	四升 七升	五升 八升	六升 九升	七升 八升	八升 九升	九升 十升	
大功	成服 既虞 小祥 大祥	七升 十升	八升 十升	九升 十一升	十升 十一升	十升 十一升	十一升 十二升	
緦衰	成服 既虞 小祥 大祥			四升半			八升	《丧服传》曰："緦衰者何以?小功之缌也。"此为义服，不在五服之内。见《礼记·学记》郑注、孔疏。
小功	成服 既虞 小祥 大祥	十升	十一升	十二升	十升	十一升	十二升	
缌麻	成服	十五升 抽半						

贰　深系

深　衣

子　长短

《深衣》："古者深衣，盖有制度……短毋见肤，长毋被土。"又："负绳及踝以应直。"则深衣之长，随人高下，长当及足跟。郑注："绳谓裻与后幅相当之缝也。踝，跟也。"孔疏："衣之背缝及裳之背缝，上下相当，如绳之正，故云负绳，非谓实负绳也。"

丑　曲领

《玉藻》："袷二寸。"注："曲领也。"孔疏："袷谓深衣曲领，广二寸。"

《深衣》："曲袷如矩以应方。"注："袷，交领也。古者方领，如今小儿衣领。"孔疏："郑以汉时衣领，皆向下交垂，故云古者方领，似今拥咽，故云若今小儿衣领，但方折之也。"

寅　袼

《深衣》："袼之高下，可以运肘。"注："肘不能不出入。袼，衣袂当掖之缝也。"孔疏："袼谓当臂之处，袂当为'袼'也。中高下宜稍宽大，可以运动其肘。"

卯　袂

《深衣》："袂之长短，反诎及肘。"注："袂属幅于衣，诎而至肘，当臂中为节，臂骨上下各尺二寸，则袂肘以前尺二寸。肘，或为腕。"孔疏："袂长二尺二寸，并缘寸半，为二尺三寸半，除去其缝之所杀各一寸，余有二尺一寸半在；从肩至手二尺四寸。今二尺一寸半之袂，得反诎及肘者，以袂属于衣，幅阔二尺二寸，身脊至肩但尺一寸也。从肩覆臂又尺一寸，是衣幅之畔覆臂将尽，今又属袂于衣，又二尺二寸半，故反诎其袂，得及于肘也。"

《深衣》："袂圜以应规。"注："谓胡下也。"《释文》："胡下，下垂曰胡。"《玉藻》："袂可以回肘。"注："二尺二寸之节。"孔疏："袂上下之广二尺二寸，肘长尺二寸，故可以回肘。"

辰　袪

《玉藻》："袪尺二寸。"注："袂口也。"孔疏："袪，谓深衣袂口，谓口之外畔，上下尺二寸也。"

巳　裳幅

《深衣》："制十有二幅，以应十二月。"注："裳六幅，幅分之以为上下之杀。"疏："每幅交解为二，是十二幅也。"《玉藻》："深衣三袪。"孔疏："幅广二尺二寸，一幅破为二，四边各去一寸，余有一尺八寸，每幅交解之，阔头广尺二寸，狭头广六寸，以宽头向下，狭头向上，要中十二幅，广各六寸，故为七尺二寸；下齐十二幅，各广尺二寸，故为一丈四尺四寸。"

午　裳齐平

《深衣》："下齐如权衡以应平。"注："齐，缉。"孔疏："裳下之齐，如权之衡，低仰平也。"

未　不辟积，裳齐自有波磔

十二幅乃交裂六幅而成，则裂口为斜边。凡斜边与斜边相缝，直边与直边相缝；斜边长，直边短，故形成波浪状，如今称"荷叶边"者。后直缝对准衣裂，则亦直缝正中，则斜边正值衣角。

申　纯缘

《深衣》："纯，袂缘，纯边，广各寸半。"注："纯，谓缘之也。

缘袂，谓其口也。缘，緆也；边缘，衣裳之侧，广各寸半，则表里共三寸矣，唯袷广二寸。"

《既夕记》："缘绲緆，缁纯。"注："在幅曰绲，在下曰緆。""饰衣曰纯，谓领与袂。"则深衣之领缘二寸，下緆寸半，边缘寸半，袂口寸半。

俞樾《群经平议》《深衣》："樾谨按：袂长二尺一寸半，加衣幅之畔一尺一寸，则为三尺二寸半，除从肩至手二尺四寸，仅余八寸半，安得反诎之及肘乎？"肘"当从或本作"腕"，于义方安，否则必不能及，且使袂果反肘，亦嫌太长，不便于事也。"俞氏说是也。

长　衣

子　制同深衣，袖长、素纯

《聘礼》："主人长衣，练冠以受。"注："长衣，素纯布衣也。"疏："此长衣与深衣同布，但袖长、素纯为异，故云长衣，素纯布衣也。"《丧服记》疏："以素缘之，袖长在外，则曰长衣。"《玉藻》："长、中继掩尺。"注："其为长衣、中衣，则继袂掩一尺，若今褒矣。"孔疏："长衣、中衣，继袂之末，掩余一尺。""长衣掩，必用素，而中衣掩，或布或素，随其衣而然。"

《聘礼》注："纯袂寸半耳。"疏："此三者长、中、深衣之衣，皆用朝服十五升布，六幅破为十二幅而连衣裳，袖与纯缘则异。""纯为衣裳之侧，袂为口缘，皆寸半，表里共三寸。"

《深衣目录》孔疏："郑《目录》云……深衣连衣裳，而纯之以采者，素纯曰长衣，有表则谓之中衣。大夫以上祭服之中衣用素。……士祭以朝服，中衣以布明矣。"《聘礼》："主人长衣练冠以受。"注："长衣，素纯布衣也。……吉时在里为中衣，中衣长衣继皆掩尺。表之曰深衣。纯袂寸半耳。"疏："此三者之衣皆用朝服十五升布，六幅分为十二幅而连衣裳，袖与纯缘则异……纯为衣裳之侧，袂为口缘，皆寸半，表里共三寸。……长衣、中衣皆用素纯。"

麻 衣

子 制同深衣，小功布，缞布缘

《丧服记》："公子为其母，练冠、麻、麻衣缞缘。"注："此麻衣者，如小功布深衣。《诗》云麻衣如雪，《檀弓》曰，练，练衣黄里缞缘。"疏："麻衣者，谓白布深衣。缞缘者，以缯为缞色，与深衣为领缘。彼麻衣及《礼记·檀弓》云子游麻衣，并《间传》云大祥素缟麻衣，注皆云十五升布深衣，与此小功布深衣异，引之者，证麻衣之名同，取升数则异。礼之通例，麻衣与深衣制同，但以布缘之则曰麻衣；以采缘之则曰深衣；以素缘之，袖长在外，则曰长衣；又以采缘之，袖长在衣内，则曰中衣。又以此为异也，皆以六幅破为十二幅，连衣裳则同也。"《檀弓》："小祥，练冠，练中衣，以黄为内，缞为饰。"

襦 衣

子 君朱襦

《大射》："公，袒朱襦。"《乡射记》："君，袒朱襦以射。"

丑 大夫纁襦

寅 襦衣盖袍制而短，质帛

《说文》："襦，短衣也。从衣，需声。一曰䙅衣。"段注："颜注《急就篇》曰，短衣曰襦，自膝以上。按，襦，若今袄之短者；袍，若今袄之长者。"《释名·释衣服》："襦，暖也，言温暖也。"《说文》

云短衣，则必与深衣相较为短，是以次入深衣系。

《礼记·内则》："衣不帛襦袴。"文："二十而冠，可以衣裘帛。"则君臣襦衣用帛，明矣。

裼　衣

《聘礼》："公侧授宰玉，裼降立。"注："裼者，免上衣见裼衣。……《玉藻》曰裘之裼也，见美也。又曰麛裘青犴褒，绞衣以裼之。《论语》曰：'素衣麛裘，皮弁。公此时上衣。时或素衣裼之。'其裘同，可知也。裘者，为温表之，为其亵也，寒暑之服，冬则裘，夏则葛。"疏："案《玉藻》，君衣狐白裘，锦衣以裼之。注云君衣狐白毛之裘，则以素锦为衣覆之，使可裼也。……凡裼衣，象裘色。""若在国视朔，君臣同素衣为裼……若聘礼，亦君臣同用麛裘，但主君则用素衣为裼，使臣则用绞衣为裼。"《玉藻》："绞衣以裼之。"注："绞，苍黄之色。"

裼衣为何制，礼无文，以其冬服，或类袍制，是以次此。若童子则有裘衣，无裘裳，似裘又为端衣制；推之于裼衣，亦似为端衣制，则裼衣当入端系。此不能必，姑入深衣制耳。

（女）纯衣

子　制如深衣

《司服》："掌王后之六服。"注："妇人尚专一，德无所兼，连衣裳，不异其色。…六服皆袍制。"《丧服》："女子子……衰三年。"注："此但言衰，不言裳，妇人不殊裳，衰如男子衰，下如深衣，深衣则衰无带，下又无衽。"见下文引《曾子问》文。

丑　质丝色玄

《士昏》："女次，纯衣纁袡。"注："纯衣，丝衣。女从者毕袗玄，则此亦玄矣。"

《曾子问》："亲迎，女在涂，而婿之父母死，如之何？孔子曰：女改服布深衣，缟总。"此为纯衣为丝质之旁证。以丧事易吉服，丧事以布，吉事以丝明矣。

寅　纁缘

《士昏》："纯衣纁袡。"注："袡亦缘也；袡之言任，以纁缘其衣，象阴气上任也。凡妇人不常施袡之衣，盛昏礼为此服。"疏："此纯衣即褖衣，是士妻助祭之服，寻常不用纁为袡，今用之，故云盛昏礼为此服。"

卯　加頮黼领

《士昏》："女从者毕袗玄，纚笄，被頮黼。"注："士妻始嫁，施禅黼于领上，假盛饰耳。言被，明非常服。"则女当亦加此偓领。

敖继公《仪礼集说》卷二："袡者，裳连于衣，而异其色之称，此缁衣而纁裳，故曰纁袡也。妇人衣裳异色者，惟此时耳。"妇人服，上下同色。《内司服》注："妇人尚专一，德无所兼，连衣裳，不异其色。"此为昏礼，特裳缘以袡，非谓纁裳也。敖氏以〇释为裳，非与。

宵　衣

子　玄丝衣，绡缘

《士昏》："妇纚笄宵衣以俟见。"疏："此则《特牲》，主妇宵衣也。"《特牲》："主妇纚笄宵衣。"注："宵，绮属也；此衣染之以黑，其缯本名曰宵。《诗》有素衣朱宵；《记》有玄宵衣。凡妇人助祭者同服。"《士昏》："姆纚笄宵衣，在其右。"注："宵，读如《诗》素衣朱绡之绡，《鲁诗》以绡为绮属也。姆亦玄衣，以绡为领，因以为名，且相别耳。"疏："案上文云女褖衣，_{经本作'纯'，贾改字。}下文云女从者毕袗玄，皆是褖衣，则此绡衣亦褖衣矣。""若然，《特牲》云绡衣者，谓以绡缯为衣。"

《玉藻》："君子_{大夫士}狐青裘豹褎，玄绡衣以裼之。"注："绡，绮属，染之以玄。"此宵衣当即助祭之服，盖丝为之。

丑　袂

《少牢》："主妇被锡，衣侈袂。"注："亦衣绡衣，而侈其袂耳。侈者，盖半士妻之袂以益之，袂三尺三寸，袪尺八寸。"则士妻袂二尺二寸，袪尺二寸。

寅　余制同女纯衣

玄（衣）

子　制同女纯衣

丑　上下皆玄，质丝

《士昏》："女从者毕袗玄。"注："同玄者，上下皆玄。"疏："同者，即妇人之服不殊裳。女服丝，此亦然。"

寅　加纃黼领

《士昏》："女从者毕袗玄，纚笄，被纃黼在其后。"注："《诗》云素衣朱襮；《尔雅》云黼领谓之襮。《周礼》曰白与黑谓之黼，天子、诸侯后、夫人狄衣，卿大夫之妻刺黼以为领，如今偃领矣。"朱熹《通解》_{卷二}："士妻于衣领上，别刺绣文，故谓之被；大夫以上则刺之，而不别被之矣。"

敖继公《仪礼集说》_{卷二}："纃黼为禅衣，而被之于玄衣之上，亦犹妇之加景也。"经云领，非衣也。敖说非。而此领云"被"，则后世之霞帔，盖其遗制乎？

景

《士昏》："姆加景。"注："景之制，盖如明衣；加之以为行道御尘，令衣鲜明也。景亦明也。"疏："案《既夕礼》：'明衣裳用布幂布，袂属幅，长下膝。'郑注云：'长下膝，又有裳，于蔽下体深也。'此景之制无正文，故云盖如明衣。直云制如明衣，此嫁时尚饰，不用布。案《诗》云衣锦褧衣，裳锦褧裳。郑云，褧，禅也。盖以禅縠为之，中衣藻用锦，而上加禅縠焉，为其文之大著也。"《玉藻》："禅为絅。"注："谓有衣裳而无里。"

俞正燮《癸巳类稿》景："《诗》衣锦褧衣，《礼》引作衣锦尚絅，《仪礼》作景，皆以禅衣明透为义。……褧制如绤绤。……贾疏云，景不用布，盖以禅縠为之，贾说非也。褧为明，则必禅衣，示反古，则必用布，其类褧者，则曰绤绤，惟葛麻异耳。《诗正义》云，葛细靡者，绤也，质细而缕绤，皆不用縠，知昏礼景用布者，男子始冠缁布冠，明女子昏礼加景亦布矣。姆玄衣，女从者纚黼领，则女景亦缁布也。"

俞氏所引二证，皆非其类，不得如此推之。

马瑞辰《毛诗传笺通释》《硕人》："褧，《士昏礼》姆加景乃驱。'景'即此《诗》'衣锦褧衣'。……林部檾字，注训也枲属也，引《诗》'衣锦檾衣'，一本《毛诗》，一本《三家诗》。作檾者正字，褧者假借字也。檾字或作颖，又作蕳，褧又作絅，《释文》褧，本又作颖，《尚书大传》引《诗》作蘬，皆檾之异文。《玉藻》《中庸》作絅，《仪礼》姆加景，皆褧之通用字。檾衣盖绩檾以为衣，取其在涂蔽尘则曰褧。褧之言明也，外蔽尘使衣鲜明也。"《说文》段注："《杂记》如三年之丧，则用颖。郑云，颖，草名，无葛之乡，去麻则用颖……

盖《士昏礼》所谓景也。"

马、段之说是也。屈师《诗经释义》："今所谓罩袍也。"然当以今之披风释之为宜与？

深衣表

深衣　　布　采缘

长衣　　布　素缘

麻衣　　布　缬缘

襦衣　　帛（朱、缥）缘山西出土东周陶范所现之衣极类襦衣。

裼衣　　缯、锦

纯衣（女）　丝　纁袡

宵衣（女）　丝　绡领

玄衣（女）　丝　褍褕褍褕外加。

景（女）　布盖若今之披风。

第七节　带

缁　带

《士冠》："主人玄冠朝服，缁带。"注："缁带，黑缯带。士带博二寸，再缭四寸，屈垂三尺。"疏："士练缯为带体，所裨者用缁，则此言缁，据裨者而言也。""案《玉藻》云……士练带，率下裨……注云，士裨末而已。""杂带，士缁裨。郑云……士裨垂之下，外内皆以缁，是谓缁带。"《士丧》："褖衣缁带。"疏："据裨者而言。"《玉藻》："士练带，率下辟。"孔疏："但裨其一条下垂者，用熟帛练为带，其带用单帛，两边缏而已。缏，谓缠缉也。下裨者，但士带垂者，必反屈向上，又垂而下。"

《石渠礼论》："戴圣曰：朝服，布上素下，缁帛带，素韦韠。"马国翰《玉函山房辑佚书》。

是士绅带之带体以帛，而以缁缯裨其所垂下之内外，故名缁带。《玉藻注》："士以下皆裨不合，而缏积。"

《玉藻》："绅长制，士三尺；有司二尺五寸。子游曰，参分带下，绅居二焉。"注："绅，带之垂者，言其屈而重也。三分带下而三尺，则带高于中也。"孔疏："人长八尺，大带之下四尺五寸，分为三分，绅居二分焉，绅长三尺也。"《玉藻》："并纽约用组三寸，长齐于带。"

附：天子、君、大夫带

《玉藻》："天子素带，朱里，终辟。"注："谓大带也。辟，谓以缯采饰其侧。"孔疏："以素为带，用朱为里，终辟……带身在要及垂皆裨。"

《玉藻》："而君素带，终辟。"注："人君充之，诸侯不朱里，合素为之，如今衣带为之，下天子也。"

《玉藻》："大夫素带，素里，辟垂。"注："大夫裨其纽及末。裨，谓以缯采饰其侧。"孔疏："但饰其带纽以下，至于末。"

《玉藻》："大夫大带四寸。"注："大夫以上以素，皆广四寸。"

《白虎通·衣裳》："所以必有绅带者，示敬谨自约整也。缯绅为结于前，下垂，三分身半，绅居二焉。"陈立疏证："《玉藻》子游曰，参分带下，绅居二焉。绅韠结三齐。注，三分带下而三尺，则高于中也，以带齐身中，故此为三分身半也。卢云，'身半'疑误，当从《玉藻》作'带下'。"从《玉藻》是也。详《玉藻》孔疏。见上文所引。

朱熹《仪礼经传通解》卷一："盖以练熟白缯，单作带体，其士带广二寸，而缥缉其两旁，又以缯饰其垂下之两末与两边也。"朱子此申郑、孔甚当，兹从之。

张末元《汉朝服装图样资料》图二，所绘大带图之结法，与山西侯马庄东周陶范所见之形相似，陶范带二垂并列，非前后重，纽亦不与垂齐。《杂记》："申加大带于上。"注："申，重也，重于革带也。"则陶范之结近是。

《玉藻》："并纽约用组三寸，长齐于带。"注："三寸，谓约带纽用组之广也；长齐于带，与绅齐也；绅，带之垂者，言其屈而重也。"则又是自相叠。组三寸，宽于士带，若并垂带之末，则合为四寸，亦宽于纽约之组。

附：革带

《玉藻》："肩，革带，博二寸。"注："颈中央，肩两角，皆上接革带以系之。肩与革带广同。凡佩，系于革带。"

任大椿《弁服释例》《四带终解》："又考大带有纽约，革带有钩，故《左传·僖二十四年》齐桓公置射钩而使管仲相。……《战国策·赵策》'黄金师比'；《楚辞·大招》：'小要秀颈，若鲜卑只。'注鲜卑，袞带头也。"

陈著《士昏礼服饰考》载《长沙发掘报告》："皮带已残为三段，外面涂黑漆，漆面有龟裂，有些地方漆已剥落。带宽六点二四厘米，厚〇点二厘米，一段长八点五厘米，一段长六点五厘米，一段长一点九五厘米。带上附竖插的象头形小带钩一个，是在皮带上竖割一孔将带钩插入的，象头的长鼻向外，而带钩的座则由上伸入皮带的另一面，正好卡住。"陈氏推为佩兵器之革带，或然。

又载燕下都遗址出土的战国铜人像："腰带也作朱红，腰带有长条形圆头带钩，连接腰带两端。"依其所系之部位，合于深衣之带位"下毋厌髀，上毋厌胁"，亦即端衣革带部位。因大带位高，革带位低也。度其广约寸余当二指宽，似不合《礼记》所言。然铜人之首与身亦不成比例，是其宽不得确指。其长视腰围之粗细为度，则可察而知也。

《玉藻》注："䪐袯颈中央，肩两角，皆上接鞶带以系之。"是䪐、袯之所系。裴松之《集注丧服经传》："绞带在要绖之下。"马国翰《玉函山房辑佚书》。要绖象大带，绞带象革带，是革带在绅带下。

绞带　布带

《丧服》："绞带"注："绞带象革带。"疏："绞带与要绖，象大带与革带，二者同在要，要绖既苴，明绞带与要绖同用苴可知。"则绞带之质，当亦视要绖。

《丧服传》："绞带者，绳带也。"疏："以绞麻为绳作带，故云绞带。王肃以为绞带如要绖，马、郑不言，当依王义。雷氏以为绞带在要绖之下矣，则要绖五分去一以为带。"贾辨之曰："今绞带象革带，与要绖同在要，一则无上下之差，二则无粗细可象，而云去要绖五分一为绞带，失其义也。但绖、带至虞后变麻服葛，绞带虞后虽不言所变，案公士、众臣为君服布带，又齐衰已下亦布带，则绞带虞后变麻服布，于义可也。"

《丧服》："公士、大夫之众臣为其君斩衰，布带绳屦。"疏："布带者，亦象革带，以七升布为之。"又："疏衰裳……布带疏屦期者。"传曰："带缘各视其冠。"疏："带谓布带，象革带者……二者之布升数多少，视犹比也，各比拟其冠也。"

秦蕙田《五礼通考》引郝敬曰："齐衰之绖以下，明五服皆有绞带之制，以补经文之未备。"郝氏似以"齐衰之带"与"绞带"为一，或又兼"要绖"与"绞带"二义，经传实但指"要绖"，不及绞带，郝氏混之，非也。若郝义，则传下文又发"绞带者，绳带也"，何重之？且绞带，齐衰以下名布带也。张尔岐《仪礼郑注句读》《丧服》：

"注齐衰以下用布，单指绞带一事而言。"是也。

褚寅亮《仪礼管见》《绞带》："按《士丧礼》云，妇人之带，牡麻结本，指齐衰妇人也。注云妇人亦有苴绖，但言带者，明其异。既妇人异男子而用枲，则男子两带但苴可知。若绞带用牡麻，必明著之以别于苴矣。敖氏谓一带用牡麻，非也。……斩衰妇人要绖与男子同，敖氏谓用牡麻，亦非也。"此辨甚是。

《五礼通考》引《朱子语类》："绞带象革带，一头有彄子，以一头串于中而束之。"乃后世汉以下之制，非古也。《故宫玉器选萃》有带头，类今日者，与朱子语相合，而异于近年出土东周者。当从近年出土所见。

第八节　韠韨

韠

子　以韦为体，象裳色

《士冠》：“主人玄冠、朝服、缁带、素韠。”注：“素韠，白韦韠也。”又：“玄端、玄裳，黄裳，杂裳可也，缁带，爵韠。”疏：“云韠者，与下君、大夫、士为总目。韦者，又总三者用韦为之。”《玉藻》：“韠，君朱，大夫素，士爵韦。”注：“凡韠以韦为之，必象裳色。”又：“兄弟毕袗玄。”注：“缁带，韠。”

丑　长三尺，上广一尺，下广二尺

《玉藻》：“韠，下广二尺，上广一尺，长三尺。”《杂记》同。

寅　颈五寸，肩、革带博二寸

《玉藻》：“韠……其颈五寸，肩，革带博二寸。”注：“颈，中央；肩，两角也；皆上接革带以系之，肩与革带广同。凡佩，系于革带。”孔疏：“其上下及肩与革带，俱二寸也。”

卯　韠形之制：圜、杀、直

《玉藻》：“韠……圜、杀、直……天子直。”注：“四角直，无圜、杀。”又：“公侯前后方。”注：“杀四角，使之方，变于天子也。所杀者，去上下各五寸。”又：“大夫前方后挫角。”注：“圜其上角，变于君也。”又：“士前后正。”注：“士贱，与君同，不嫌也。”孔疏：“正，谓不衺也，直而不衺谓之正，施不衺而亦谓之正。”

辰　缝会距上五寸，垂纰

《杂记》：“韠会去上五寸……纰以五采。”注：“会谓领‘领’字上原有‘上’字，孔疏二引注文，一作领缝，一作上领缝。疑之字。缝也。当为‘领之缝也’。缝之所用，盖与纰同。……纰施诸缝中，若今时绦也。”疏：“会，谓韠之领缝也，此缝去韠上畔五寸，谓会上下广五寸。”孔疏又云：“纰以五采者，纰，绦也，谓五采之绦，置于诸缝之中。”“纰既用爵韦，会之所用无文，会纰同类，故知会之所用与纰同也。”《玉藻》孔疏：“即上去五寸是领也，以爵韦为领。”

会去韠之上畔五寸，此五寸以韦为之，曰领。会缝用纰置之，垂若冕缫。天子五采，君盖三采，卿大夫二采，士无纰，此差弁师为之。

巳　缘

《杂记》：“韠纰以爵韦六寸，不至下五寸；纯以素。”注：“缝之所用，盖与纰同。在旁曰纰，在下曰纯。素，生帛也。纰六寸者，中执之，表里各三寸也。纯纰所不至者五寸，与会去上同。”疏：“纰以爵韦六寸者，谓会缝之下，韠之两边，纰以爵韦，阔六寸，倒摄之，两厢各三寸也。不至下五寸者，谓纰韠所不至之处，横纯之以生帛，此帛上下亦原作‘各’，从阮校改作‘亦’。阔五寸也。”又云：“纯纰所不至者五寸者，纯，缘也，缘之所施，是两旁之纰，不至下五寸之处，以素缘之。云与会去上同者，纯之上畔去韠下畔五寸；会之下畔去韠之上畔五寸，以其俱五寸，故云与会去上同。”

《玉藻》：“公侯前后方。”注：“杀四角，使之方，变于天子也，所杀者，去上下各五寸。”孔疏：“上下各去五寸，所去之处，以物补饰之使方，变于天子也。”

孔未审郑旨，误以“去”乃“裁去”之义也。“去”者，“距”也，所杀裁去之处，距上畔下畔各五寸也。

《杂记》：“会去上五寸。”注：“会，谓领缝也。缝之所用，盖与纰同。”孔疏：“纰既用爵韦，会之所用无文，会纰同类，故知会之所用与纰同也。”是混缝会与会至上畔五寸之间为一。郑云会去上五寸，即缝紃处距上畔为五寸；会乃缝处，仅容一线而已。孔所以致误，在“缝之所用盖与纰同”之注，“缝之所用”之“之”，隶书与“上”近似，郑注当为：“缝上所用，盖与纰同。”“之”乃“上”字之误与？

孔又云：“会上下广五寸。”似云：“会与纰同用爵韦，其上下之宽五寸。”亦似以会即会上之“五寸”为一。

孔疏：“如诸儒所说，云会者，是韠之上畔残缘而已，去上五寸，谓与两旁之纰，去韠上畔会缝之下有五寸。若如此说，何得郑注与会去上同，明知会之阔狭五寸也。”诸儒以会乃韠上畔残缘，固误；孔氏以会为自上畔至会缝之间之阔，亦非也。会即缝，缝无所谓缘，仅饰之以紃。会缝之上之五寸，乃缘之以爵韦也。

《玉藻》：“公侯前后方。”疏：“上下各去五寸，所去之处，以物补饰之，使方。”郑未言补饰，孔君以若缺四角，则下之广不足三尺，故以物补之。其实所去无多，非去五寸平方也。似不必补。《说文》：“韐，士无市，有韐，制如榼，缺四角。”重文作“韐”，段注：“许云韐，杀四角者，正谓如公侯杀四角使之方也。所谓杀四角使之方者，合上下成八角之形，方之言柧也。《正义》云既杀而补之使方，非是。”

段注甚当。

宋绵初《释服》："中纽谓之颈，两旁纽谓之肩，皆平系于革带，颈长五寸，则肩长亦五寸矣。"宋氏以韠韨之上，特出三纽，长五寸，中为颈，旁为肩。误甚！以未审郑注文也。韠有纽不见经记，宋氏画蛇添足耳。

礼图自礼书有特出于韠韨之上畔之纽，以为颈，江氏图从而大此纽以为颈，后之从陈、江者皆循其误。郑明谓颈中央，肩两角，而江竟肩高于颈，天下有肩高颈低者乎？

韎 韐

子 制似韠，饰异

《士冠》："韎韐"注："韐之制似韠。"疏："上注已释韠制，其韐之制亦如之，但有饰无饰为异。"《玉藻》孔疏："有虞氏以前，直用皮为之，后王渐加饰焉。故《明堂位》云：有虞氏服韨，夏后氏山，殷火，周龙章。"《明堂位》郑注："天子备焉，诸侯火而下，卿大夫以山，士韎韦而已。'韨'或作'黻'。"《白虎通·绂冕》："绂者，以韦为之。"

丑 色类，以爵异

《士冠》注："韎韐，缊韨也。士缊韨而幽衡，合韦为之，士染以茅蒐，因名焉，今人名蒨为韎韐。"疏："染韦为韨之体，天子与其臣，及诸侯与其臣有异。《诗》云：'朱芾斯黄。'郑云：天子纯朱，诸侯黄朱。《诗》又云：'赤芾在股。'是诸侯用黄朱。《玉藻》再命、三命皆赤韨，是诸侯之臣亦用赤韨。……《易·乾凿度》云：孔子曰天子三公诸侯同色。……天子与其臣纯朱，诸侯与其臣黄朱，为异也。"

《玉藻》孔疏："《诗毛传》，天子纯朱，诸侯黄朱，黄朱色浅，则亦名赤韨也。则大夫赤韨，色又浅耳。"

《白虎通·绂冕》："绂者何谓也，绂者蔽也，行以蔽前……《书》曰黼黻衣，黄朱绂，亦谓诸侯也……谓黄朱亦赤矣。"

第九节　屦

子　屦体以葛、皮、草、麻

《士冠》："屦，夏用葛。"疏："春宜从夏，秋宜从冬，故举冬夏寒暑极时而言。"

《士冠》："冬，皮屦可也。"

《丧服》："菅屦"传曰："菅屦者，菅菲也。"疏："谓以菅草为屦，《诗》云'白华菅兮，白茅束兮'。郑云，白华已沤，名之为菅，濡刃中用，则此菅亦是已沤者。"

《丧服》："疏屦"传曰："疏屦者，藨蒯之菲也。"疏："藨是草名。案《玉藻》云屦蒯席，则蒯亦草类。"

《丧服》："不杖，麻屦者。"《士冠》："不屦繐屦。"注："丧屦也，缕不灰治曰繐。"则亦麻屦也。

丑　綦

《士丧》："组綦，系于踵。"注："綦，屦系也，所以拘止屦也。綦，读如马绊綦之綦。"疏："綦当属于跟后，以两端向前与絇相连于脚，跗踵足之上合结之。"

寅　絇、繶、纯

《士冠》："玄端黑屦，青絇繶纯。纯博寸。"注："絇之言拘也，以为行戒，状如刀衣鼻，在屦头。"疏："此以汉法言之，今之屦头，见有下鼻似刀衣鼻，故以为况也。"

《士冠》："素积白屦，以魁柎之，缁绚繶纯。纯博寸。"注："魁，蜃蛤；柎，注也。"疏：以魁蛤灰柎之者，取其白耳。魁即蜃蛤一物，是以《周礼·地官·掌蜃》掌共白盛之蜃。郑司农云谓蜃蛤，引此《士冠》白屦以魁柎之。玄谓今东莱用蛤，谓之又灰云是也。云柎注者，以蛤灰涂注于上，使色白耳。"

《士冠》："爵弁纁屦，黑绚繶纯。纯博寸。"注："爵弁尊，其屦饰以缋次。"疏："郑注《屦人》云，复下曰舄，禅下曰屦。又注云，凡舄之饰，如缋之次；凡屦之饰，如绣之次也。"

《士冠》注："繶，缝中紃也；纯，缘也。"疏："谓牙底相接之缝中有绦紃也。云'纯，缘也'者，谓绕口缘边也。""纯所施，广一寸。"

纯广一寸，则屦面当在一寸以上。繶施于缝中，而屦底又单，若如贾疏，则仅以一绦围屦底与面相接处之缝会而已。疑缝者，非牙底相接之缝，乃屦头形成"绚"之直缝与？

绚之状，《诗·豳风·狼跋》："赤舄几几。"传："赤舄，人君之盛屦也。几几，绚貌。"陈启源《毛诗稽古编》："绚是舄头饰，几几即其貌状，初未及安重意。"任大椿《弁服释例》："《晏子春秋·谏下》篇，良玉之绚，其长尺。与《汉书》孟康注，绚出屦一二寸不合，故晏子以为作服不当也。"

卯 底

惠士奇《礼说》《舄屦》："禅以皮，而复加木矣。《隋志》云近代或以重皮而不加木。《隋志》复古，以木重底。舄，冕服着之。"任大椿《弁服释例》："舄既以木为复底，菲屦虽粗屦，亦以木为复底，同于舄制，故《方言》释扉屦之复者，亦通曰复舄；其禅者则但以

235

革为底，不重以木。……丝屦之禅、复，与扉屦之禅、复，制略同也。"

陈著《士昏礼服饰考》载长沙市出土之战国革屦："革屦，民国二十七年（1938）三月出北门外喻家冲楚墓。侧高四公分五公厘，后高六公分一公厘，厚一公厘，首作扁方形，宽七公分八公厘，深十公分，口长十四公分，外底长二十公分，前宽十一公分，后宽七公分，屦面及右下旁合纫，两侧近首处各有大针孔十余，殆附帛面，后缀珠玉以为饰。革褐黄色，里有毛，辨为牛皮。底一面相连，下折而纫于左，复有底一沿向内卷，革围圈一，缩作两层，宽七公厘，略大于底口，底口沿及圈皆纫孔，合于上底，中空二公分强……见席帛相间残块，长七公分七公厘，宽九公分四公厘，厚一公分九公厘……此屦荐也，纳屦中，与首小大洽合，残余三之一矣。""商氏则以所称之屦，即《士冠礼》之屦。"

屦 表

葛屦　黑屦，青饰；白屦，缁饰；纁屦，黑饰；

皮屦　同上。

菅屦　外纳。无饰。

麻屦　缯屦，绳屦，麻屦。外纳。无饰。

藨蒯屦　外纳。无饰。

第十节　佩杖

缨　衿　帨　鞶

《士昏》："主人入，亲脱妇之缨。"注："盖以五采为之，其制未闻。"

《士昏记》："母施衿结帨。"《诗·豳风·东山》："亲结其缡。"传："缡，妇人之袆也。母戒女，施衿结帨。"《释文》："衿，系佩带。"

《尔雅·释器》："妇人之袆谓之缡。缡，缕也。"《诗》孔疏："孙炎曰，袆，帨巾。"

《士昏》："庶母及门内，施鞶……视诸衿鞶。"注："鞶，鞶囊也。男鞶革，女鞶丝，所以盛帨巾之属。"是以丝帛为之。

杖

子　杖体竹、桐

《丧服》："斩衰裳，苴绖、杖。"传曰："苴杖，竹也。"疏："又以苴竹为杖。"苴为恶色，此竹色粗恶者。

237

《丧服》："疏衰裳……削杖。"传曰："削杖，桐也。"《丧服小记》："苴杖，竹也；削杖，桐也。"

丑　杖制

《丧服传》："削杖，桐也。"疏："案《变除》：削之使方者，取母象于地故也。此虽不言杖之粗细，案《丧服小记》云，经杀五分而去一，杖大如经。郑注云，如要经也。郑知如要经者，以其先云经五分为杀为要经，其下即云杖大如经，明如要经也。如要经者，以杖从心已下，与要经同处，故知如要经也。"

《丧服传》："杖各齐其心，皆下本。"疏："杖所以扶病，病从心起，故杖之高下，以心为断也。云皆下本者，本，根也。"

《白虎通·丧服》："竹断而用之……桐削而用之。"

郑珍《仪礼私笺》《斩衰三年》："吉杖用竹，肤节间当有修治；凶则不修治，其杖粗沽，故得苴名。吉杖用桐，当不止削其科戹，凶则削科戹而已，故得削名。……杜元凯云，圆削之象竹。《开元礼》云，桐竹通圆之……亦可见二杖古无方圆之异也。贾疏引《变除》云，削之使下方者，取母象于地。《变除》古有多家，不知所云谁氏，然云下方，则上仍圆可握。《温公家仪》《朱子家礼》并定桐杖上圆下方，出此。聂氏桐杖图，乃误为通体皆方。聂图及今本注疏无'下'字。"

《丧服经传》王肃注："削杖，削为四分。"未知所本。

竹乃断而用之，略去其枝叶；桐则削其皮与？杖之大如经，即大一扼，当无差降。若小易折，不能扶病也。意削杖仅去其节枝，削其皮，仍为圆形，非如聂图所绘之方形，亦不从上圆下方之制。

第六章　余论

《尚书·皋陶》"予欲观古人之象日月星辰龙华虫作绘；藻火粉米黼黻刺绣"臆解

前人之说，于日、月、星辰、山、龙、华虫、藻、火、粉、米、黼、黻，其间章象之异物，章数之分合，或有出入。如华虫为二，粉米合一。要之，皆以之为物象或文画则无异。其辨已见前文第四章。其异之荦荦大者，厥为"作绘""宗彝"。其说有三：

一 以"作绘"为一章

《尚书大传》："天子衣服，作绘，宗彝、璪火、山龙；诸侯作绘、宗彝、璪火、山彝；子男宗彝、璪火、山龙；大夫璪火、山龙；士山龙。"伏义显然以"作绘"为物象，与其他依爵位递降。而汉儒之说此者，悉莫从焉。自文例言，《伏传》误也。"作绘"与"刺绣"对文，则当释为设章之法，即华虫以上用画，而裳章用绣。似无庸置议者。

二 不以宗彝为服章之章数

《后汉书·明帝纪》颜师古注引董巴《舆服志》："乘舆备文日月星辰十二章；三公诸侯用山龙九章；九卿已下用华虫七章。"永平制乃刘苍倡仪，《后汉书·东平王苍传》注引《东观汉记》："日、月、星辰、山、龙、华、藻，天王衮冕十有二旒，以则天数。"华藻连文，是不数"宗彝"之明证也。既不以"宗彝"为一章，则华虫以下"七章"，当为"华虫、藻、火、粉、米、黼、黻"七章。《后汉书·舆服志》："九卿以下用华虫七章。""公卿已下，从大小夏侯说。"是大小夏侯不数"宗彝"为服章。此其一。

《说文》："黺，画粉也，卫宏说。"又："絴，绣文如聚细米也。"段氏注以为亦卫宏说。然《说文》分粉、米为二物，已无可疑，是粉、米为二章，则华虫以下七章，无宗彝。此其二。

《论衡·量知》："黼黻华虫，山龙日月。"不及宗彝，此虽不可推其无，然亦不可决其有。

马融不数宗彝。孙星衍《尚书今古文注疏》："马融曰，上句'日、月、星辰，山、龙、华虫'，尊者在上；下句'藻、火、粉、米、黼、黻'，尊者在下。黼、黻尊于粉、米；粉、米尊于藻、火，故从上以尊卑次之。士服藻、火，大夫加粉、米，并藻、火为四章。宗彝，虎也。"陆氏《释文》以"宗彝，虎也"四字乃郑玄语。马氏注文绵密无间，云上句下句，又云尊卑次第，两叙其章，皆未及宗彝，是马氏不以宗彝为服章之象。此其三。

三　以宗彝为服章之象，而一章二物

《周礼·司服》注："九章，初一曰龙，次二曰山，次三曰华虫，次四曰火，次五曰宗彝，皆画以为缋；次六曰藻、次七曰粉米，次八曰黼，次九曰黻，皆希以为绣。""毳画虎蜼，谓宗彝也。"是以宗彝为虎蜼，始于郑氏，旨在合毳冕之"毳"也。然以"宗彝"兼"虎""蜼"二物，与他章之一物为象异，则其解之勉强可见。以因"宗彝"为章象，则已过十二之数，乃合粉、米为一章，与卫宏异。《释名·释首饰》："毳冕，毳，芮也，画藻文于衣，象水草之毳芮温暖而洁也。"是刘熙不以虎、蜼当毳冕。如此，则粉、米仍为二章，合乎郑以前之儒者说也。

由上可见，伏生、郑君之误。兹据夏侯至马融、刘熙等之论，试臆解之如下：

子　象实物作绘

舜所举日、月、星辰，为天文；山、龙、华虫、藻、火，为地文；粉、米、黼、黻为人文。日、月、星辰、山、龙、华虫，皆实物可象，而图描其象于衣，以采画之。

丑　象器文缔绣

舜所言藻、火、粉、米，本地文；藻始野生，后为人采植；以其有文采，乃以代菜蔬。火本天然，而亦由人钻取，用以烹鼎，燎天灼龟。粉为粟粒；米者，五谷实之去壳者，本亦野生，而为人所种植稼穑，除其茎叶、壳皮，以盛之于簠簋，为粢盛，以供祭祀，皆有人工加焉，故属之人文也。

《左传·宣三年》："楚子问鼎之大小轻重焉。对曰：在德，不在鼎。昔夏之方有德也，远方图物，贡金九牧，铸鼎象物，百物为之备。"《史记·赵世家》："龙纹赤鼎。"是鼎之纹饰，既云"百物"，则当有动、植物也。台北故宫博物院及台湾历史博物馆藏周鼎，有龙文者。

今所见商周宗庙彝器，多鸟兽之象，黼黻之文；而瓦器易碎散，已不多见，或当时亦绘有草木虫鱼，亦未可知。近年出土仰韶彩陶已有鱼纹、鸟纹、蛙文、叶文。见《中华艺术史纲》。宗庙之簠簋，以盛稻粱，《礼记·学记》有"皮弁祭菜"之文，是盛菜蔬之证。黼黻纯为人文，乃取宗庙彝器之成文为法，依彝器所刻而绣之于裳也。

是以此句之"予欲观古人之象"，总冒下文二事：

（一）日、月、星辰，山、龙、华虫，作绘；

（二）宗彝（之）藻、火、粉、米、黼、黻，刺绣。

即一象自然之形象绘于衣，一象人文之图形绣于裳。如此句读，或庶几乎？

《左传》"韎韦之跗注"臆解

《左传·成十六年》："郤至三遇楚子之卒,见楚子必下,免胄而趋风。楚子使工尹襄问之以弓,曰:方事之殷也,有韎韦之跗注,君子也。"杜预注:"韎,赤色;跗注,戎服,若袴而属于跗,与袴连。"孔疏:"跗注,兵戎之服,自要以下,而注于脚。跗谓属袴于下,与跗相连。《周礼·司服》凡兵事,韦弁服。郑玄云,韦弁,以韎韦为弁,又以为衣裳。晋郤至衣韎韦之跗注是也。郑以跗当为幅,谓裁韦若布帛之幅相缝属。郑言为衣、裳,则衣、裳不连。《聘礼》君使卿韦弁归饔饩。郑玄云,其服盖韎布以为衣而素裳。郑以彼非戎事,当为素裳,明衣裳不连跗注。杜言连者,谓要脚连耳。若然,在军之服,其色皆同耳。谓均服振振,上下同色,郤至与众同服,所以独见识者,礼法虽有此服,军士未必尽然,郤至服必鲜华,故楚王偏识之。"

郑玄以"韎韦之跗注",兼韦弁及衣、裳言之。韎韦为弁,又裁韦为幅,而相缝属为衣、裳。《聘礼》贾疏:"郑《杂问志》解此跗注,以跗为幅,以注为属,谓制韦如布帛之幅,而连属为衣及裳。"

杜预以"韎韦"形容"跗注",跗注即"若袴而属于跗,与袴连"。即韎韦为之袴,而连属于跗。《周礼·司服》贾疏:"若贾、服等说，跗谓足跗；注，属也，袴而属于跗。若据郑《杂问志》，则以跗为幅，注亦为属。"是杜氏本贾、服之说。

刘文淇《春秋左氏传旧注疏证》："沈钦韩云，杜注贾、服说。按：彼所指，乃汉魏以下戎服，所谓袴褶也。《隋书·礼仪志》'袴褶'，近代服以从戎。今纂严则文武百官咸服之。车驾亲戎，则缚袴不舒散也……隋唐武官皆着大口袴褶，盖本赵武灵王胡服所始，周时无此制也。当依郑《杂问志》。沈氏谓贾、服等以绋为袴褶，明与郑《杂问志》不同。然郑君《礼》注，同于贾、服。《礼疏》所说甚明，则郑君亦以绋为袴褶。不必依郑《杂问志》未定之论。沈说非。"

刘氏以郑玄亦同贾、服之说，云为《礼》郑注。今检《礼》，《周礼》《仪礼》。无同于贾、服此义之注文。是刘氏乃强合服氏与郑氏耳，其非沈氏亦误。沈氏此说甚是。

今依《左传》文本，而试为新解如下：

一 楚共王与郤至曾相识

孔疏："郤至与众同服，所以独见识者，礼法虽有此服，军士未必尽然，郤至服必鲜华，故楚王偏识之。"非是。若以衣鲜华，岂不为众矢之的？《成十二年》："晋郤至如楚聘，且莅盟，楚子享之。子反相，为地室而县焉。郤至将登，金奏作于下，惊而走出。子反曰：'日云莫矣，寡君须矣。吾子其入也。'宾曰：'君不忘先君之好，施及下臣，贶之以大礼，重之以备乐，如天之福，两君相见，何以代此？下臣不敢。'……然吾子主也，至敢不从。遂入。"是郤至曾与共王相见。十六年，晋楚战于鄢陵，楚王为吕锜射中目。"郤至三遇楚子之卒，见楚子必下，免胄而趋风，楚子使工尹襄问之以弓。"

是阵前三遇楚子也，事隔四年，不由不识。

二　"免胄而趋风"必与"韎韦之跗注"有关联

于阵前，楚子已为箭所伤，适遇郤至。郤至免胄为礼，示不加伤，若有击意，必不免胄，故下文楚子使工尹襄问之，即云："方事战之殷也，有韎韦之跗注，君子也。"而不及其他，则"韎韦之跗注"，即与免胄为一事。

《聘礼》"君使卿韦弁归饔饩"，《周礼·司服》以韦弁为兵服，是知"韎韦之跗注"当从郑氏义，兼韦弁而言，且古以冠名服。《左传》此言，实重首服，即郤至首服韦弁，以有胄加其上，故战时不见赤色。以为礼于楚子，示无杀害意，故楚子以"君子"美之。免胄而见赤色之韦弁，虽兵服，而为军礼之服，加胄则为战服也。胄乃金属如铜所为，必承以韦弁，于首乃安。韦弁制如皮弁，乃裁韦为上狭下宽之"幅"，属缀成之者，如今之瓜皮帽，其缝会显而易见，故云"韎韦之跗注"也。如此解，方合《左传》之文，而于二《礼》亦通矣。

247

《论语》"绘事后素"郑、朱异训辨

《论语·八佾》:"绘事后素。"郑注:"绘,画文也。凡绘画,先布众色,然后以素分布其间以成文。"朱熹《集注》:"绘事,绘画之事也;后素,后于素也。《考工记》曰:绘画之事后素功,谓先以粉地为质,而后施五采,犹人有美质,然后可加文饰。"

郑以先布众采,后乃加白采;朱以先布白采为底色,后乃加众采。

《礼记·礼器》:"君子曰甘受和,白受采,忠信之人,可以学礼。"孔疏:"甘为众味之本,不偏主一味,故得受五味之和;白是五色之本,不偏主一色,故得受五色之采。以其质素,故能包受众味及众采也。"

林希逸《考工记解》:"素者,画时先为粉地也。'功'与'工'字同,先施素地之功,而后可画绘也。夫子曰'绘事后素',即此意。"

《八佾》:"巧笑倩兮,美目盼兮,素以为绚兮,何谓也?子曰,绘事后素。"何晏注:"马曰:倩,笑貌;盼,动目貌。"

《诗·卫风·硕人》:"巧笑倩兮,美目盼兮。"毛传:"倩,好口辅。"孔疏:"以言巧笑之状,故知好口辅也。《左传》曰,辅车相依。服虔云,辅,上额。《易·咸卦·上六》注引马曰:'辅,上额。'车与牙相依,

248

则是牙外之皮肤，颊下之别名也。故《易》云：咸其辅颊舌。明辅近颊也，而非颊也。笑之貌美，在口辅，故连言之也。"又《毛传》："盼，白黑分。"《说文》同。

兹辨之如下：

（一）倩，马云笑貌，毛云好口辅。马为状词，毛为名词。二说异。孔氏不以倩为口辅，而云据其巧笑之状，所以知好口辅。则口辅乃在言外；实欲合成二说耳。刘宝楠《论语正义》："倩是形容之辞。"从马义。又云："意亦与毛同矣。"亦牵强。

朱熹《集注》："倩，好口辅也。盼，目黑白分也。"从毛义。

依马氏则为"巧笑，笑貌兮"，依毛氏为"巧笑，好口辅兮"，即美好之笑容，因有好口辅也。是毛义可从。

（二）盼，马云动目貌。毛云白黑分。二说异议：马为形容词，毛为名词。准上句分析及其句法，则亦毛氏义胜。朱熹《集注》："盼，目黑白分也。"从毛传。可解为：美目因目之白黑分也。

（三）"素以为绚兮。"何晏注："马曰，绚，文貌。"以为状词。刘氏《论语正义》："《聘礼》'绚组'注，采成文曰绚。是绚为文貌。"则郑义虽同马氏，而词性为名词。郑是也。然郑解"绘事后素"云："绘，画文也。凡绘画，先布众色，然后以素分布其间以成文。"兹推郑氏_{郑未释"素以为绚"一句}义为"后加素以为绚文"。郑氏以"素以为绚兮"文承"巧笑倩兮，美目盼兮"之下，遂以三句句法相同，以先布采，后乃加素；犹先有好口辅，后乃有巧笑；有目白黑分，乃为美目。下文"绘事后素"，乃以为后加素于众采成文。

郑忽略"素以为绚"句法与上二句有异。原句似为：

巧笑以倩兮。

美目以盼兮。

为绚以素兮。

"以"作因、据解。刘氏《论语正义》："倩、盼、绚皆韵。"乃因叶韵而易其句法。意为：巧笑乃因有好口辅，美目乃因白黑分明，成绚文乃因先粉底。

孔子知其义，即云："绘事后素"句法同"巧笑倩兮""美目盼兮"。意为绘事之成，因先粉底也。由上之举证及论析，以衡郑、朱二家，则朱义胜也。郑氏此解盖本孔安国氏。"绘事后素"下曰："礼后乎？"何晏注："孔曰：孔子言绘事后素，子夏闻而解知以素喻礼，故曰礼后乎？"

然子夏所谓"礼后乎"，未必若孔氏说。安得不可谓以绘事喻礼乎？且"礼""文"二字多通其义；"素""质"亦然，"文""质"相对，"礼""素"相对，故当以绘事喻礼。"礼"者，"理"也，亦"文理"之意。《荀子·礼论》："礼者，养也。……黼黻文章所以养目……礼义文理之所以养情。"杨注："无礼义文理，则纵情性。"是其证也。

引用书目

一　易类

王弼、韩康伯注，孔颖达疏：《周易注疏》。

二　诗类

毛公传，郑玄笺，孔颖达疏，阮元校勘记：《诗经注疏》。

韩婴：《韩诗外传》。

陆玑：《毛诗草木虫鱼疏》。

冯登府：《三家诗异名疏证补遗》。

陈奂：《毛诗传疏》。

马瑞辰：《毛诗传笺通释》。

陈启源：《毛诗稽古编》。

俞樾：《诗名物证古》。

屈万里：《诗经释义》。

三　书类

孔安国传，孔颖达疏：《尚书注疏》。

孔广林辑:《尚书大传郑注》。

郝敬:《尚书辨解》。

焦循:《尚书补疏》。

魏源:《书古微》。

陈寿祺:《尚书大传辑校》。

陈乔枞:《今文尚书经说考》。

陈乔枞:《尚书欧阳夏侯遗说考》。

孙星衍:《尚书今古文注疏》。

王闿运:《尚书大传补注》。

屈万里:《尚书释义》。

胡渭:《禹贡锥指》。

四 周礼类

郑玄注,贾公彦疏,阮元校勘记:《周礼注疏》。

王安石:《周官新义》。

王与之:《周礼订义》。

林希逸:《考工记解》。

段玉裁:《周礼汉读考》。

孙诒让:《周礼正义》。

五 仪礼类

郑玄注,孔颖达疏,阮元校勘记:《仪礼注疏》。

李如圭:《仪礼集释》。

朱熹、杨复:《仪礼经传通解·续编》。

敖继公:《仪礼集说》。

沈彤：《仪礼小疏》。

张尔岐：《仪礼郑注句读》。

胡培翚：《仪礼正义》。

张惠言：《仪礼图》。

吴廷华：《仪礼章句》。

凌廷堪：《礼经释例》。

郑珍：《仪礼私笺》。

褚寅亮：《仪礼管见》。

徐养原：《仪礼古今文异同疏证》。

胡承珙：《仪礼今古文疏义》。

刘师培：《礼经旧说补遗》。

陈氏：《武威汉简》。

王关仕：《汉简本仪礼考证》。

陈瑞庚：《士昏礼服饰考》。

六　礼记类

郑玄注，孔颖达疏，阮元校勘记：《礼记注疏》。

戴德辑：《大戴礼记》。

卫湜：《礼记集解》。

焦循：《礼记补疏》。

七　礼类

陈祥道：《礼书》。

聂崇义：《三礼图》。

惠士奇：《礼说》。

凌曙：《礼说》。

金鹗：《求古录礼说》。

任大椿：《弁服释例》。

宋绵初：《释服》。

孔广森：《礼学卮言》。

孔广林：《吉凶服名用篇》。

夏炘：《学礼管释》。

黄以周：《礼略说》。

黄以周：《礼书通故》。

吴承仕：《三礼名物》。

李云光：《三礼郑氏学发凡》。

八　春秋类

杜预注，孔颖达疏，阮元校勘记：《左传注疏》。

范甯注，杨士勋疏：《谷梁传注疏》。

刘文淇：《春秋左氏传旧注疏证》。

九　论语类

秦蕙田：《五礼通考》。

何晏注，邢昺疏：《论语注疏》。

刘宝楠：《论语正义》。

江永：《乡党图考》。

十　孟子类

赵岐注，孙奭疏：《孟子注疏》。

十一　群经类

班固撰，陈立疏证：《白虎通》。

江永：《群经补义》。

洪颐煊：《读书丛录》。

王引之：《经义述闻》。

俞正燮：《癸巳类稿》。

严杰编：《经义丛钞》。

刘台拱：《经传小记》。

朱彬：《经传考证》。

李惇：《群经识小》。

余萧客：《古经解钩沉》。

汪中：《经义新知》。

俞樾：《群经平议》。

黄世发：《群经冠服图》。

十二　尔雅类

郭璞注，邢昺疏，阮元校勘记：《尔雅注疏》。

孔鲋：《小尔雅》。

郝懿行：《尔雅义疏》。

十三　文字语音类

扬雄：《方言》。

许慎撰，段玉裁注：《说文解字》。

张揖撰，王念孙疏证：《广雅》。

刘熙：《释名》。

吕忱：《字林》。

顾野王：《玉篇》。

颜师古注：《急就篇》。

陆德明：《经典释文》。

徐锴：《说文系传》。

陈彭年：《广韵》。

顾蔼吉：《隶辨》。

桂馥：《说文义证》。

钮树玉：《说文新附》。

钮树玉：《说文校录》。

奚世榦：《说文校案》。

承培元：《说文引经证例》。

朱骏声：《说文通训定声》。

徐灏：《说文段注笺》。

孙海波：《金文正续编》。

章炳麟：《文始》。

李孝定：《甲骨文集释》。

董同龢：《中国语音史》。

林尹、高明主纂：《中文大辞典》。

黄永武：《形声多兼会意考》。

十四　史类

韦昭注：《国语》。

司马迁：《史记》。

班固撰，颜师古注：《汉书》。

范晔撰，刘昭补注，李贤注：《后汉书》。

房乔：《晋书》。

魏徵：《隋书》。

《穆天子传》。

董说：《七国考》。

谭旦冏：《中华艺术史纲》。

卫宏：《汉旧仪》。

蔡邕：《独断》。

王国维：《中国历代之尺度》。

杨宽：《中国历代尺度考》。

谭旦冏：《饕餮纹的构成》。

石璋如：《小屯殷代的跪葬》。

王宇清：《冕服服章之研究》。

十五　子类

管仲：《管子》。

杨倞注：《荀子》。

《战国策》。

成玄英疏：《庄子》。

王冰注：《素问》。

李时珍：《本草纲目》。

《周髀算经》。

墨翟：《墨子》。

高诱注：《淮南子》。

贾谊：《新书》。

扬雄：《法言》。

刘向：《说苑》。

王充：《论衡》。

颜之推：《颜氏家训》。

十六　集类

李善注：《昭明文选》。

马其昶：《屈赋微》。

戴震：《东原集》。

许宗彦：《鉴止水斋集》。

阮元：《揅经室集》。

屈万里：《书佣论学集》。

十七　类书及图录

杜佑：《通典》。

李昉：《太平御览》。

陈元龙：《格致镜原》。

《古今图书集成》。

王谟：《汉魏遗书钞》。

马国翰：《玉函山房辑佚书》。

阮元：《经籍纂诂》。

王圻：《三才图会》。

吴其濬：《植物名实图考》。

《中华国宝》。

张末元：《汉朝服装图样资料》。

台北故宫博物院编：《故宫铜器选萃》。

台湾地区国学丛书　　刘东/主编

《皇权、礼仪与经典诠释：中国古代政治史研究》　甘怀真 / 著
　　定价：118.00 元

《清代史学与史家》　杜维运 / 著
　　定价：88.00 元

《韩非子的哲学》　王邦雄 / 著
　　定价：68.00 元

《荀子与古代哲学》　韦政通 / 著
　　定价：68.00 元

《抑郁与超越——司马迁与汉武帝时代》　逯耀东 / 著
　　定价：98.00 元

《南宋地方武力
　　——地方军与民间自卫武力的探讨》　黄宽重 / 著
　　定价：88.00 元

《中国哲学史大纲》　胡适 / 著
　　定价：78.00 元

《仪礼服饰考辨》　王关仕 / 著
　　定价：88.00 元

海外中国专题研究丛书　　刘东/主编

《为世界排序：宋代的国家与社会》
〔美〕韩明士　〔美〕谢康伦 / 编；刘云军 / 译
　　定价：128.00 元

《进香：中国历史上的朝圣之地》
〔美〕韩书瑞　于君方 / 编；孔祥文　孙昉 / 译
　　定价：118.00 元

《晚期帝制中国的教育与社会：1600—1900》
〔美〕本杰明·A. 艾尔曼　〔加〕伍思德 / 编；严蓓雯 等 / 译
　　定价：168.00 元